高等继续教育财经专业精品教材系列

财智睿读

管理信息系统
Management Information Systems

郭 军 主编

中国财经出版传媒集团
经济科学出版社
Economic Science Press

图书在版编目（CIP）数据

管理信息系统/郭军主编 . —北京：经济科学出版社，2020.8

高等继续教育财经专业精品教材系列

ISBN 978-7-5218-1828-4

Ⅰ.①管… Ⅱ.①郭… Ⅲ.①管理信息系统-成人高等教育-教材 Ⅳ.①C931.6

中国版本图书馆 CIP 数据核字（2020）第 163289 号

责任编辑：于海汛　陈　晨
责任校对：王肖楠　隗立娜
责任印制：李　鹏　范　艳

管理信息系统

郭　军　主编

经济科学出版社出版、发行　新华书店经销

社址：北京市海淀区阜成路甲 28 号　邮编：100142

总编部电话：010-88191217　发行部电话：010-88191522

网址：www.esp.com.cn

电子邮箱：esp@esp.com.cn

天猫网店：经济科学出版社旗舰店

网址：http://jjkxcbs.tmall.com

北京季蜂印刷有限公司印装

787×1092　16 开　18.5 印张　320000 字

2020 年 9 月第 1 版　2020 年 9 月第 1 次印刷

印数：00001—15000 册

ISBN 978-7-5218-1828-4　定价：38.00 元

（图书出现印装问题，本社负责调换。电话：010-88191510）

（版权所有　侵权必究　打击盗版　举报热线：010-88191661

QQ：2242791300　营销中心电话：010-88191537

电子邮箱：dbts@esp.com.cn）

前　言

党的十八大以来，以习近平同志为核心的党中央坚定不移地实施科教兴国战略和人才强国战略，党的十九大明确提出要"办好继续教育"，为落实这一要求，推动高等继续教育提质增效，内涵式发展，同时也为了适应互联网技术快速发展带来的教育领域教学模式和学习方式的新变化，山东财经大学在原有成人高等教育财经专业精品教材系列的基础上，重新组织编写制作了新的高等继续教育财经专业精品教材系列。

本系列教材的编写制作，在内容上紧扣财经类专业课程设置和教学大纲，科学、系统地涵盖了专业教学的基本内容，适用于经济、管理学科，尤其是经济学、会计学、金融学和工商管理等专业高等继续教育的教学，对指导和帮助学生获取专业基础知识和基本技能具有较强的针对性；在形式上，注重突破传统纸媒局限，将课程内容中的重点、难点等用微课的形式加以呈现，实现教师授课"一扫即现"，知识点讲解深入浅出，满足学生在学习传统网络课程的基础上利用互联网进行移动学习、远程学习、在线学习等信息化学习需求，为学生提供更直观、更便捷的学习方式。

另外，这套教材的作者都是多年从事一线教学的教师，经验丰富，了解学生的学习特点和需求，在篇章安排及体例设计方面融合了国内外相应领域优秀教材的编写方法，每章开头提示"本章要点"，结束进行"本章小结"，前后呼应，并根据章节重点内容设计相应的练习题，对知识点加以巩固，符合学生学习的认知规律。本系列教材在使用范围和地域上，具有广泛的适应性。

《管理信息系统》是高等继续教育财经专业精品系列教材之一。

管理信息系统是一门综合了信息科学、管理科学、系统科学、计算机科学和通信技术的边缘学科。近年来，信息技术在经济、社会和生活等各个领域不断渗透和推陈出新，尤其是互联网、云计算、物联网、移动计算、大数据等新兴技术及经济全球化对现代企业的管理运作理念、组织业务流程、市场营销决策以及消费者行为模式等产生了巨大影响，使得企业所面临的管理环境发生了重大变化。面对挑战，组织需要利用信息技术及信息系统在全球范围内协调整个组织的运行，从而降低成本、提高效率，建立竞争优势。信息系统已成为信息社会中组织生存的必备工具。学习和掌握管理信息系统方面的知识，对于管理者而言，已是必然的要求。

本书以"信息技术与管理相融合"的思想为主线，介绍了管理信息系统的基础知识，信息系统与组织管理的关系，管理信息系统在企业中的应用，管理信息系统的技术基础；着重介绍了管理信息系统的开发过程，包括管理信息系统的战略规划、系统分析、系统设计、系统实施、系统运行维护与评价，最后从项目管理角度介绍了如何做好管理信息系统的开发管理工作。

为便于学生学习和理解，教材的每一章均设置了"引导案例"，"本章小结"后则以二维码的形式设置了"延伸阅读"，方便及时更新最新的信息，部分章节中还设置了"知识拓展"。以上设置力争使本书能够反映当前信息技术发展的最新状况及企业应用管理信息系统的最新成果。

本书由郭军担任主编，赵敏淑担任副主编。全书由赵敏淑负责教学资源的收集与制作，由郭军负责统撰定稿。

在本书的编写过程中，参考和借鉴了国内外许多相关教材、专著和论文，书后仅列出了直接引用的部分，在此，谨向原作者表示衷心的感谢！

鉴于作者水平有限且时间仓促，书中仍有错误和不当之处，恳请各位同仁和读者谅解和批评指正。

编 者
2020 年 8 月

目 录

第 1 章　管理信息系统概论 ································ 1
　1.1　信息与信息系统 ···································· 4
　1.2　管理信息系统 ······································ 11
　　本章小结 ·· 19
　　复习思考题 ·· 20

第 2 章　信息系统与组织管理 ···························· 21
　2.1　当代管理环境的变化 ································ 27
　2.2　组织的定义与特征 ·································· 31
　2.3　信息系统与组织的关系 ······························ 33
　2.4　信息系统与组织战略 ································ 40
　　本章小结 ·· 49
　　复习思考题 ·· 50

第 3 章　管理信息系统的技术基础 ························ 51
　3.1　计算机系统 ·· 55
　3.2　数据管理与数据库技术 ······························ 59
　3.3　计算机网络 ·· 72
　3.4　企业计算模式 ······································ 89
　3.5　大数据技术 ·· 95
　　本章小结 ·· 98
　　复习思考题 ·· 99

第 4 章　管理信息系统在企业中的应用 ···················· 101
　4.1　企业资源计划 ······································ 108
　4.2　客户关系管理 ······································ 117

4.3 供应链管理 …… 120
4.4 电子商务 …… 124
4.5 企业信息系统集成管理 …… 145
本章小结 …… 146
复习思考题 …… 147

第 5 章 管理信息系统的战略规划和开发方法 …… 149

5.1 管理信息系统战略规划概述 …… 152
5.2 信息系统发展的阶段模型 …… 154
5.3 管理信息系统战略规划的常用方法 …… 156
5.4 管理信息系统的开发策略与方式 …… 163
5.5 管理信息系统的开发方法 …… 166
5.6 初步调查与可行性分析 …… 173
本章小结 …… 176
复习思考题 …… 177

第 6 章 管理信息系统的系统分析 …… 179

6.1 系统分析的任务 …… 181
6.2 现行系统的详细调查 …… 182
6.3 组织结构与业务流程分析 …… 185
6.4 数据与数据流程分析 …… 188
6.5 建立新系统逻辑模型 …… 200
6.6 编制系统分析报告 …… 201
本章小结 …… 202
复习思考题 …… 203

第 7 章 管理信息系统的系统设计 …… 205

7.1 系统设计概述 …… 208
7.2 系统的总体设计 …… 209
7.3 代码设计 …… 217
7.4 数据库设计 …… 220
7.5 输出设计 …… 222
7.6 输入设计 …… 224
7.7 处理流程设计 …… 228
7.8 系统设计报告 …… 229
本章小结 …… 230

复习思考题 ································· 231

第8章　管理信息系统的系统实施 ················· 232
　　8.1　物理系统的实施 ························· 233
　　8.2　程序设计 ······························· 234
　　8.3　系统测试 ······························· 237
　　8.4　系统切换 ······························· 241
　　本章小结 ··································· 243
　　复习思考题 ································· 244

第9章　信息系统的运行维护与评价 ················ 245
　　9.1　系统的运行管理 ························· 246
　　9.2　系统维护 ······························· 249
　　9.3　信息系统的文档管理 ····················· 253
　　9.4　系统的安全管理 ························· 255
　　9.5　系统评价 ······························· 261
　　本章小结 ··································· 263
　　复习思考题 ································· 264

第10章　管理信息系统项目管理 ··················· 265
　　10.1　项目管理概述 ·························· 268
　　10.2　项目计划 ····························· 273
　　10.3　项目实施与控制 ······················· 277
　　10.4　项目收尾与项目后评价 ················· 283
　　本章小结 ··································· 284
　　复习思考题 ································· 285

主要参考文献 ································· 286

第 1 章
管理信息系统概论

本章要点

- 数据、信息、知识的概念与关系
- 系统、信息系统与管理信息系统的概念
- 管理信息系统的特点、功能与层次结构

引导案例

浪潮集团：后疫情时代，数字化转型是企业的不二选择

疫情暴发以来，每个企业绷得最紧的是疫情防控、员工安全。随着春节假期的结束，令许多企业揪心的是业务处于停顿状态，而费用照常发生，现金流成了致命问题。于是，返岗复工，尽快恢复正常经营，就成了企业的集体行动。防疫情、抓生产，是当前企业面临的艰巨任务。

第一，抗击疫情、保护自己、保护员工，以员工为中心，启动远程协同办公模式；第二，返岗复工、连接客户，以客户为中心，开展数字化营销，努力把疫情的影响降至最低；第三，开源受阻，那就节流，把该降的成本降到最低，抓成本管理。"两中心一成本"成为企业抗击疫情、恢复生产的关注焦点和主要活动。

1. 科技战"疫"推动企业重新审视数字化能力

"两中心一成本"一直是企业数字化运营的焦点，但面对疫情这一突发、不确定性事件时，其重要性被进一步放大，问题更加凸显。虽然不少企业密集开启云办公、云招聘、云采购等临时应变做法，提升复工复产效率，但实施起来并不十分顺利，遇到了各种各样的阻力。有的员工在家办公时，出现了视频软件并发量不足、带宽不够、文档无法在线协同等问题；有的企业开展市场推广时，不能像互联网企业那样实现精准定位和触达目标客户，线上线下无法打通，销售过程跟踪和预测困难；降低成本时，由于缺少大数据分析支撑，企业无法精准定位，只能采取简单粗暴的砍业务、砍费用等手段；疫情之下制造业企业同样遭受巨大冲击，尤其对于智能化水平较低的工厂，因工人无法返岗，复工之路挑战重重。这归根到底，还是企业数字化能力支撑不足。

企业数字化能力的构建，涉及企业的组织架构、经营模式等多方面调整，不是领导一句话，下面照办就可以的。打造企业数字化核心能力，主要包括企业数字化基础设施建设、数智化应用、大数据分析等。相对于计算、存储、网络等传统基础设施，数字化基础设施涵盖了物联网、人工智能、区块链等最新的信息技术（IT），通过平台化将这些能力进行泛在供给；数智化应用运行于数字化基础设施之上，通过以智能云 ERP 为核心的数智化应用形成流程化管理手段，保障战略的有序执行；进而实现规模化洞察与智能决策，以及移动协同。疫情后，加快向感知型、敏捷型组织转型，夯实数字化基础支撑，提升企业数字化核心能力，将是企业应对不确定、动态环境的必然选择。

2. 数字化工具需求瞬间爆发，企业数字化转型更务实

围绕"两中心一成本"，疫情中众多企业纷纷加入"非接触经济"，为了更好地赋能员工、提升客户体验、降低成本，数字化能力正在发挥着重要作用，尤其各类云端数字化工具瞬间需求爆发。

一是围绕员工的，如远程协同办公、在线考勤、在线招聘等，以员工为中心，实时精准地掌握员工的身体健康状况和工作状况。数字化手段既要实现员工招聘、入职、培训、办公等业务流程的在线重构，也能够满足疫情影响下员工班车出行、工作餐预订等临时业务流程的创建，通过以人为本的数字化应用实现员工无忧工作。

以浪潮为例，借助"云+"协同工作平台，通过员工每日信息报备实现疫情防控，利用视频会议等功能实现日常工作线上推进，减少聚集和面对面交流；同时，借助 HCM Cloud 智慧招聘云，面向全国 60 多所院校启动春季校园在线招聘，吸引 7 万多名大学生在线参加，接受简历超 4.5 万份。

二是围绕客户的，如数字化营销、在线服务、电子商务等，通过线上线下结合，多接触点洞察获取新客户，留住老客户。提高客户体验，以客户为中心，进行业务模式转型，开辟新的业务流，增加收入是硬道理。例如，作为中国家用纺织品行业领导者的亚光家纺，通过互联网数据洞察到医疗防护服市场需求会快速增长，并将其作为公司

新的业务方向进行布局，成为新的业绩增长点。

三是围绕企业运营的，如财务共享、电子采购、物流和供应链、智能制造等，通过数字化工具把疫情带来的损失降到最低。在不确定的环境下，国内保持较高速度增长的企业毕竟有限，而毛巾挤出水来的企业有很多，成本管理是生存和发展的硬功夫。在开源受阻的情况下，最大限度地控制成本，把该降的成本降到最低，成了企业运营的一大重点。

3. 企业上云和数字化转型步伐再加速，催生新的管理理念和模式

疫情加速了企业上云用云和数字化转型的步伐，数字化技术正重构组织和流程，简化作业环节，提高效率，企业的商业模式、管理模式、运营模式、工作模式都将转变，企业将加快线下到线上的布局，开展无接触/低接触工作模式，推动业务连续性管理，更加重视网络化协同和智能制造。

在家办公、"共享员工"，从过去的"现场可见"到"非现场、非接触、以任务和项目为对象"，从多年的KPI转到OKR的使用，这对人力资源管理提出了新要求；数字化营销、电子商务、消费和服务的线上化，则要求企业必须加快构建以用户为中心的数字化营销和运营体系，培养或者寻找有数字化思维的人才队伍，多触点获客、提高客户体验，通过在线服务留住并取悦老客户。

不管是传统企业，还是数字化企业，终究都要回归商业本质——开源节流、控制风险、创造价值，这就要求企业加速机器人流程自动化（RPA）、机器人等数字化技术与管理会计的融合，推动物联网（IoT）改进传统的作业成本（ABC）等管理创新，实现管理精细化，进而推动考核激励的精准化、个性化，释放员工创造力，最大限度地实现降本增效的目标。

疫情的冲击终将结束，但是对社会经济的影响还会持续一段时间。疫情期间，企业对数字化工具产生的爆发式需求和由此形成的使用习惯、工作模式、数字化觉醒，疫情之后将继续和深化；疫情导致的一些企业收入骤减和现金流危机，可以运用数字化手段转"危"为"机"。正如浪潮集团董事长孙丕恕所言，疫情促进了企业数字化转型需求增长，云数智服务迎来历史性的发展机遇，要疫情之中看商情，危机之中抓商机，浪潮将继续加强云、数、智等数字化技术能力，帮助企业加快数字化转型、提升战略应变和数字化实战能力，成就智慧企业。

（资料来源：王兴山：《浪潮集团：后疫情时代，数字化转型是企业的不二选择》，载于《企业家日报》2020年3月4日第5版）

KPI 的全称是 key performance indicator，即**关键绩效指标**。KPI 是通过对组织内部流程的输入端、输出端的关键参数进行设置、取样、计算、分析，衡量流程绩效的一种目标式量化管理指标，是把企业的战略目标分解为可操作的工作目标的工具，是企业绩效管理的基础。

OKP 全称是 objectives and key results，即**目标与关键成果法**。OKP 是一套定义和跟踪目标及完成情况的管理工具和方法。1999年，英特尔公司发明了这种方法，后来被美国的"风险投资之王"约翰·杜尔（John Doerr）推广到甲骨文、谷歌、领英等高科技公司。现在广泛应用于以IT、风险投资、游戏、创意等为主要经营项目的企业。

近年来，以互联网、大数据、人工智能为代表的新一代信息技术不断向制造、政务、金融、教育、医疗等传统行业延伸拓展，并与实体经济深度融合，推动实体经济加快数字化、网络化、智能化转型，取得了积极成效，对经济社会发展的支撑和带动作用不断增强。[①]

1.1 信息与信息系统

数据、信息与知识

1.1.1 数据、信息与知识

1. 数据的概念

数据（data）是指用来记录和描述客观事物的可以鉴别的符号，这些符号不仅指数字，也可以是文字、图形、图像、音频、视频等，比如温度、天气状况、股票价格、年龄、档案记录等都是数据。表1-1列出了数据的表现形式。

表1-1　　　　　　　　数据的表现形式

数据类型	表现形式
数值数据	数字、字母或其他符号
图形数据	图形、图片
声音数据	声音、噪声或音调
视角数据	动画或图片
模糊数据	高、胖、干净等

数据仅仅是对客观事物的记录和描述，反映的是未经加工处理的事实，并没有确切含义，还不能作为人们进行判断、得出结论的可靠依据。例如，85是一个数据，它既可以是某人的体重，也可以是水的深度，还可以是学生某门课的成绩等，并没有特定的含义。

2. 信息的概念

信息（information）的含义相当宽泛，在不同的学科中有不同的

---

① 邱玥：《工信部总经济师王新哲：大力推动新一代信息技术与制造业深度融合发展》，光明日报客户端，2019年6月28日，http://difang.gmw.cn/2019-06/28/content_32957356.htm。

定义。在我国古代的诗句中就出现了"信息"一词,例如,南唐诗人李中的《暮春怀故人》中就有"梦断美人沉信息,目穿长路倚楼台"的诗句。《辞海》中"信息"的释义为:音讯、消息;通信系统传输和处理的对象,泛指消息和信息的具体内容和意义。

信息作为科学术语最早出现在美国学者哈特莱(R. V. Hartley)于1928年撰写的《信息传输》一文中,其含义为"选择通信符号的方式"。此后许多学者从各自的研究领域出发,对信息给出了不同的定义,其中具有代表性的有:

信息论奠基人香农(Shannon)认为"信息是用来消除随机不确定性的东西"。

控制论创始人维纳(Norbert Wiener)认为"信息是人们在适应外部世界,并使这种适应反作用于外部世界的过程中,同外部世界进行互相交换的内容和名称"。

我国国家标准《情报文献工作词汇基本术语》对信息的定义是:"信息是物质存在的一种方式、形式或运动状态,也是事物的一种普遍属性,一般指数据、消息中所包含的意义,可以使消息所描述事件的不确定性减少。"

可见,信息的概念非常宽泛,它是一个动态的概念。"信息"这个概念一般被定义为:信息是一种经过加工处理、具有一定含义的、对人们决策具有价值的数据。

数据和信息之间既有区别,又相互联系。数据是记录客观事物的性质、形态、数量特征的抽象符号,但其本身不能确切地给出含义。而信息是由数据产生的,是数据经过加工后得到的结果,是进行决策的依据。信息必然是数据,但是数据不一定是信息,信息是数据的一个子集。在实际工作中,数据和信息往往很难严格区分。这是因为在整个数据处理过程中,经过处理和加工而得到的信息,往往又成为再次数据处理过程中的原料——数据。例如在会计信息系统这一领域,有的会计资料对一些管理人员来说是会计信息,对另一些管理人员来说则是数据,需要进一步加工处理才会变成会计信息。比如,某车间某月某部件的成本资料,对车间的管理员即是会计信息。但对企业领导来说,需要的是整个企业的成本资料,因此该部件的车间成本资料仅是会计数据,还需进一步的处理。信息和数据的这种交替过程存在于数据处理的各个领域。因此,在计算机系统中常将信息与数据不加区分地使用,比如信息处理与信息管理,也可称作数据处理与数据管理。

信息可以从不同的角度进行分类,表1-2列出了几种常见的分类。

表 1-2　　　　　　　　　　　　　信息的分类

信息分类的角度	信息类型
按加工顺序或深度	一次信息、二次信息、三次信息等
按应用领域	工业信息、农业信息、管理信息等
按管理的层次	战略信息、战术信息和作业信息
按反映形式	数据信息、文字信息、语音信息、图像信息等

3. 知识的概念

知识是对意识的反映，是对经过实践证明的客体在人的意识中相对正确的反映。反映各种事物的信息进入入脑，对神经细胞产生作用后留下的痕迹就是知识。知识是一种随着时间动态变化的复杂综合体，可以存储在个人、组织、文档、流程和文化中，它包含了经验、价值观、专家见解和情境信息，组织和个人通过消化和吸收，可以形成指导组织决策与应对变化的核心能力。

世界经合组织（OECD，1996）将知识分为四大类：①知道是什么的知识（know-what），即关于事实方面的知识，如我国举办冬奥会的地点在哪里，这类知识通常被近似地称为信息。②知道为什么的知识（know-why），主要是自然原理和规律方面的知识，通常由科研机构创造。③知道怎么做的知识（know-how），指某类工作的实际技巧和经验，如保存于内部企业发展的诀窍或专业技术。④知道是谁或人力知识（know-who），指知道谁有所需要的知识，这类知识更具有隐蔽性。后来，美国学者查尔斯·萨维奇补充了 OECD 的知识分类，增加了"知识适用的场合"（know-where）和"知识使用的时机"（know-when）两类。①

迈克尔·波兰尼（Michael Polanyi，1958）认为，根据知识能否清晰地表述和有效地转移，可以把知识分为显性知识和隐性知识两类，显性知识是指能够被人类以一定符码系统（最典型的是语言，也包括数学公式、各类图表、盲文、手势语、旗语等诸种符号形式）加以完整表述的知识，而隐性知识是指那种我们知道但难以言述的知识。人们逐渐认识到隐性知识对企业的重要性，隐性知识比显性知识更完善、更能创造价值，因此，如何开发和利用隐性知识，促进隐性知识显性化，成为知识管理研究中的重中之重。

---

① 孙建军：《信息资源管理概论》（第 2 版），东南大学出版社 2008 年版，第 235~236 页。

4. 数据、信息和知识之间的关系

数据、信息和知识是人类认识客观事物过程中不同阶段的产物，从数据到信息再到知识，是一个从低级到高级的认识过程，层次越高，其外延、深度、含义、概念和价值不断增加。

从形成上看，数据、信息和知识是原料和制品递进的关系。在数据的基础上形成信息，在信息的基础上形成知识。数据是信息的起源，信息是知识的原料，知识是信息加工提炼的结晶。

从载体上看，它们是客观物质存在和大脑精神存在的关系。信息是客观的物质存在，不管你是否发现它、理解它、认识到它的重要性，它都是客观存在的；而知识是人类认识世界、改造世界、进行实践的结果，存在于人们的大脑中，属于认识的范畴。[1]

5. 信息的特征

信息作为一种特殊的资源，具有以下基本特征：

（1）客观性。信息的客观性也称信息的真实性，它是信息的本质属性。信息是事物变化和状态的客观反映，它必须真实、准确地反映客观实际。不符合事实的信息不仅没有价值，而且可能为负值，对信息的使用者带来损害。像在防控新型冠状病毒感染的肺炎疫情中，流传的"鼻子抹香油可以预防新型肺炎""盐水漱口防肺炎""喝酒吸烟防肺炎"等虚假信息会给轻信者带来危害，而一些自媒体所发布的诸如夸大疾病死亡人数、夸大疾病死亡率、捏造负面的所谓医生"自述"等虚假信息，则极易造成社会公众严重恐慌，信息发布者会受到法律的严惩。

（2）时效性。信息的时效性是指从信息源发送信息后经过接收、加工、传递、利用的时间间隔及其效率。时间间隔越短，使用信息越及时，使用程度越高，时效性越强。一般来说，越新颖、越及时的信息，其价值越高，随着时间的推移，信息的价值会逐步降低。例如，在军事方面、重大地质灾害的预警、烈性传染病的防治等方面，都对信息的时效性有着极高的要求，信息滞后会带来灾难性的后果。信息的时效性要求我们应尽量缩短信息的采集、存储、加工、传输、使用等环节的时间间隔，提高信息的价值。

（3）不完全性。由于人们认识世界的局限性，不可能得到客观事实的全部信息。因此，在数据收集和信息转换的过程中，面对浩如烟海的信息，要想正确地使用信息，必须坚持经济的原则，运用已有

---

[1] 杨波、陈禹、王明明：《信息管理与信息系统概论》，中国人民大学出版社2019年版，第4~5页。

的知识进行分析和判断，以够用、可用、适用为标准，合理地舍弃和选择信息。

（4）等级性。管理是分等级的，不同等级的管理者所做的决策类型不同，因此所需要的信息也不同。按照管理的等级不同，通常把信息分为战略级、战术级和作业级三种。战略级信息是关系到企业长远命运和全局的信息，如企业长远规划，5~10年的信息，企业并、转、产的信息等。战术级信息是关系到企业运营管理的信息，如月度计划、产品质量和产量情况，以及成本信息等。作业级信息是与企业日常活动有关，反映业务活动的具体内容和需求，如每天统计的产量、质量数据、职工考勤信息等。

（5）共享性。一个信息源的信息可以被多个主体接收并多次利用，还可以由接收者继续传递。信息交流与共享不但不会使信息量减少，相反，有可能导致信息量的增加，如教师向学生传授知识就是这种状况。信息的共享性有两面性，一方面它有利于信息资源的充分利用，另一方面也造成了贬值和不易保密。作为组织中重要的信息资源，信息只有实现共享，才能实现组织各部门的协调一致和企业内部的集成。

（6）可转换性。信息可以从一种形态转换成另一种形态，比如，电子信息可以转换为文本信息、图像信息、多媒体信息等多种不同形式的信息形态或其组合形态。因为信息具有可转换性，可以使同一信息针对不同的接收者而采用经过转换后的、易于为接受者所接纳的形式，这样，我们接收和传播信息的渠道和范围就扩展了。

（7）价值性。管理信息是经过加工并对生产经营活动产生影响的数据，是一种资源，因而是有价值的。索取一份经济情报，或者利用大型数据库查阅文献所付费用是信息价值的部分体现。信息的使用价值必须经过转换才能得到。鉴于信息寿命衰老很快，转换必须及时。管理的艺术在于驾驭信息，其意是管理者要善于转换信息，去实现信息的价值。①

1.1.2 系统

1. 系统的概念

系统（system）是指在一定环境中，为了一个共同的目标而由相

---

① 黄梯云、李一军：《管理信息系统》（第六版），高等教育出版社2016年版，第3页。

互联系和相互作用的若干组成部分结合而成的,具有特定功能的有机整体。

2. 系统的分类

系统的分类方式很多,下面简要介绍。

(1)按其组成与人类有无关系,可分为自然系统、人造系统和复合系统。自然系统是指客观世界自然形成的,不以人的意志为转移的系统,如生态平衡系统、生命机体系统、天体系统等。人造系统则是人类为了达到某种目的按属性和相互关系将有关部件(或要素)组合而成的系统,如生产系统、运输系统、计算机系统等。复合系统是自然系统和人工系统的组合,像导航系统、人—机系统等。

(2)按照系统和外界的关系可以将系统分为封闭系统和开放系统。

(3)按照系统的状态是否随时间变化可以将其分为静态系统和动态系统。

3. 系统的特征

系统的特征有许多,主要有整体性、目的性、相关性、层次性和环境适应性等。

(1)整体性。系统至少由两个或两个以上可以相互区别的要素或子系统组成的有机整体,它是这些要素或子系统的集合,其功能比所有子系统的功能总和还要大。

(2)目的性。所谓目的,就是系统运行所要达到的预期目标,它表现为系统所要实现的各种功能。系统的目的或功能决定着系统各要素的组成和结构。因此,建设系统时应首先要明确系统目标,然后再考虑用什么功能来实现这个目标。

(3)相关性。系统内各要素之间既相互作用,又相互联系。各要素之间的联系包括结构联系、功能联系、因果联系等。这些联系在一时期内相对稳定,决定了整个系统的运行机制,分析这些联系是构建一个系统的基础。

(4)层次性。系统是有层次的,一个复杂的系统由若干个子系统组成,子系统可能又分成许多子系统,而这个系统本身可能又是一个更大系统的组成部分。正是由于系统的层次性,才能够使我们在开发信息系统时可采用逐层分解的办法,将其分解成若干功能相对独立的子系统,然后分别予以实施,最后再将其组装起来。

(5)环境适应性。系统与环境要进行各种形式的交换,受到环境的制约与限制,环境的变化会直接影响到系统的功能及目的,系统必须在环境变化时,对自身功能做出相应调整,不致影响系统目的的实现。没有环境适应性的系统，是没有生命力的。

1.1.3 信息系统

信息系统

1. 信息系统的概念

信息系统（information system，IS）是一个人造系统，它由人、硬件、软件和数据资源组成，目的是及时、正确地对信息进行收集、加工、传递与存储。信息系统可以不涉及计算机等现代技术，甚至可以是纯人工的，比如人工排课。现代通信技术与计算机技术的发展，使得信息系统处理信息的能力大大增强，现代信息系统广泛采用了这两项技术，因此，现代信息系统一般均指由人—机共同组成的系统。

根据信息系统所处理的信息内容和应用领域不同，可将其分为地理信息系统、气象信息系统、军事信息系统、管理信息系统等。

2. 信息系统的发展历程

虽然信息系统和信息处理在人类文明开始时就已经存在，但是直到1946年世界上第一台电子计算机ENIAC诞生后，随着信息技术的飞速发展和应用，它才迅速发展起来。信息系统的发展历程可分为电子数据处理系统、管理信息系统、决策支持系统这几个阶段，经历了由单机到网络，由低级到高级，由数据处理到智能处理，由企业内部管理向外部拓展的过程。

（1）电子数据处理系统阶段。电子数据处理系统（electronic data processing systems，EDPS）又称数据处理系统（data processing systems，DPS）、事务处理系统（transaction processing systems，TPS），它使用计算机代替以往人工来处理日常业务和产生报告，使日常事务处理自动化，提高数据处理的效率。这一阶段肇始于1954年美国通用电气公司首次使用计算机处理工资单、财务报表和账单等。EDPS所处理的问题处于较低的管理层，处理过程比较固定，一般不能提供分析、计划和决策信息，主要使用人员是运行人员。

（2）管理信息系统阶段。20世纪60年代中期，随着数据库技术、网络技术和科学管理方法的发展，计算机在管理上的应用日益广泛，管理信息系统（management information systems，MIS）逐渐成熟起来。MIS从企业的整体目标出发，综合处理各类信息，使管理者能够及时、准确地管理企业的生产经营活动。MIS的最大特点是高度集中，即将企业中的数据和信息集中起来，进行快速处理，统一使用，并报告给高层管理人员；其另一特点是利用定量化的科学管理方法，通过预测、计划优化、管理、调节和控制等手段来支持决策。

（3）决策支持系统阶段。20世纪70年代，随着信息技术应用的深入，信息系统已不仅支持信息的处理，而且向上发展成为支持管理决策的决策支持系统（decision support systems，DSS）。DSS是辅助决策者通过数据、模型和知识，以人机交互方式进行半结构化或非结构化决策的信息系统。它为决策者提供分析问题、建立模型、模拟决策过程和方案的环境，调用各种信息资源和分析工具，帮助决策者提高决策水平和质量。DSS在组织中既可能是一个独立的系统，也可能作为MIS的一个高层子系统而存在。

管理信息系统是一个不断发展的概念，20世纪90年代以来，DSS一方面与人工智能相结合形成了智能决策支持系统，另一方面又和计算机网络技术结合形成了群体决策支持系统。

随着Web 2.0、云计算、移动计算、物联网、大数据等新的信息技术得到人们的关注，利用新一代信息技术来改变政府、企业和人们相互交流的方式的理念也在指导人们做出更明智的决策。在如今的组织中，管理信息系统已被看成是一种战略资源。管理信息系统的发展，不仅面临着技术方面的挑战，也面临着社会的挑战。随着人类社会信息化的不断推进，信息技术和管理信息系统的发展极大促进了生产、经营活动，提高了管理效率和质量，但同时也向我们提出了许多带有根本性的问题——跨平台运行、支持多种应用系统数据交换、高可靠性和安全性问题等。在发展管理信息系统的同时，就应该深刻地认识到管理信息系统不仅是一个技术系统，同时也是一个社会系统；要提高科学管理水平，为信息系统的使用创造有利条件，并且要建设新型企业文化，培养新一代的工作人员，使之适应新技术应用和企业转型的挑战。[①]

1.2　管理信息系统

1.2.1　管理信息系统的概念

1. 管理信息系统的定义

管理信息系统的概念是随着管理技术和信息技术的发展而逐步形

---

① 范并思、许鑫：《管理信息系统》（第二版），华东师范大学出版社2017年版，第6页。

成的，是随着企业管理过程和信息处理活动而产生的。不同时期的研究者们从各自不同的角度对其进行研究，分别给出了不同的定义。

管理信息系统一词最早出现于1970年，当时瓦尔特·肯尼万（Walter T. Kennevan）将其定义为："以书面或口头的形式，在合适的时间向经理、职员以及外界人员提供过去的、现在的、预测未来的有关企业内部及其环境的信息，以帮助他们进行决策。"该定义从管理学角度出发，强调用信息支持决策，没有强调一定要使用计算机。

1985年，管理信息系统的创始人——美国明尼苏达大学卡尔森管理学院的教授高登·戴维斯（Gordon B. Davis）给管理信息系统下了一个较为完整的定义："它是一个利用计算机硬件和软件，手工作业，分析、计划、控制和决策模型，以及数据库的用户——机器系统。它能提供信息，支持企业或组织的运行、管理和决策功能。"此定义说明了管理信息系统的目标、功能和组成，而且反映了管理信息系统在当时所能达到的水平。它说明了管理信息系统的目标是在高、中、低三个层次，即决策层、管理层和运行层上支持管理活动。

20世纪70年代末80年代初，管理信息系统一词传入我国，根据中国的特点，许多最早从事管理信息系统工作的学者对其下了一个经典的定义，登载于《中国企业管理百科全书》上，该定义为："管理信息系统是一个由人、计算机等组成的，能进行信息的收集、传递、储存、加工、维护和使用的系统。管理信息系统能实测企业的各种运行情况，利用过去的数据预测未来，从全局出发辅助企业进行决策，利用信息控制企业行为，帮助企业实现其规划目标。"[1] 此定义强调了管理信息系统的应用领域在企业，也强调了其组成和功能，并对管理信息系统的功能进行了详细定义。

仲秋雁在其《管理信息系统》（1998）一书中提出了对管理信息系统的认识，即："不仅仅把信息系统看作是一个能向管理者提供帮助的基于计算机的人机系统，而且也把它看作一个社会技术系统，将信息系统放在组织与社会这个大背景中去考察，并把考察的重点，从科学理论转向社会实践，从技术方法转向使用这些技术的组织与人，从系统本身转向系统与组织、环境的交互作用。"[2] 这个定义说明管理信息系统的应用不仅依靠信息技术，而且更多地依赖于组织的内外部环境，这是对信息系统的社会技术系统属性的充分认识。

黄梯云（2005）提出："管理信息系统通过对整个供应链上组织

---

[1] 薛华成：《管理信息系统》（第6版），清华大学出版社2012年版，第26页。
[2] 仲秋雁、刘友德：《管理信息系统》（第二版），大连理工大学出版社1998年版。

内和多个组织间的信息流管理,实现业务的整体优化,提高企业运行控制和外部交易过程的效率。"这个定义则是互联网技术的发展和电子商务深入应用的结果。管理信息系统已突破原有的界限,成为企业内部业务流程和外部商务流程集成的平台,即跨组织的信息交流平台。管理信息系统的应用范围也已经超出了一个组织或企业的边界。[1]

由此可见,人们对管理信息系统的认识是一个不断提高和完善的过程,随着企业信息化的深入,其概念也在不断拓展和深化。

2. 管理信息系统的特点

从管理信息系统的定义中可以看出它具有以下特点:

(1) 面向管理决策。管理信息系统是管理学的思想方法、管理与决策的行为理论的新发展。它是一个为管理决策服务的信息系统,可根据管理的需要,及时提供所需要的信息,帮助决策者做出决策。

(2) 综合性、集成性。从广义上讲,它是一个对组织乃至整个供需链进行全面管理的综合系统。一个组织在建设管理信息系统时,可根据需要分部门或领域逐步建设与应用子系统,然后再进行综合,最终达到应用管理信息系统进行综合管理的目标。管理信息系统综合的意义在于产生更高层次的管理信息,为管理决策服务。

(3) 人机系统。管理信息系统的目的在于辅助决策,而决策只能由人来做,因此管理信息系统必然是一个人机结合的系统。在管理信息系统中,各级管理人员既是系统的使用者,又是系统的组成部分,因此在开发管理信息系统的过程中,需要正确界定人和计算机在系统中的地位与作用,充分发挥各自的优势,使系统整体性能达到最优。

(4) 现代管理方法和手段相结合。人们在应用管理信息系统的实践中发现,如果只是简单地采用计算机技术来提高处理速度,而缺乏先进的管理手段和方法,那么管理信息系统的应用就仅仅是用计算机替代原手工管理系统,充其量只是减轻管理人员的劳动,其发挥的作用有十分有限。管理信息系统要发挥其在管理中的作用,就必须与先进的管理手段和方法结合起来,在开发管理信息系统时,融入现代化的管理思想与方法。

(5) 多学科交叉。管理信息系统是一门特色鲜明的学科,其理论体系尚处于发展和完善的过程中。早期的研究者从计算机科学、应

---

[1] 黄梯云、李一军:《管理信息系统》(第六版),高等教育出版社2016年版,第20~21页。

用数学、管理理论、决策理论、运筹学等相关学科中抽取相应的理论,构建了管理信息系统的理论基础,从而形成一个有着鲜明特色的边缘科学。

3. 管理信息系统的功能

管理信息系统除了具备数据处理功能外,还具备计划、控制、预测和辅助决策功能。

(1) 数据处理。包括数据收集和输入、数据传输、数据存储、数据加工处理和输出。它提供统一格式的信息,使各种统计工作简化,使信息处理成本降低。

(2) 计划功能。根据企业生产经营的约束条件,合理安排各职能部门的计划,按照不同的管理层次提供相应的计划报告。

(3) 控制功能。根据各职能部门提供的数据,对计划执行情况进行监督、检查,比较执行与计划的差异,分析差异及产生差异的原因,辅助管理人员及时采取措施进行控制。

(4) 预测功能。运用现代数学方法、统计方法或模拟方法,根据现有数据预测未来的情况。

(5) 辅助决策功能。采用相应的数学模型,从所存储的大量数据中推导出有关问题的最优解和满意解,辅助管理人员进行决策。以期合理利用资源,获取较大的经济效益。

1.2.2 管理信息系统的结构

管理信息系统的结构是指系统的各组成部分及其之间的关系,它可以从多个角度进行描述。

1. 管理信息系统的概念结构

从概念上看,管理信息系统由信息源、信息处理器、信息用户和信息管理者组成,如图1-1所示。

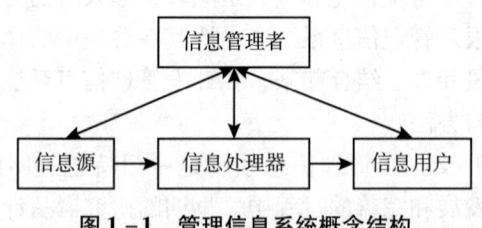

图1-1 管理信息系统概念结构

信息源是指信息产生地。从空间维度上来看,信息源可分为内部信息源和外部信息源。内部信息源主要是指企业内部生产经营活动所产生的数据，如生产、财务、销售、人力资源等方面的数据；外部信息源则是指来自企业外部环境的数据，如国家政策、经济形势等。

信息处理器承担着信息的传输、加工、存储等任务。

信息用户是信息的使用者，不同层次的信息使用者根据收到的信息进行决策。

信息管理者负责信息系统的设计与实现；实现以后，负责信息系统的运行和协调。信息系统越复杂，信息管理者的作用就越重要。

2. 管理信息系统的层次结构

1965年，安东尼（Anthony）等企业管理研究专家通过对欧美制造型企业长达15年的大量实践观察和验证，创立了制造业经营管理业务流程及其管理信息系统层次结构理论，即著名的"安东尼金字塔模型"，该理论认为企业经营管理业务活动，即企业管理信息系统可分为战略规划、战术决策和业务处理3个层次，如图1-2所示。

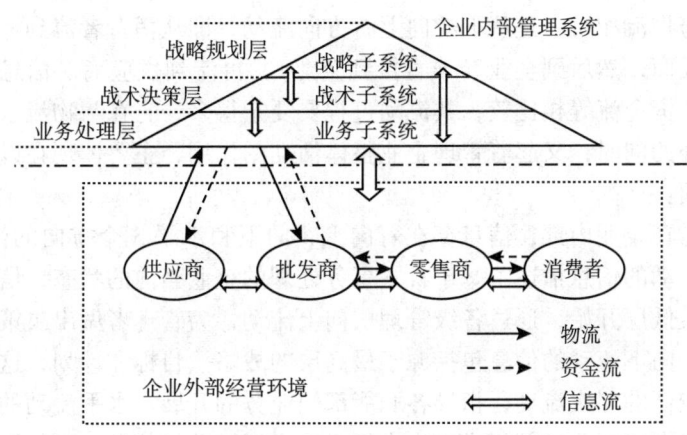

图1-2 安东尼金字塔模型

资料来源：张新：《管理信息系统》，机械工业出版社2016年版，第12页。

（1）战略规划层。战略规划层简称战略层，它的管理活动所涉及的是企业的总体目标和长远发展规划，如制定市场战略、产品开发战略、预算等。因此，为战略层服务的战略子系统，需要比较广泛的数据来源：除了企业内部数据外，还需要相当数量的外部数据。由于战略子系统是为企业制订战略计划服务的，因此，它所提供的信息要有高度的概括性和综合性。

（2）战术决策层。战术决策层又称管理控制层，简称管理层。管理层的管理活动包括各部门工作计划的制订、监控和评价各项计划的完成情况等。因此战术子系统主要是为各部门负责人提供信息服务，以支持他们在管理控制活动中正确地制订各项计划和了解计划的完成情况。它所需要的信息主要来自两个渠道：一是战略层，包括预算、标准和计划等；二是业务处理层。

（3）业务处理层。业务处理层又称运行控制层或作业层。其管理活动是为有效利用现有资源和设备所开展的各项活动，属于企业的基层管理，包括作业控制和业务处理。业务子系统的信息主要来源于企业内部，其处理过程比较稳定，可以按预先设计好的程序和规则进行相应的信息处理。

安东尼金字塔模型除了提出了管理信息系统的层次结构外，还把企业内外部结合起来，系统地描述了企业内外部物流、资金流和信息流的双向流动及其基本规律。首先，物流的流程一般体现在从采购原材料到产品销售出去的整个过程之中，是自上游向下游方向流动，先从供应商流到企业，再到批发商、零售商和消费者，即企业需要经过原材料采购、调拨、生产加工、发送、销售等业务流程。而资金流的流程与物流相反，是从下游向上游方向流动，即从消费者流到零售商及批发商，然后到企业（或直接到企业），再流到供应商。信息流与物流、资金流等相比较，其流动过程要复杂得多，它在与物流、资金流互补的同时，又起着管理企业整体活动的作用，主要体现在以下几个方面：

①在企业内部，信息存在着向上、向下和水平3个方向的流动。向上流动的信息描述了基于日常事务处理的企业当前的状态，信息从企业最低层开始，通过各级管理层向上流动，为管理者做出决策提供依据。向下流动的信息包括源于最高层的战略、目标和计划，这些信息向较低的层次流动，指导各职能部门业务的开展。水平流动的信息则是指在职能业务部门或工作小组之间进行流动的信息，它们用于支持部门之间的协作。

②信息在企业内部与外部之间的流动。这些信息包括与消费者、供应商、批发商、零售商和其他商业伙伴交流的信息，如订货信息、发货信息、应收应付信息等。在当前商业环境下，企业要想取得竞争优势，就必须与供应链上的上下游企业密切合作，必须保证自己拥有与外界所有商业伙伴之间信息沟通的能力，使各个企业能够共享信息，有效协调各自的行为。

③在企业外部经营环境中，信息在各个合作企业以及消费者之间流动。产品和促销等信息影响着消费者的需求，同时各级经销商也能够根据消费者的需求信息调整库存和营销策略。

3. 管理信息系统的功能结构

管理信息系统的功能是系统完成约定的行为或动作的集合，从用户的角度看，一个管理信息系统具有多种功能，并实现一个具体的目标，各种功能之间相互联系，从而构成一个有机的整体，形成系统的功能结构（或称为职能结构）。例如制造企业管理信息系统可由以下子系统构成。

（1）市场销售子系统。其功能通常包括产品销售、推销以及售后服务的全部活动。

（2）生产子系统。其功能主要是制定与实施产品开发策略、生产计划和生产作业计划，进行生产过程中的产品质量分析、成本控制与分析等。

（3）物资供应子系统。其功能主要包括采购、收货、库存控制和分发。

（4）财务和会计子系统。其功能主要是进行账务管理、财务计划、财务分析、资本需求规划、收益的度量等。

（5）人力资源子系统。其功能主要有人员的录用、培训、考核记录、工资管理和终止聘用等。

（6）高层管理子系统。它面向企业最高级领导部门和人员，为高层管理人员制定战略规划、进行资源分配等工作提供支持，同时协助管理者进行日常事务处理，对下级工作进行检查、监督和协调。

（7）信息处理子系统。其作用是保证各职能部门获得必要的信息资源和信息服务。

4. 管理信息系统的综合结构

将管理信息系统的层次结构和功能结构进行纵横综合，形成一种一体化的系统结构，能够做到信息集中统一。管理信息系统是由各功能子系统融合而成，每个子系统都可以分为业务处理、运行控制、管理控制（战术管理）和战略管理这4个信息处理部分。每个子系统都有自己的专用文件，也可共享数据库的数据，子系统之间的联系通过数据库和特定的接口文件（如 XML 文件）实现。各子系统除使用各自的应用程序外，还可调用公用应用程序和共用分析与决策模型。

图1-3为综合而成的管理信息系统概念结构框架，利用它可以描述现有的或进化中的管理信息系统。

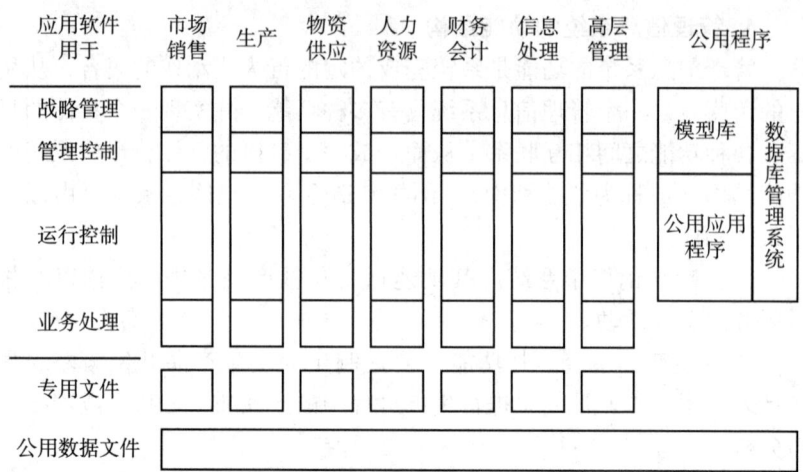

图 1-3 管理信息系统的概念结构框架

1.2.3 管理信息系统的类型

管理信息系统的应用已经深入社会生活的各个领域和管理活动的各个层次,但由于管理信息系统是一个较为广泛的概念,至今还没有一个统一的分类方法。根据我国管理信息系统应用的实际情况和服务对象不同,可以把管理信息系统划分为国家经济信息系统、企业管理信息系统、事务型管理信息系统、办公型管理信息系统、专业型管理信息系统等类型。

1. 国家经济信息系统

国家经济信息系统是一个跨地区、跨部门的综合性经济信息系统,该系统纵向联系各省、市、县直至各重点企业的经济信息系统,横向联系外贸、能源、交通等各行业信息系统,形成一个纵横交错、覆盖全国的综合经济信息系统。

国家经济信息系统的主要功能是收集、处理、存储和分析与国民经济有关的各类经济信息,及时、准确地掌握国民经济运行状况,为国家经济部门、各级决策部门及企业提供经济信息。

2. 企业管理信息系统

企业管理信息系统面向工厂、企业,主要进行管理信息的加工处理,一般应具备对工厂生产监控、预测和决策支持的功能。企业复杂的管理活动给管理信息系统提供了典型的应用环境和广阔的应用舞台。

3. 事务型管理信息系统

事务型管理信息系统面向事业单位,主要进行日常事务的处理,如医院管理信息系统、饭店管理信息系统、学校管理信息系统等。由于不同应用单位处理的事务不同,这些管理信息系统逻辑模型也不尽相同,但基本处理对象都是管理事务信息,决策工作相对较小,因而对系统的实时性和数据处理能力要求较高,数学模型使用较少。

4. 办公型管理信息系统

办公型管理信息系统的特点是办公自动化和无纸化,主要应用局域网、打印、传真、印刷、缩微、文档池、数字签名等办公自动化技术,提高办公事务效率。办公自动化系统除了具备正常的公文流转、邮件系统等功能外,还应具有数据库无缝链接、无线应用等功能。

5. 专业型管理信息系统

专业型管理信息系统是指从事特定行业或领域的管理信息系统,如人口管理信息系统、材料管理信息系统、房地产管理信息系统等。这类信息系统专业性强,信息相对专业,主要功能是收集、存储、加工、预测等,技术相对简单,规模一般较大。另一类专业性很强的管理信息系统,如铁路运输管理信息系统、电力管理信息系统、银行信息系统、民航信息系统、邮电信息系统等,其特点是综合性很强,包含了上述各种管理信息系统的特点,也称为综合型信息系统。

本 章 小 结

1. 数据是指用来记录和描述客观事物的可以鉴别的符号;信息是一种经过加工处理、具有一定含义的、对人们决策具有价值的数据;数据和信息之间既有区别,又相互联系。

2. 信息作为一种特殊的资源,具有以下基本特征:客观性、时效性、不完全性、等级性、共享性、可转换性、价值性。

3. 系统是指在一定环境中,为了一个共同的目标而由相互联系和相互作用的若干组成部分结合而成的,具有特定功能的有机整体。系统的特征主要有整体性、目的性、相关性、层次性和环境适应性等。

4. 信息系统是一个人造系统,它由人、硬件、软件和数据资源组成,目的是及时、正确地对信息进行收集、加工、传递与存储。信息系统的发展历程可分为电子数据处理系统、管理信息系统、决策支持系统这几个阶段。

5. 管理信息系统的概念是随着管理技术和信息技术的发展而逐步形成的,随着企业信息化的深入,其概念也在不断拓展和深化。管理信息系统通过对整个供应链上组织内和多个组织间的信息流管理,实现业务的整体优化,提高企业运行控制和外部交易过程的效率。管理信息系统已突破原有的界限，成为企业内部业务流程和外部商务流程集成的平台，即跨组织的信息交流平台。

6. 管理信息系统的结构可以从概念结构、层次结构、功能结构和综合结构多个角度进行描述。根据我国管理信息系统应用的实际情况和服务对象不同，可以把管理信息系统划分为国家经济信息系统、企业管理信息系统、事务型管理信息系统、办公型管理信息系、专业型管理信息系统等类型。

延伸阅读

复习思考题

1. 简述数据、信息、知识的概念，以及它们之间的关系。
2. 简述系统的概念及特征。
3. 什么是信息系统？信息系统的发展经历了哪几个阶段？
4. 简述管理信息系统的概念，其定义的描述有哪些新的发展和变化？
5. 管理信息系统的特点是什么？
6. 简述管理信息系统的功能。
7. 简述管理信息系统的层次结构。
8. 管理信息系统的类型有哪些？

第 2 章
信息系统与组织管理

本章要点

- 当代管理环境的重大变化
- 信息系统与组织之间的双向关系
- 信息系统与组织的竞争战略的关系
- 信息系统与业务流程重组

引导案例

美国新一轮信息技术革命和产业变革的主要特点

20世纪80年代到90年代初期,美国积极推动计算机、互联网技术进步,实施"信息高速公路"战略、"因特网—Ⅱ""下一代互联网"计划等国家战略计划,通过信息技术革命引领了第二次世界大战以来最长的经济繁荣。随着21世纪初"互联网泡沫"的破灭,人们对信息技术革命的热潮有所降温,但信息技术创新仍沿着其内在规律不断演进发展。经过十多年的曲折发展,以移动互联网、云计算、大数据、物联网为代表的新一轮信息技术革命蓬勃兴起,对美国经济社会结构、生产体系组织带来深刻影响。

一、美国新一轮信息技术革命和产业变革的演进路径

(一)演进阶段划分

美国是全球网络信息技术的发源地,近半个世纪以来,美国企业、政府、科研机构相互携手,主导着全球网络信息技术的发展进程。关于新一轮信息技术革命演进的时间阶段划分,可以从信息技术对劳动生产率的贡献、重大技术集群式创新等不同视角出发,因此得

出的结论也有所不同。2012年经济合作与发展组织（OECD）将《信息技术与通讯产业展望》年度报告更名为《互联网经济展望》，认为"移动互联网、物联网、云计算、大数据等理念正在引领第二次互联网革命"。

我们从支撑技术创新和产业变革的资本市场反应视角出发，大致划分美国新一轮信息技术革命的演进阶段。从Bloomberg互联网指数看，美国信息技术革命发展的第一阶段截至美国"互联网泡沫"破灭期。据统计，1999~2001年全球共有964亿美元风险投资进入互联网创业领域，其中80%投向美国，推动美国信息技术产业达到顶峰；"互联网泡沫"破灭以来，仅2001年美国申请破产的公司就达到257家，资产总额达2 585亿美元，2002年申请破产的公司119家，资产总额达到3 788亿美元，破产清算额上升了147%，申请破产的公司数量超出1986~2000年的平均数113家，到2004年只有50%的互联网公司存活下来。

自2002年底互联网指数触底反弹以来，美国进入新一轮信息技术和产业变革期。起始阶段可以划分为2002年底至2008年金融危机引发的调整阶段。经过2008年到2013年的短暂调整期，伴随信息技术企业的盈利模式不断成熟，互联网指数增长加速，2014年以来已接近"互联网泡沫"时期的最高点，新一轮信息技术革命进入高速发展阶段。

（二）技术创新路径

从技术创新演进路径来看，新一轮信息技术革命经历了计算机和互联网技术不断深化、移动和社交、云计算和大数据为主要特征的三个阶段。

从互联功能的演化来看，计算机和互联网技术驱动的第一轮信息技术革命持续深化，计算存储能力的持续提升以及网络基础设施的进一步完善，促使存储价格快速下降，网络带宽持续增加，推动移动终端的广泛使用和移动互联网爆发式普及，突破了网络的时空限制，网络接入更加快捷方便，人与人之间实时互联成为现实，IT进入普适大众阶段。2009年，全球无线网络的接入用户首次超过有线用户。同时，受益于智能感应和识别技术的发展，物联网的理念逐渐兴起，促使人与人、人与物、物与物之间实现信息互联，互联网的应用范围出现飞跃。美国占据移动互联网、物联网的主导优势，据IDC数据显示，2014年底，以苹果iOS和谷歌Android生态体系为代表的智能手机操作系统已经占据全球96.3%的市场份额，几乎完全处于垄断态势。从技术上看，互联能力全面推广到Web 2.0，开始过渡到 Web 3.0 并将全面进入移动互联时代。

从计算功能的演化来看，2006 年 8 月，谷歌首席执行官埃里克·施密特（Eric Schmidt）在搜索引擎大会上首次提出"云计算"的概念，人类从并行计算进入云计算的时代。云计算是继 20 世纪 80 年代大型计算机到"客户端—服务器"的大转变之后的又一次巨变，突破了硬件资源对计算能力的约束，改变了信息化发展模式，促成人类在信息社会里随时随地利用数据、软件、资源和服务的各种需求。同时，云计算催生了大数据理念，使数据挖掘分析实现从传统的结构化数据向视频、图像、文本等非结构化数据的跨越，推动数据价值出现从量变到质变的飞跃。云计算、大数据中心正成为最具代表性的新商业基础设施，其角色正如工业时代的水、电、气等基础设施，为超大规模、超低成本使用计算资源打开方便之门。国际商用机器公司（IBM）、谷歌、亚马逊等美国公司已经成为云计算领域的巨头。IBM 是云计算技术的主要倡导者，其云计算战略是研发和并购双管齐下，迄今已投入超过 30 多亿美元收购了多家云计算相关企业。谷歌则是大数据技术的主要推动者和创新力量。2011 年，谷歌以 7 亿美元收购数据算法分析公司 ITA Software，重视将大数据分析技术用于解决社会问题，运用集体智慧方式涉足环境保护等科学技术问题。亚马逊云服务的互联网流量已经占到全美互联网流量的 1%，有约 1/3 的互联网用户每天至少使用一项亚马逊云服务功能。

（三）产业变革路径

新一轮信息技术革命推动美国产业深度变革。在全球互联网经济中，无论从技术开发、商业创新和收益比重上看，美国无疑都位居领先地位。据中国信息化百人会数据显示，2016 年美国数字经济增速高达 6.8%，总量达到 11 万亿美元，远超中国（3.8 万亿美元）、日本（2.3 万亿美元）、英国（1.43 万亿美元）等主要国家。

从产业变革演进路径来看，新一轮信息技术革命经历了从消费互联网向产业互联网的跨越。首先，新一轮信息技术革命促使基于互联网的支付、信用体系等新型基础设施走向成熟。基于互联网的支付体系的建立和发展以及基于此的用户付费模式和消费习惯是互联网模式大规模商用化的基础。在纳斯达克互联网泡沫发展的顶峰时期，基于互联网的支付体系刚刚萌芽。2016 年美国贝宝（PayPal）公司全球活跃用户数达到 1.97 亿，全年总支付量达到 3 450 亿美元。其次，以互联网为代表的信息通信技术的辐射效应显现，并加速向各行业横向渗透，基于互联网的商业模式创新不断涌现，推动产业颠覆式变革。主要分为两个阶段：

第一阶段：消费互联网阶段。互联网由独自创造价值向消费领域扩散，互联网改变了消费者的行为，基于应用需求的创新模式层出不穷。消费互联网从提供资讯为主的门户网站发端，随着移动终端的多样化、智能终端的普及，目前已经可以满足人们绝大多数的消费需求，包括电子商务、社交网络、在线旅行等行业获得极大发展。

第二阶段：产业互联网阶段。互联网在产业领域的拓展尚属于初步阶段，2012年美国通用电气公司率先提出了工业互联网概念，推动生产制造的数字化、智能化，标志着互联网创新从消费领域向生产领域的全面进军。未来互联网将对各产业的生产、交易、融资、流通等各个环节进行颠覆式改造，将具有更高的生产、资源配置、交易效率。

二、美国新一轮信息技术革命和产业变革的主要特点

（一）软件信息服务业的产业占比超过电子制造业

新一轮信息技术革命对美国产业结构的影响主要有两方面特征：一方面，从信息技术产业本身看，"互联网泡沫"以来，美国企业全球化战略推动电子信息制造部门将相关产业链转移至国外，计算机硬件、通信设备和半导体生产部门产出在非农业产业中的占比持续下降，从2001年的高位至2012年已下降超过70%。然而，软件产业在非农产业的占比自2001年超过计算机、通信设备和半导体生产部门后持续增长，到2012年已达到3.3%，远高于计算机、通信设备和半导体生产部门的1%。另一方面，信息技术产业加速与传统产业渗透融合，推动制造业和服务业技术更新换代，信息经济迅速崛起，成为美国经济的支柱性产业以及产业竞争的核心。据中国信息化百人会《2014中国信息经济发展报告》数据显示，美国是全球第一信息经济大国，2013年美国信息经济总量达到7.49万亿美元，占国内生产总值（GDP）比重44.68%。在电子商务领域，2013年美国网络零售业销售额达到2 589亿美元，占零售业比重达到6%。

（二）垂直整合生产组织模式战胜专业化分工模式

新一轮信息技术革命最深刻的变革是垂直整合战胜工业时代引以为傲的专业化分工模式。通过垂直整合推动技术产品服务化、集成应用、软件和硬件整合发展，打造产业新生态。垂直整合打破了创新壁垒和鸿沟，使得价值链各环节协同共鸣，整体产生聚变效应，并且通过提供个性化产品和服务，带来了更好的用户体验。更为重要的是，垂直整合颠覆了商业及盈利模式、营销及销售模式、运营模式，使得企业业务模式、盈利模式更加多样化，生存能力大大增强。在新的发展格局和形势下，生产组织模式的演进推动跨国企业重塑产业链关系

和产业组织方式，全球信息产业的竞争已从单个产品的竞争进入了产业体系间的全方位竞争。

（三）更加注重引领商业模式创新

"互联网泡沫"破灭的触发因素有很多，但企业缺乏业绩支撑才是泡沫破灭的本质原因。当时互联网企业只有技术，并未找到清晰的商业模式，缺乏可持续的竞争优势。因此，引领互联网新商业模式创新是美国新一轮信息技术革命的一大特点。在消费互联网阶段，依托于互联网强大的信息能力，消费互联网的数字化、网络化，以及几乎为零的货架成本、库存成本的商业模式，使得互联网公司在与零售、娱乐、旅游等领域传统公司的竞争中脱颖而出，将传统线下的规模经济演变成为多业务、多品种的范围经济。雅虎网络服务、谷歌搜索引擎、亚马逊的零售模式、易贝（Ebay）的个人对个人（P2P）销售、贝宝（Paypal）和比特币（Bitcoin）等电子支付手段创新、脸书（Facebook）等社交网络、领英（Linkedin）等职业关系网络等新型商业模式，无不从美国发起，然后以地方文化和社会的表现形式复制推广至世界各地。在产业互联网阶段，工业互联网将复杂的机器与联网传感器、软件系统等紧密结合，对产品和服务的生产、交易、融资、流通等各环节进行颠覆式改造，推动制造业服务化，从而在系统层面提高了生产交易效率。据 GE 白皮书测算，仅在航空、电力、医疗保健、铁路、油气这五个领域如果引入互联网支持，假设只提高 1% 的效率，那么在未来 15 年中预计可节省近 3 000 亿美元。

（四）信息技术产业始终是风险投资最青睐的行业

美国风险投资主要投向新兴的、具有巨大市场潜力的企业，其投向可以反映投资者对不同产业发展的预期和未来行业价值走向。2000 年美国风险资本市场达到顶峰，随着"互联网泡沫"的破灭，风险投资无论从数量上还是额度上都大幅缩减，2013 年风投案例数量仅为 2000 年的 50%，投资金额则仅为 23%。但是从风险投资增速、信息产业风险投资比重、行业投资的内部收益率来看，信息产业始终是风险投资最青睐的行业。从投资增速看，近几年美国在技术领域的风险投资显著增加，2009～2013 年风投案例数增加了 43%，投资额上升了 85%。

从信息产业风险投资占比看，20 世纪 90 年代信息产业风险投资比重曾达到 60%，"互联网泡沫"破灭后信息产业风险投资比重仍然高达 34%，依然远大于其他行业，金融危机前后信息产业风险投资比重有所上升，2013 年再次超过 50%。据美国风险投资协会数据显示，截至 2014 年上半年，美国主要风险投资都投向了以计算机和生物技术为代表的新兴产业，其中近一半的风险投资额集中在软件领域，12.9%的风险投资额投向了生物技术，其他还有计算机及外围设备、电子仪器、IT产品及服务、网络设备、医疗健康、半导体、能源等新兴产业占到了2014年风险投资额的31.5%。

从不同行业投资的内部收益率看，信息技术产业仍然获得相对更高的内部收益率。2012年投资信息技术类的风险投资均获得高于50%的内部收益率，远高于代表传统产业的工业等部门，软件、媒体类内部收益率也超过42%，成为2007年以来投资回报增速最快的行业。

（五）创新实践更多来自中小企业

中小企业是信息技术创新、模式创新的主体和核心力量，是高技术大企业的一个非常重要的技术来源，同时是美国国家创新体系的一个重要组成部分。云计算、开源软件和风险投资等使创业成本达到历史最低，极大释放了企业创新活力。美国目前共有中小企业2 140多万家，占了全美企业总数的99%，中小企业创造了1/3以上的美国国内生产总值，提供了约2/3的新增就业岗位。更重要的是，中小企业有很强的创新能力。据统计，美国至少有75 000家小型高技术企业，55%的创新技术是由中小企业提供，小企业的人均发明创造是大企业的两倍，研发回报率比大企业高出14%。

（六）不断强化对互联网的绝对控制权

自互联网诞生以来，美国依托强大的技术和经济实力，通过掌握互联网核心技术和资源，构建互联网制度规则，不断强化对互联网的绝对控制权。美国互联网技术在全球处于遥遥领先的地位，并保持旺盛的创新能力，牢牢控制着操作系统、路由器、交换机、服务器、搜索引擎、数据库等的核心技术和工艺，引领着云计算、物联网、大数据、量子通信等新技术变革方向。美国高度重视互联网技术设施的建设和投入，从根服务器、云计算平台到移动互联网生态体系，美国始终保持对互联网核心资源的掌控。全球仅有的13台根服务器，有10台放置在美国，包括1台主根服务器和9台辅根服务器。所有根服务器均由美国政府授权的域名与号码分配机构ICANN统一管理。随着信息化的深入发展推动网络空间形成鲜明的主权特征，美国通过技术优势建立一系列规范和标准，主导建立的互联网制度框架逐步被全球认同，使得美国掌握了维护其战略利益以及对别国加以干涉限制的合理依据。

（资料来源：张强：《美国新一轮信息技术革命和产业变革的主要特点（上）》，中国国际贸易促进委员会电子信息行业分会网站，2017年6月10日，

http：//www.ccpitecc.com/article.asp？id=7329；张强：《美国新一轮信息技术革命和产业变革的主要特点（下）》，中国国际贸易促进委员会电子信息行业分会网站，2017年6月13日，http：//www.ccpitecc.com/article.asp？id=7332）

21世纪，信息技术的日新月异和网络技术的飞速发展改变了社会经济的运行模式和企业的生产管理模式。全球范围内发生的三大巨变——全球经济联系日益密切、信息和知识服务成为经济发展关键、竞争环境的改变导致企业重大变革，改变了企业所处的经营环境，给企业带来了各种各样的挑战，主要包括：企业面对动态变化的全球竞争市场、企业面临更大的竞争压力、企业面对越来越"挑剔"的客户、企业面对大数据时代的挑战。面对挑战，管理过程已不再仅仅是面对面的个人艺术，而是要在全球范围内协调整个组织的运行。目前大多数组织的生存和发展已经离不开信息系统的支持，信息系统将会成为未来信息社会中组织生存的必备工具。信息技术和组织之间的相互关系非常复杂，受许多因素的影响，包括组织架构、业务流程、政策、文化、周围环境和管理决策等。信息系统可以显著地改变组织生命，不了解组织，就不可能成功地设计新的系统或者理解现存系统，而信息系统也必须符合组织要求，为组织中重要的群体提供所需信息。

2.1　当代管理环境的变化

20世纪80年代以来，信息越来越被人们重视，成为企业的重要财富和战略性资源。这与当代管理环境的重大变化紧密相关。

2.1.1　新兴信息技术与大数据的影响

在过去的数年中，信息技术在社会、经济、生活等各个领域不断渗透和推陈出新。在移动计算、物联网、云计算等新兴技术的带动下，社交媒体、协同创造、虚拟服务等新型应用模式持续拓展着人类创造和利用信息的范围和形式。全面基于信息和网络的生产和创新模式，正在将人类社会带入"第三次工业革命"时代。企业从不断产生的交易数据中获取万亿字节的有关消费者、供应商和运营管理方面的信息；网络传感器被植入手机、智能电表、汽车以及机械等设备来感应、创造并交换数据;社会化媒体中数以亿计网民的实时交流与内容分享,使得大数据呈指数级增长。大数据作为继云计算、物联网之后 IT 产业又一次颠覆性的技术变革,必将对现代企业的管理运作理念、组织业务流程、市场营销决策以及消费者行为模式等产生巨大影响,使得企业商务管理决策越来越依赖于数据分析而非经验甚至直觉。①

当代管理环境的变化

1. 新兴信息技术

影响管理领域的新兴信息技术,主要表现在互联网、云计算、物联网、移动计算、数据分析等方面。

(1) 互联网、物联网为决策提供数据来源。移动互联网、物联网、社交媒体的迅速发展,使得企业可以将企业内部信息系统所产生的数据与物联网中传感器收集到的数据、社交媒体中用户产生的数据以及移动平台产生的数据整合起来,并使用整合后的信息来预测消费者的行为和市场发展趋势。社交网站(如 Facebook、Twitter 等)、微博、微信、博客、论坛、播客等社交媒体是人们彼此之间用来分享意见、见解、经验和观点的工具和平台,社交媒体在互联网的沃土上蓬勃发展,爆发出令人眩目的能量,其传播的信息已成为人们浏览互联网的重要内容,不仅制造了人们社交生活中争相讨论的一个又一个热门话题,更进而吸引传统媒体争相跟进。大型企业可借助社交媒体发布资讯,提供优秀的客服渠道,使得所有消费者都可以针对产品发表评论并提出批评,提升产品质量,创造消费者真正需要的产品。星巴克、戴尔和宝洁都采取了这种模式,听取用户的意见和反馈,并借此创造更好的产品。大型企业对此越积极,就越能促进这种模式的发展。

(2) 数据分析技术对数据进行挖掘以获得知识和预测未来,并以可视化的方式将分析结果展示给决策者,帮助他们进行决策。以大数据分析技术为代表的商务分析能够支持企业在业务、顾客和社会等多个领域的决策,如基于地理位置感知顾客需求和感知市场情绪、基于顾客行为进行市场细分、企业舆情分析等。

(3) 云计算为组织提供了依靠外部资源进行数据管理和数据分析的服务模式。大数据时代中小企业面临的挑战是没有足够的资金用于投资大数据分析技术,云计算则允许它们通过租借的方式从云端获取数据管理和数据分析资源。大数据和云计算的增长能够帮助企业制

---

① 冯芷艳等:《大数据背景下商务管理研究若干前沿课题》,载于《管理科学学报》2013 年第 16 卷第 1 期,第 1~2 页。

定业务数字化战略，提高决策有效性，促进价值的创造。

（4）移动计算提供了一种更加便捷、更加普遍的资源接入方式。移动技术能够吸引消费者参与到与组织的沟通与交流中来，将组织的业务流程拓展到消费者身边，并从消费者那里获得丰富的信息，影响组织的战略管理、创新管理和竞争优势。

现实中，通常需要同时具备多种技术才能实现价值的创造。例如，通过物联网技术，企业可以获取大量的数据，但是如果企业没有分析技术，那么这些数据并不能为企业创造价值。再如将大数据和商务分析放到云端，实现大数据与云计算的结合，能够为企业带来更大的可扩展性、成本节约和规模经济等优势。

2. 大数据

从一定意义上讲，大数据资源与煤、石油、天然气等自然资源有一定的相似性，至于其管理特征，则有明显不同。作为一类重要的信息资源，大数据具有以下特征：

（1）复杂性。大数据的形式和特征是极其复杂的。大数据的复杂性除了表现在其数量规模大、来源广泛和形态结构多样外，还表现在其状态变化和开发方式等方面的不确定性上。

（2）决策有用性。大数据本身是客观存在的大规模数据资源，其直接功用是有限的。通过分析、挖掘和发现其中蕴藏的知识，可以为各种实际应用提供其他资源难以提供的决策支持，大数据的价值也主要通过其决策有用性体现。

（3）高速增长性。大数据资源具有指数级快速增长的特征。在互联网上，通过搜索引擎、社交媒体和电子商务等方式，每秒会产生大量的数据。据IDC发布的《数据时代2025》报告显示，全球每年产生的数据将从2018年的33ZB增长到175ZB，相当于每天产生491EB的数据。如果把175ZB的数据全部存在DVD光盘中，光盘叠放起来的高度将是地球和月球距离的23倍。

（4）价值稀疏性。大数据资源的数量虽大，但其中蕴藏的有用的价值却是稀疏的，这增加了开发和利用大数据资源的难度。

（5）可重复开采性。自然资源的开发利用过程通常是不可重复的，随着不断开采，其存量会逐渐减少。但大数据资源可以被重复开采。对于给定的大数据资源，任何拥有该资源使用权的人或组织都可以对其进行开采和挖掘，这一过程可以不断重复。

（6）功能多样性。特定的大数据资源，基于不同的开发目的和方式，具有多样化的功能。例如，公众媒体大数据可以用于医疗卫生管理、舆情监控和公共安全管理等社会管理领域，可以用于社交网络分析、商业模式创新和市场营销等商务管理领域，还可以用于生产销售管理、客户关系管理和人力资源管理等企业管理领域。[①]

新兴信息技术与大数据对管理带来了变革性的影响，在对管理信息系统提出更高要求的同时，也为管理信息系统的发展带来新的机遇。

2.1.2 经济全球化

"信息使空间变小，距离对经济活动的约束日益弱化。经济活动的国内和国外的界限变得模糊起来。"[②] 经济全球化使得世界各国之间的服务、商品以及资本、劳动力、技术、管理、信息等各种生产要素的流动更加充分与自由，并且各国家之间的经济联系和合作进一步加强，各国家之间形成一个不可分割的整体。其特征和表现为：生产的全球化，跨国公司越来越成为世界经济的主导力量；市场的全球化，国际贸易迅速发展，成为世界经济的火车头；资金的全球化，国际金融迅速发展，巨额资金在各国之间自由流动；科技开发和应用的全球化；国际直接投资迅速增长，并呈现多元化格局。

经济全球化使得生产要素在世界各国之间的大规模流动以及资源可以在全球范围内进行配置，因而对当今企业的策略选择有着重要的影响：第一，对企业边界选择的影响，企业的横向边界在扩展，纵向边界却在收缩；第二，全球化促使了国际生产组织的产生，企业生产组织形式趋于多样化。第三，全球化影响了企业生产的区位选择，企业开始在世界范围内进行生产力的空间布局，在发达国家和发展中国家之间构成了一种国际垂直分工体系的梯级结构。

经济全球化对我国的影响日益明显。国内知名电商智库网经社电子商务研究中心发布的《2019年度中国跨境电商市场数据监测报告》显示，2019年，中国跨境电商市场规模达10.5万亿元，比2018年的9万亿元增长16.66%；其中，出口跨境电商交易规模8.03万亿元，相比2018年的7.1万亿元增长13.09%，占比76.5%；进口跨境电商市场交易规模2.47万亿元，同比增长30%，占比23.5%；中国进口跨境电商用户规模1.25亿人。据商务部、国家统计局和国家外汇管理局有关统计数据显示，2019年中国对外全行业直接投资

[①] 杨善林、周开乐：《大数据中的管理问题：基于大数据的资源观》，载于《管理科学学报》2015年第5期，第2~3页。
[②] 乌家培：《论信息经济及其管理》，载于《光明日报》1998年3月6日。

8 079.5 亿元人民币，其中，中国境内投资者共对全球 167 个国家和地区的 6 535 家境外企业进行了非金融类直接投资，累计投资 7 629.7 亿元人民币，对外承包工程业务完成营业额 11 927.5 亿元人民币，对外劳务合作派出各类劳务人员 48.7 万人。据联合国贸发会（UNCTAD）数据显示，2019 年中国外商直接投资（FDI）为 1 400 亿美元，同比增长 0.7%，占全球 FDI 的份额进一步上升至 10%。

因此，现代管理理论必须克服传统的静态思维模式，而着眼于通过有效的管理策略，在企业战略的协作与联盟、资本管理、文化和技术管理方面，全面考虑动态世界范围内的市场竞争，实现特定组织面对国际竞争时的动态调整，通过创造动态比较优势，提升企业在全球价值链中的地位。经济全球化，都伴随着信息生成、收集、传播、分析的全球化，这种管理环境的变化使那些得不到信息系统支持的企业愈来愈难以生存。[①]

2.2 组织的定义与特征

2.2.1 组织的定义

组织是由若干个人或群体所组成的、有共同目标和一定边界的社会实体。

1. 从技术角度定义组织

从技术角度来看，组织是一个稳定的、正式的社会结构，它能从周围环境中获取资源，如资本、劳动力等，进行加工处理后生产出产品或服务，输出到外部环境中，经过消费者消费后再反过来为组织提供更多的资本和劳动力作为输入。

组织的技术性定义将组织看作是一种变换功能或处理过程，是依托外部环境而求生存的"输入—输出"的转换系统。组织的输出结果是由外部环境的输入和变换功能决定的。从这个角度看，组织应积极引进新技术，改进组织将输入转变为输出的方式，提高组织输出的效果。

---

① 黄梯云、李一军：《管理信息系统》（第七版），高等教育出版社 2019 年版，第 9～11 页。

2. 从行为角度定义组织

从行为角度看,组织是权利、义务和责任的集合,通过冲突和冲突的解决而在一段时期形成微妙的平衡状态。

行为学理论的观点促使人们关注工作本身和为了结果而采用过程。从企业的行为视角看,在组织中工作的人们建立了习惯性的工作方式;人们依附于现有的关系;人们同下属和上司商定和安排工作方式、工作量、工作条件,而大多数这些安排和感受在正式书面规定中是没有体现的。

3. 从技术角度和行为角度看信息系统在组织中的应用

组织的技术角度定义与行为角度定义并不矛盾,它们实际上是互相补充的:技术角度的定义说明在竞争环境中众多企业是如何整合资本、劳动力和信息技术的,而行为角度的定义则让我们看清在单个企业中,技术是如何影响组织内部的工作的。

对于信息系统在组织中的应用,从技术角度和行为角度出发会有不同的理解。从技术角度来看,组织引进新技术会改变输入与输出之间的结合方式或处理过程。组织有较好的灵活性,资本和劳动力之间的互换很容易实现,新技术可以不受限制地在组织中得到应用;从组织的行为定义出发,组织建立新信息系统或改进旧系统绝不仅仅是机器和员工在技术上的改变。信息系统的应用可能对传统的组织行为造成显著影响。信息系统应用甚至会改变组织长期以来在权力、特权、义务、责任和情感之间建立的平衡状态。技术变化的同时还要求组织对信息的所有权、控制权、获取权、改变权及决策权等方面做出改变,这意味着管理人员如果不了解组织的含义和特征,就无法正确地觉察组织发展中对信息系统的需求,无法表达需要建立什么样的信息系统来聚集和提升组织的功能和竞争力。因此,组织管理人员必须认真分析信息技术对组织工作方式和程序等多方面的影响,在新信息系统给组织带来冲突和阻力时,管理者能够采取积极的措施调解冲突,减小阻力,使组织在新信息系统下达到新平衡。[①]

2.2.2 组织的特征

所有现代组织都有一些共同特征。组织是分工明确的劳动力和专业部门组成的层级结构。在组织中,专业人员被安排在某个权力层级内。在这个层级内,每个人都要向某个人负责,并且这种权力仅限于

---

① 赵天唯等:《管理信息系统教程》,清华大学出版社2018年版,第38~39页。

抽象的规章制度或程序所规定的某种特定的行为。这些规章制度构成了组织内公正、普遍的决策体系。组织都希望基于员工的技术能力和专业技能（而不是个人关系）招聘与升迁。组织以效率为准则，即用有限的输入使输出最大化。组织的其他特征还包括其工作规范和业务流程、组织政治、组织文化、组织环境、组织结构、目标、服务对象和领导风格。

组织的特征极大地影响着组织对信息系统的建设与使用。由于组织间存在差异，不能认为信息系统对一切的组织的作用是确定的和相同的。在信息系统的建设过程中存在众多的非技术因素，在建立或提出新信息系统方案时，组织管理人员应尽量把这些因素考虑在内。

2.3 信息系统与组织的关系

信息系统与组织的关系

2.3.1 信息系统与组织之间的双向关系

信息系统或信息技术与组织互相影响，它们之间是双向的、间接的制约关系，如图 2-1 所示。信息系统与组织之间的相互作用非常复杂，通过许多中介因素的影响，如组织周围的环境、组织文化、组织结构、组织的标准作业过程、组织政治、管理决策及机遇等，组织影响信息系统的建设；反过来，信息系统的建设也通过对这些因素的改变来影响组织。一方面，组织环境的变化需要使用信息系统，信息

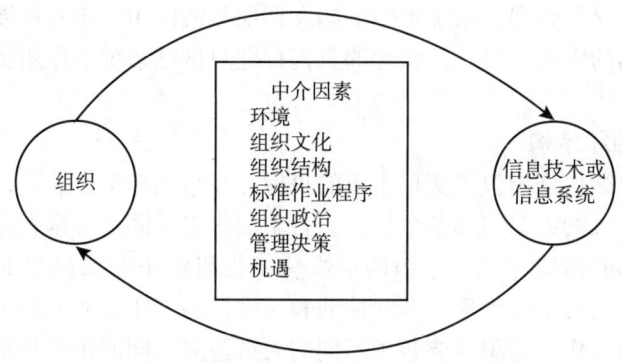

图 2-1 信息系统与组织之间的双向关系

资料来源：赵天唯等：《管理信息系统教程》，清华大学出版社 2018 年版，第 46 页。

系统通过向组织的各级决策者提供他们所需的信息来支持组织的管理和决策；另一方面，信息系统通过影响组织的方方面面对组织施加影响，最终推动组织创新和变革。

1. 组织环境

组织环境包括外部环境和内部环境，组织通过获得环境信息了解现状并预测未来。环境中的成分，如客户、供应商、竞争对手、政策法规等，都会对组织的行为及其效果产生影响，组织要想在激烈的竞争环境中生存，就必须根据环境的变化做出相应的变革。知识经济时代，技术的飞速发展使得组织所处的环境变化更加频繁，组织必须为适应这种变化而努力，这给组织带来了巨大压力。信息系统可以帮助组织察觉到环境的变化，并帮助组织采取应对措施，协助组织反作用于环境。组织的信息化行为同样也会受到环境的影响和制约，信息系统应当能够适应组织的新需求和环境的变化。只有具有很强的环境适应性，信息系统才能更有生命力。

2. 组织文化

组织成员共有的价值观和行动规范称为组织文化，每个组织都有它们独特的文化，组织文化是被组织成员所广泛认可的一组概念、价值观和工作方法的集合。信息技术可以用来支持现有的组织文化，也可能与之产生抵触。当与现行的组织文化相抵触时，信息技术往往难以发挥应有的作用。同时，不能期望在短时间内改变组织文化。经验表明，组织文化的转变比技术更新需要更长的时间。因此，引进信息技术之前需要对组织的文化进行深入了解，信息系统应当能够适应组织中的文化氛围及其他内外部条件。如果信息系统与组织固有的行为习惯存在抵触，而这种抵触又不能够通过管理上的调整和变革来消除，那就得考虑改变信息系统或适当放缓技术的实施步伐以适应组织的实际情况。否则，系统不但不能发挥期望的作用，还有可能对组织造成不利的影响。另外，领导的重视程度对信息系统的作用将产生重大影响。

3. 组织结构

组织结构是指为了实现组织的目标，在组织理论指导下，经过组织设计形成的组织内部各个部门、各个层次之间固定的排列方式，即组织内部的构成方式。组织的层次化使得组织中的成员能够协同工作。高层人员从事管理、专业性的和技术性的工作，而低层人员从事操作性的工作。组织需要各种不同的人员扮演不同的角色并掌握不同的技能。

（1）信息系统与传统的组织结构。传统的组织结构模式包括简单直线结构、直线职能结构、事业部结构和矩阵式结构，信息技术对传统组织结构的影响十分显著。

对于简单直线结构而言，信息技术在一定程度上有助于消除信息淤积现象，避免由于组织的扩大所带来的决策延滞问题。

对于常见的直线职能结构而言，信息技术扩大了控制跨度。在信息技术条件下，由于通信、监控、分析手段的加强，控制跨度可以得到显著的扩大。跨度的扩大可以相应地减少管理层级，使得组织结构趋于扁平化。扁平化的组织结构具有更高的灵活性和更快的反应能力。

对于事业部结构，信息系统与信息技术有助于消除总部与事业部之间的信息不对称，使得总部可以更为及时、全面地获取事业部的运营信息，并进行深入的分析，从而使战略决策更具合理性。同时，事业部之间的横向沟通与联系也可以得到加强，从而有可能提高事业部的协同性。此外，在信息技术的支持下，总部有可能将一些职能性分工从事业部中抽取出来，合并到总部，向着矩阵式的结构转换，从而在一定程度上消除机构重叠的问题。

在信息技术条件下，矩阵式结构变得更具可行性，因为电子化的沟通和控制手段有助于克服由于双重监督而带来的混乱情况，项目经理和职能经理之间可以实现更为有效的沟通，从而更大限度地发挥职能部门化和产品部门化两种形式的互补优势。目前，在信息技术应用较为深入的组织中，例如软件企业和管理咨询企业，矩阵式结构应用得比较广泛而成熟。

（2）信息系统与新型的组织结构。从20世纪80年代开始，在信息技术的支持下，一些组织设计并应用了一些新型的组织结构以增强组织的竞争力，其中最为重要的包括团队结构、虚拟组织和无边界组织。

团队结构（team structure）指的是以团队作为协调组织活动的主要方式。这种结构的主要特点在于打破部门界限，将决策权下放到工作团队员工手中，这种结构形式要求员工既是全才又是专才。信息技术使得团队之间的沟通和组织对团队的有效监督成为可能。

虚拟组织（virtual organization）既是一种组织结构，也是一种战略模式。这种组织的规模较小，决策集中化的程度很高，部门化的程度很低，甚至根本就不存在产品性或职能性的部门化。虚拟组织通过对关系网络的管理来实现经营，其实质是对信息流的管理。只有依托于强有力的计算机网络，这种以信息流管理为核心能力的组织形式才可能存在。许多具有重大影响的国际性企业都采取了虚拟组织的形式,其中包括耐克公司、戴尔计算机公司等。

无边界组织(boundaryless organization)是通用电气公司所提出的概念,用来描述通用电气公司形象。无边界组织的核心思想是尽可能地消除组织内部的垂直界限和水平界限,减少命令链,对控制跨度不加限制,取消各种职能部门,代之以授权的团队。在理想状况下,这种组织主要通过互助协调机制来实现运作,就像赛场上的足球队一样,整体战略的执行依靠员工之间的相互协调(而不是层级指挥)来实现。计算机网络是使无边界组织得以正常运行的基础。在新技术的支持下,人们能够超越组织内外的界限进行交流。例如电子邮件使得成百上千的员工可以同时分享信息,并使公司的普通员工可以直线与高级主管交流。同时,组织间的网络也使得组织外部边界同样可以被突破。

总之,信息技术促使组织结构发生变化。当然,组织变革也是充分发挥信息技术优势的前提。[1]

4. 标准作业流程

组织中常规的、重复性活动和步骤称为标准作业流程(standard operating procedure,SOP)。SOP是组织长期积累的结果,改变它需要付出相当大的努力。有许多组织成功地进行了这种变革,极大地提高了其竞争力。特别是信息技术/信息系统的应用过程中通常需要伴随着组织业务流程的变革,例如,组织在实施业务流程重组(BPR)之前需要进行业务流程分析。另外,大多数组织在进行业务流程再造时,也需要借助信息技术/信息系统的实施进行推动。其原因在于现代的信息系统不仅是一个软、硬件系统,而且涵盖了大量先进的管理思想和最佳业务实践。从这一点上来说,信息系统管理的一个重要任务,就是要决定在多大程度上改变现有的业务流程使它适应信息系统,或者如何使信息系统以及相关的软件功能适应现有的业务流程。

2.3.2 信息系统对组织的影响

大型组织的日常运行与决策每时每刻都离不开信息系统的支持。经过多年的发展,信息系统从根本上改变了组织的经济特性,并极大地增加了优化组织运作的可能性。我们可以从经济学和社会学方面对IT所带来的变化进行解释。

---

[1] 戚桂杰:《管理信息系统》,经济科学出版社2011年版,第37~38页。

1. 经济影响

从经济学的视角看，IT既改变了资本的相对成本，也改变了信息的成本。信息系统已被视为一种生产要素，可以替代传统的资本与劳动力。当信息技术的成本不断下降，而劳动力的成本却不断上升时，利用信息技术可以实现手工操作的自动化，改进或重新设计原有的业务流程，这样，信息技术可以代替组织中部分员工的劳动，减少部分劳动力。随着IT成本的降低，它还替代了其他形式的资源，如仍然相对昂贵的建筑物和机器。

IT还会影响信息的成本和质量，并改变信息经济学。IT可以降低交易成本。交易成本理论认为，当企业在市场上购买其自身不生产的产品时，成本就发生了，这类成本被称为交易成本，企业总是在寻求降低交易成本的方法，就如同它们在不断寻求降低生成成本那样。就像通用汽车和福特汽车公司过去所做的那样，企业传统的做法是通过垂直整合、扩大规模、雇用更多的雇员、建立自己的供应商和分销商等方式降低交易成本。这种靠纵向联合的方式降低市场交易成本是有限度和代价的，一方面，随着企业规模的膨胀，其内部的管理与协调成本也在急剧上升，这将抵销其下降的交易成本；另一方面，庞大臃肿的组织机构也很难适应市场的快速变化，并充分发挥其核心竞争力。而信息技术特别是网络的应用能帮助企业降低交易成本，使企业利用外部的资源比利用内部资源更经济。像克莱斯勒、丰田、本田公司，通过计算机与外部供应商连接，从外部供应商处购买70%以上的零部件，从而获得经济效益。苹果（Apple）、思科（Cisco）、惠普（HP）、戴尔（Dell）等公司也是将产品外包给专业的制造公司，如富士康（Foxconn）、伟创力（Flextronics）、捷普（Jabil）等，而不是自己生产。

随着交易成本的降低，企业规模（员工人数）将缩小，因为在市场上更容易以更低的价格采购到所需的资源而不必自己来生产这些资源。企业可以通过电子商务和外部供应链使得业务量和利润增加，而其规模可以不变，甚至还可能收缩。例如，1994年，美国伊士曼化学公司从柯达公司分出来时收入为33亿美元，员工为24 000名；而2019年，它的总收入为101.5亿美元，员工为14 595名。

信息技术还会降低内部管理成本。根据代理理论，企业可以被看作是从自身利益出发的个人间的"契约集合"，而不是一个统一的、利益最大化的实体（Jensen & Meckling，1976）。委托人（雇主）雇用代理人（雇员）作为其利益的代表来执行任务，并把一些决策权力授予代理人。然而，代理人需要被时时地监督和管理，否则的话，他们往往倾向于谋取个人利益而不是雇主的利益，这样就会产生代理成本或管理成本。当公司的规模和经营范围都逐渐增大时，雇主就要花费越来越多的精力去获取信息以监督和掌控代理人的行为，这就导致了管理成本的上升。

信息系统技术可以让组织减少获取和分析信息的成本，从而降低组织的代理成本，因为它会使管理者更容易监管更多数量的员工。信息技术可以让公司减少中层管理人员和文书人员，从而减少企业的总管理成本，增加收入。信息技术能够扩大小型组织的权力和范围，帮助它们用很少的职员完成类似于订单处理、库存跟踪等协调性工作。信息技术扩展了组织的影响力和经营范围。在恰当的情况下，信息技术也能让大型组织具有小型组织的灵活性和敏捷性。

2. 组织和行为的影响

复杂组织的社会学理论也提供了一些解释，让我们了解信息技术应用的实施如何以及怎样引起企业变革。

（1）信息技术使组织扁平化。组织行为学研究者认为，信息技术能够帮助公司扩大信息的传播范围，给底层员工授权，提高管理效率，从而使组织扁平化。这是因为信息系统能够为管理者提供监督管理大量下属所需要的信息，并给低层级员工提供更多的决策权，从而减少组织的层级。信息系统促使组织中的决策权下放，因为低层级的员工能够在没有监督的情况下获得决策所需要的信息（这种权力下放也可能是因为员工的受教育水平提高，使他们有能力做出明智的决策）。管理者能够获得大量及时、准确的信息，进而能更快地做出决策，这样就可以配置较少的管理人员，提高管理效率。这些变化意味着管理控制的幅度扩大了，使高层管理者可以管理和控制更大距离范围内的更多员工。事实上，许多公司已省掉了大量的中层管理者。

（2）后工业组织。后工业时代的理论更多基于历史学和社会学，而不是经济学，这些理论同样地支持信息技术会使组织扁平化的观点。在后工业社会中，权威更依赖于知识和能力，而不仅仅是正式的职位。因为专业工作者更倾向于自我管理，当知识和信息在组织中广泛传播时，决策就变得分散了，这样组织就变得扁平化了。

信息技术能促进任务型组织的形成，即为了在短期内完成一项特定的任务（如设计新款汽车），将一群专家聚在一起，面对面或者通过网络进行合作，一旦任务完成，这些专家就会加入其他任务团队中。[1] 因为专业技术人员可以通过计算网络进行移动办公，所以公司

---

[1] 肯尼斯·C. 劳顿、简·P. 劳顿著，黄丽华、俞东慧译：《管理信息系统》（原书第15版），机械工业出版社2018年版，第70~72页。

可以"虚拟组织"方式经营，在这种情形下，工作不再与地理位置有关，因为知识和信息可以在任何需要它的时刻发出，发到任何需要它的地方。组织应该更像明茨伯格描述的项目型组织结构。IT 的深入应用使企业间的虚拟化成为可能，而且企业间的动态合作需求也促使企业向虚拟化方面发展。

2.3.3 信息系统实施的组织阻力及对策

1. 信息系统实施的组织阻力

信息系统是一个技术与社会相结合的实体，它的应用会改变组织的结构、文化、业务流程和战略，所以当信息系统被实施并引发变革时，会遇到重大的阻力和反对。在实施的过程中，即使信息系统很优秀，也会因为这些阻力和反对，实施起来不能一帆风顺，达不到理论上的效果，有的甚至导致系统的死亡。以企业资源计划（ERP）为例，投入巨大而未能实现预期效果的实施信息系统失败的企业比例高达 60%。

影响信息系统实施的组织因素非常复杂，且每个组织各有不同。根据以往的经验，主要的组织因素按其重要程度可排列如下：

（1）组织从事其功能的环境。
（2）组织结构、等级体制、专业分工及标准工作流程。
（3）组织文化和组织政治。
（4）组织类型。
（5）最高管理层的理解与支持。
（6）系统所处的组织层次。
（7）系统影响到的主要利益群体。
（8）信息系统所辅助的任务和决策类型。
（9）组织中将使用信息系统的员工的情感和态度。
（10）组织的历史；过去对信息技术的投资及效果、现有的技能、重要的计划/项目、人力资源等。

2. 对策

组织变革的阻力常源于四个主要的方面：信息技术、组织结构、人员以及工作任务。组织的任务安排、架构和人员能够吸收、解释、转化和击败技术所带来的变革，唯一能使变革成功的方法是同时改变技术、任务、结构和人员。

开发新系统的最终目的是提高组织的绩效，所以，应把系统应用的过程看作是一个有计划的组织变革过程。新系统建立的同时也必须明确提出组织变革的方式和内容,除了业务流程的变化外,还要说明每个岗位职责的变化,组织结构的调整和变化,人员之间制约关系的变化,每个人权力及行为上的变化。要对这些变化的时机、方式、后果做出仔细的计划,才能保证变革实施的成功。完整的组织冲击分析应说明新系统将怎样影响到组织的结构、决策以及日常运作。为了使新系统能与它所服务的组织完美地协调、统一成一个整体,组织的冲击分析工作就必须得到加强。

信息系统对组织的冲击以及组织对信息系统的抵制都是不可避免的。采取以下策略可以在某种程度和某些方面消除组织的抵制所造成的后果:例如,让用户参与系统的设计、实施以及培训,在引入系统前进行必要的组织变化,改善用户与设计者的关系等。通过对组织抵制问题的分析,我们所得到的最大启示是:系统的设计不能单纯从技术出发,而必须仔细分析组织的现状和新系统所带来的组织变革。

信息技术和信息系统对组织所产生的影响极大地被组织的惯性所拖累,组织变革的过程远比预期的复杂和缓慢,是一个渐进过程。鉴于信息技术作用的局限性,不能指望靠技术来解决那些实质上是人与组织本身的问题。计算机的作用是由使用者的智慧决定的,信息系统的应用是组织和个人行为的写照。

2.4 信息系统与组织战略

2.4.1 战略信息系统

随着信息系统的发展和市场竞争的加剧,信息系统在企业战略管理中的作用日益凸显,信息系统不仅是支持企业有效运作与决策、支持工作组和企业协作的一系列技术,它还可以改变企业的竞争模式。企业可以通过信息系统的应用为其制定获取竞争优势的战略提供有效的支持。信息系统的战略作用包括利用信息技术开发企业的产品、服务,在企业面对全球市场的竞争压力时,给企业带来主要的竞争优势。由此引出了战略信息系统(strategic information system,SIS)的概念。

战略信息系统是指能够改变组织的目标、经营管理、产品、服务及组织与外部环境的关系,支持企业竞争战略和企业计划,帮助组织赢得或维持竞争优势,或削弱对手的竞争优势的计算机信息系统,是具有战略性功能和作用的信息系统。战略信息系统的概念包含两方面的内涵:一个是信息系统;另一个是战略。其中的"信息系统"可以是在组织中任何层次上应用的、任何类型的信息系统,如 TPS、MIS、DSS 等;而"战略"则强调了信息系统的功能、作用是战略性的,即战略信息系统必须影响或支持企业的经营战略,通过改善企业的运行情况为企业带来竞争优势或削弱竞争对手的竞争优势。

利用信息系统取得竞争优势的关键在于是否能够根据信息技术的发展和信息环境的变化,及时转变其信息管理模式和战略决策方式,把信息技术和组织的战略联系起来。组织要审视自身所在行业的结构,确定自己的竞争战略。该战略决定了企业的价值链,这个价值链会影响到组织的业务流程,业务流程又进一步影响到信息系统。

信息系统与
组织战略

2.4.2 波特的竞争力模型

一个企业的战略地位和它的战略不仅取决于传统的直接竞争对手,还受行业中其他因素的影响。迈克尔·波特(Michael E. Porter)的竞争力模型(见图 2-2)描述了企业及其竞争对手和企业环境的总体概况。在该模型中,有 5 种力量决定了企业的命运,也影响着企业战略地位的确定、战略的选择以及为实现战略所应采取的信息系统。

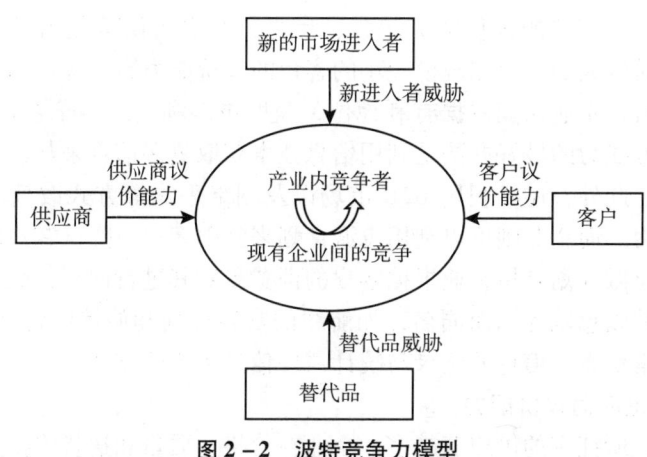

图 2-2 波特竞争力模型

1. 现有企业间的竞争

现有的企业都与它们的竞争者瓜分市场份额，这些竞争者不断以新的、更有效率的方式进行生产，提供新的产品和服务，都在连续不断地努力开发品牌，增加客户的转换成本，以此吸引客户。现有企业之间的竞争常常表现在价格、广告、产品介绍、售后服务等方面，其竞争强度与许多因素有关。

2. 新进入者的威胁

新进入者在给行业带来新生产能力、新资源的同时，将希望在已被现有企业瓜分完毕的市场中赢得一席之地，这就有可能会与现有企业发生原材料与市场份额的竞争，最终导致行业中现有企业盈利水平降低，甚至还有可能危及这些企业的生存。

3. 替代品的威胁

两个处于不同行业中的企业，可能会由于所生产的产品是互为替代品，从而在它们之间产生相互竞争行为，这种源自替代品的竞争会以各种形式影响行业中现有企业的竞争战略。首先，现有企业产品售价以及获利潜力的提高，将由于存在着能被客户方便接受的替代品而受到限制。其次，由于替代品提供者的侵入，使得现有企业必须提高产品质量，或者通过降低成本来降低售价，或者使其产品具有特色，否则其销量与利润增长的目标就有可能受挫。最后，源自替代品生产者的竞争强度，受产品买方转移成本（客户转向竞争对手的产品或服务时所发生的成本）高低的影响。总之，替代品价格越低、质量越好、用户转换成本越低，其所能产生的竞争压力就越强。

4. 客户议价能力

客户的议价能力涉及企业和客户两方面的情况。在可选产品或服务较多时，客户的议价能力较强；反之，客户的议价能力较弱。同时，规模较大的客户比规模较小的客户的议价能力高。客户的议价能力较低时，企业才能占据有利地位，获取更多利润。对于客户来讲，削弱卖方能力的最好办法是利用信息技术获取更多信息来与经销商讨价还价。此外，还可利用B2B市场以及网络采购等方式改变客户的议价能力。而企业则可以利用忠诚计划来吸引客户，降低客户的议价能力。忠诚计划是指企业根据客户的消费量对其进行回报，航空与旅游行业就以忠诚计划而闻名，如航线的常客计划和旅馆的常客计划，而客户消费量等信息的记录与统计需要信息系统的支持。

5. 供应商议价能力

企业所拥有的供应商越多，企业在价格、质量和送货安排上拥有的控制权就越多，即企业在可选产品及服务较多时，供应商议价能力较低；反之，供应商议价能力较强。供应商议价能力与客户议价能力是相对立的。企业可以通过在 B2B 电子商务市场中的逆向拍卖采购方式来降低供应商议价能力。逆向拍卖采购技术是一种逐步压低价格的竞价方式，它由愿意提供所需产品和服务的企业自行报价，逐步压低价格。当价格越来越低，越来越多的供应商会放弃竞价，最终，提供最低价格的企业获胜。

上述五种竞争力量共同决定了该行业的盈利能力及盈利的可持续性。五种竞争力量组合中的每种力量都会变化，并会导致该行业的吸引力的增加或减少。

2.4.3 竞争战略

面对以上五种竞争压力，企业可以利用信息技术和信息系统，通过以下四种竞争战略中的一种或几种战略来增强自身处理威胁和机会的能力，从而获得竞争优势。

1. 低成本战略

在消费者相信产品或服务同质的前提下，企业如果能以比竞争对手更低的价格来提供产品或服务，就会成为企业一个重要的竞争优势。而较低的销售价格则需要较低的成本来获得一定的利润。低成本是指直接降低成本或者在同样成本的条件下提高生产效率。低成本战略使企业能够以更低的价格提供产品或服务，除了提高对顾客的吸引力外，还能阻止新的市场进入者，延缓新的替代产品的研发。

企业将信息系统应用于组织内部作业、管理控制、计划和人力资源等业务，可以帮助企业显著降低其内部成本，以低于同行业竞争对手的价格（或更好的质量）提供产品或服务，因而让公司获得竞争优势。例如，零售业巨头沃尔玛采用顾客驱动的供应链管理系统在它的商品采购、配送到仓库的每一个环节来节约成本，致力于提供与竞争对手同价甚至是更低价格的商品，成为美国零售业的领导者。当顾客在收银机台付款时，销售点终端系统（point of sale，POS）记录交易信息并发送到沃尔玛总部，总部收集所有门店的订单发送给供货商。供应商也可通过计算机网络，获得沃尔玛的销售和库存数据。因为可以通过该系统实现快速补货，沃尔玛公司不需要花费高额资金维持大量的库存商品，使成本更低。沃尔玛还使用高级的商务智能系统来分析、预测顾客购买的商品种类及时机。沃尔玛的竞争对手之一希尔斯公司（Sears）将销售收入的 29.4% 用于管理费（仓储、物业、工资等），而沃尔玛借助它的信息系统，其管理费用仅占销售收入的

16.6%，而零售行业的平均运营成本为20.7%。

2. 产品差异化

产品差异化是指企业通过创造与竞争对手明显区别的或独一无二的新产品或服务，并且利用各种手段确保新产品或服务不能被现有和潜在的竞争对手所直接仿制，从而提高顾客对本企业产品的忠诚度。

企业可以开发出基于信息的新产品或服务，或者可以极大改善客户使用现有产品和服务的方便性。例如，谷歌公司（Google）在网站上连续推出像谷歌地图这样新的、独特的搜索服务。eBay通过简化买家向卖家的支付方式，激发了拍卖市场的需求。苹果公司（Apple）创造了iPod，一个独特的便携式数字音乐播放器，加上其独特的网络音乐服务，客户花0.69~1.29美元就可以买到一首歌曲。随着苹果公司的不断创新，又陆续推出了多媒体智能电话iPhone、平板电脑iPad以及具有影像播放功能的iPod。

制造商和零售商可以利用信息系统为客户提供定制化、个性化的产品和服务。计算机辅助设计和制造系统（CAD/CAM）给企业提供了按照客户的需求设计高质量产品的能力。戴尔（Dell）计算机公司利用订单组装方式直接销售个人计算机给客户，客户按照自己的需求经由网络或电话下达订单，戴尔的工厂接收到订单后会按照指定的零部件来进行装配。再如，耐克公司（Nike）在它的网站上通过NikeID项目出售用户定制的个性化的运动鞋。奥迪与米其林也都成功地创建了基于产品安全性的差异化战略。选择产品差异化战略必须时刻关注竞争对手的价格。

3. 集中性差异化

集中性差异化战略又称专一化战略，是指企业将其产品或服务聚焦于某个特殊的顾客群体、某产品线的一个细分区段或某一地区市场，并且比竞争对手更好服务这个细分的目标市场，从而取得竞争优势。

信息系统可以通过分析现有销售和市场数据来支持这一战略。利用数据挖掘等商业智能技术，企业可以准确地分析客户的口味、偏好、购买周期、支付方式等消费模式，给企业带来比竞争对手更强的市场洞察力和获得能力，使企业能够更高效地对更细分的市场提供有针对性的产品和服务并实行相应的市场营销策略。

这些数据的来源很多，包括信用卡交易记录、人口统计数据、超市和零售商店结账信息以及人们访问网站和与网站交互时收集到的数据等。利用数据挖掘等商务智能软件可以从这些大量的数据中发现消费模式与内在规则，从而帮助管理者进行决策。企业可以通过识别顾客的个人偏好建立个人消费数据库，进行相应的一对一营销，并通过客户关系管理系统（CRM），采取有效的客户保持措施；同时，还可以通过数据挖掘，得出某些产品和服务的关联性，从而提供相应的捆绑销售或类似活动，沃尔玛的"啤酒和尿布"这个经典的营销案例就是通过分析超市中啤酒与尿布销售数据，发现在卖场中经常购买尿布的是年轻的父亲，他们在买尿布的时候会顺便买些啤酒，于是卖场尝试将啤酒与尿布摆放在相同区域，让年轻的父亲可以同时找到这两件商品，并很快地完成购物，从而极大提升商品销售收入。希尔顿酒店使用名为"OnQ"的客户管理系统收集并分析活跃客户的所有数据，确定每个客户的喜好和价值。根据这些信息，希尔顿给最有价值的客户提供一些附加优惠，如延迟退房等。使用这一系统后，顾客选择希尔顿而非其竞争对手的比例从41%上升到了61%。

4. 与客户和供应商建立紧密联系

利用信息系统企业可以与供应商及顾客建立紧密联系，提高顾客与供应商的转换成本，降低他们的议价能力，提高他们对企业的忠诚度。供应链管理（supply chain management，SCM）和客户关系管理（CRM）是现代企业与供应商和顾客建立紧密联系的技术和方法。

通过与供应商建立紧密联系，可以使其精确满足企业的需要。当企业在品牌形象、市场占有率等方面占有明显优势时，企业可以实施针对供应商的战略信息系统，将供应商的生产计划纳入本企业的生产计划中，从而使企业的成本最小化，而那些不愿被纳入系统的供应商甚至将难以获得订单。许多汽车生产企业如丰田、通用、大众等及知名运动品牌公司如耐克、阿迪达斯等就有效利用了针对供应商的战略信息系统。耐克公司将所有生产工作转包给一些专业生产厂家，而仅保留设计研发部门，而各代工厂家通过与其总部相连接的信息系统，可以按照耐克所发送的设计方案和生产计划进行生产，产品生产出来后由耐克公司销售。当企业还未在市场占据主导地位时，企业可通过针对供应商的战略信息系统与供应商结成战略同盟，通过改善信息流来减少不确定性，并且在保持生产过程高效的同时，减少库存，降低开支。比如公司可以通过信息系统监控供应商的制成品存货、生产进度以及进度保证，以确保有足够库存来满足意外需求。如果供应商的存货不足，可及时提醒供应商做出调整。

企业通过客户关系管理系统可以为用户提供更好的产品与服务，

如酒店、航空公司等高级用户（VIP）的管理。通过向用户开放企业自身的信息系统为用户提供信息服务而使用户受益，从而达到"捆绑"用户的目的。许多快递公司，像联邦快递、顺丰速运等都支持用户自主下单，并随时对包裹进行跟踪。电子商务企业如亚马逊、京东、天猫等都根据顾客购买偏好，向其推荐相关商品。

2.4.4 价值链

价值链（value chain）是波特于1985年在其《竞争优势》中所提出的一个概念。波特认为，"每一个企业都是用来进行设计、生产、营销、交货以及对产品起辅助作用的各种活动的集合。所有这些活动可以用一个价值链来表明。"企业的价值创造是由一系列活动构成的，这些活动可以分为主要活动和支持活动，如图2-3所示。主要活动主要与企业的产品和服务的生产、分销过程直接相关，包括采购物流（接收和储存原材料）、生产运营（生产产品或服务）、销售与营销（促销和销售活动）、销售物流（储存和运输产品或服务）、售后服务（维护和改进企业产品或服务）。支持活动是指支持与辅助主要活动开展的活动，包括行政管理（组织基础设施）、人力资源管理（员工招聘、雇用和培训）、技术开发（改进产品和生产过程）、采购管理（购买原材料）。企业的价值活动不是一些孤立的活动，它们相互依存，是一个创造价值的动态过程，即价值链。

支持活动	行政管理：电子日程安排与信息系统					企业利润
	人力资源管理：人力资源规划系统					
	技术开发：计算机辅助设计系统					
	采购管理：基于网络的订货系统					
主要活动	采购物流 自动化仓储系统	生产运营 计算机控制的机械系统	销售与营销 计算机化订货系统	销售物流 自动运输调度系统	售后服务 设备维护系统	

图2-3 企业价值链中的活动及相应信息系统示例

价值链分析能够确定企业生产活动的关键环节，从而凸显出竞争战略最好应用在企业的哪部分活动中，为企业的产品和服务增加最多的价值,从而增加企业业务的整体价值。这对管理者决定将信息系统运用在哪些关键之处以及如何运用可以最有效地提高市场竞争地位具有重要的指导意义。图2-3应用价值链框架列出了将信息技术应用于企业基本流程的例子,包括支持原材料物流过程的自动化准时库存系统,生产过程中的计算机辅助制造系统(CAM),以及产品物流过程中用来改善客户订单处理的在线销售点和订货处理系统。企业还可以开发一种基于互联网的、互动的目标营销系统来支持销售过程,协调及整合的客户关系管理系统可以明显提高企业对客户的服务水平。

互联网技术扩充了价值链的概念,将公司的供货商、商业合作伙伴与客户纳入同一价值网络中。价值网络(value web)是一系列独立公司的集合,这些公司利用信息技术来协调它们的价值链,共同为市场生产一种产品或提供服务。与传统的价值链相比,价值网络更多的是由客户为导向,并且很少通过直线方式运行。价值网络能在本行业或相关行业的不同企业中协同客户、供应商和贸易伙伴间的业务流程。价值网络是灵活的,可以适应供给与需求的变化。这些企业之间的关系可是捆绑在一起的,也可以是灵活的,以响应市场条件的变化。公司可以通过优化它们的价值网络,快速决策谁能以合适的价格和地理位置提供市场所需的产品与服务,从而缩短其进入市场、获取客户的时间。

通过价值链分析,企业可以明确运用信息技术战略作用的关键环节以及应用方法,企业可以将不同类型的信息技术或信息系统用于特定的企业流程,从而在市场竞争中获得优势。值得注意的是,价值链中的每个环节并不是孤立的,我们要实现价值更要重视环节之间的联系,就需要由孤立地按照职能部门组织的系统转向以流程为导向的信息系统。通过描述价值链及其间的联系,集成的、跨部门的商业系统更能够实现"1+1>2"的效果,这也是大势所趋。

2.4.5 信息系统与业务流程重组

1. 业务流程重组的概念

企业流程(过程)是指为完成企业目标或任务而进行的一系列跨越时空的在逻辑上相关的业务活动序列,是企业或组织运行的方式。在传统的企业管理中,组织或企业都已形成了确定的流程和工作方式,而在信息技术条件下,由于信息的采集、处理、传递和使用的方式发生了变化,就需要改变原有流程中不适合计算机信息处理特点的工作方式,按现代信息处理的要求,重新组织业务运作过程,以事

信息系统与业务
流程重组

物发生的自然过程去探寻解决问题的方法。

20世纪90年代，美国学者迈克尔·哈默（Michael Hammer）与詹姆斯·钱皮（James A. Champy）提出了业务流程重组（business process reengineering，BPR）的概念，即对企业的业务流程进行根本性的再思考和彻底的再设计，从而使企业关键的性能指标如成本、质量、服务和速度等能取得根本性的改善，使得企业能最大限度地适应以"顾客、竞争、变化"为特征的现代企业经营环境。显然，BRP强调以业务流程为改造对象和中心，以关心客户的需求和满意度为目标，对现有的业务流程进行根本的再思考和彻底的再设计，利用先进的制造技术、信息技术以及现代化的管理手段，最大限度地实现技术上的功能集成和管理上的职能集成，以打破传统的职能型组织结构，建立全新的过程型组织结构，从而实现企业经营在成本、质量、服务和速度等方面的巨大改善。

2. 业务流程重组的思想与原则

信息技术的深入应用，尤其是云计算、物联网、大数据、移动互联网等新一代信息技术的迅速发展，彻底改变了信息获取、处理和分析方式，为业务流程重组和优化奠定了技术基础。BPR一般遵循以下思想与原则。

（1）管理理念。需要改变传统的管理思路与模式，打破现有的层级关系和职能分工，最大限度地应用信息系统重塑现有的管理体系，以求显著改善组织效率。

（2）系统思想。注重整体业务流程的最优化和信息最大限度地共建共享，充分发挥信息技术的巨大作用。

（3）创新应用。实施现代管理方法对原有的组织规则、方法和过程进行再造，如并行的工作流程、新的雇佣协议、动态的组织结构、分布式控制模式和准时制造等。

（4）文化引领。通过企业文化包括价值观、人际关系、激励机制和行为模式等优化调整，引领企业业务流程重组，保障企业创新实践。

3. 业务流程重组的类型和步骤

根据流程范围和管理费用特征，一般有三种类型的BPR。

（1）功能内BPR，指对职能内部的流程进行重组。

（2）功能间的BPR，指在企业范围内跨越多个职能部门边界的业务流程重组。

（3）组织间的BPR，指发生在两个或两个以上企业之间的业务流程重组。

不同行业、不同性质企业，由于不同的环境和技术条件，其业务流程重组层次和步骤肯定不完全相同，但一般包括：取消不增值的管理环节，变事后管理为事前管理，用信息技术实现过程自动化等。具体框架和步骤如图 2-4 所示。

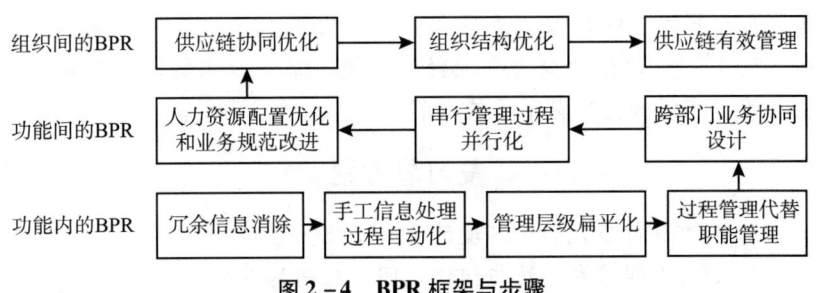

图 2-4　BPR 框架与步骤

资料来源：黄梯云、李一军：《管理信息系统》（第七版），高等教育出版社 2019 年版，第 81~82 页。

本章小结

1. 互联网、云计算、物联网、移动计算、大数据等新兴信息技术以及经济全球化改变了企业所处的经营环境，给企业带来了各种各样的挑战。

2. 信息系统或信息技术与组织互相影响，它们之间是双向的、间接的制约关系。信息系统与组织之间的相互作用非常复杂，通过许多中介因素的影响，如组织周围的环境、组织文化、组织结构、组织的标准作业过程、组织政治、管理决策及机遇等，组织影响信息系统的建设；反过来，信息系统的建设也通过对这些因素的改变来影响组织。

3. 信息系统从根本上改变了组织的经济特性，并极大地增加了优化组织运作的可能性，可以从经济学和社会学方面进行解释。

4. 影响信息系统实施的组织因素非常复杂，唯一能使变革成功的方法是同时改变技术、任务、结构和人员。

5. 波特的竞争力模型认为现有企业间的竞争、新进入者的威胁、替代品的威胁、客户议价能力、供应商议价能力这五种力量决定了企业的命运，也影响着企业战略地位的确定、战略的选择以及为实现战略所应采取的信息系统。面对以上五种竞争压力，企业可以利用信息技术和信息系统，通过低成本战略、产品差异化、集中性差异化、与客户和供应商建立紧密联系这四种竞争战略中的一种或几种战略来增强自身处理威胁和机会的能力，从而获得竞争优势。

6. 通过价值链分析，企业可以明确运用信息技术战略作用的关键环节以及应用方法，将不同类型的信息技术或信息系统用于特定的企业流程，从而在市场竞争中获得优势。

7. 业务流程重组是对企业的业务流程进行根本性的再思考和彻底的再设计，从而使企业关键的性能指标如成本、质量、服务和速度等能取得根本性的改善，使得企业能最大限度地适应以"顾客、竞争、变化"为特征的现代企业经营环境。信息技术的深入应用，为业务流程重组和优化奠定了技术基础。

延伸阅读

复习思考题

1. 如何看待当代管理环境的重大变化？
2. 如何理解信息系统与组织之间的双向关系？
3. 简述信息系统对组织的影响。
4. 简述信息系统实施的组织阻力及对策。
5. 简述战略信息系统的概念。
6. 简述波特的竞争力模型的内容。
7. 面对竞争压力，企业利用信息技术和信息系统，应采取哪些竞争战略获得竞争优势？
8. 什么是价值链？请简要举例说明应如何将信息技术应用于企业基本流程，从而有效地提高市场竞争地位。
9. 简述业务流程重组的概念、思想与原则。

第 3 章
管理信息系统的技术基础

本章要点

- ✦ 计算机系统的组成
- ✦ 数据管理技术的发展
- ✦ 数据库系统的组成
- ✦ 概念模型的相关概念和表示方法
- ✦ 关系模型的概念
- ✦ 关系规范化的概念及过程
- ✦ 计算机网络的组成
- ✦ 网络协议与网络体系结构
- ✦ 移动互联网的概念
- ✦ 物理网的应用
- ✦ 企业计算模式
- ✦ 大数据的概念及应用

引导案例

亚马逊的创新

亚马逊公司（Amazon）是美国最大的一家网络电子商务公司，位于华盛顿州的西雅图，由杰夫·贝佐斯（Jeff Bezos）于 1995 年 7 月成立，是世界上最早开展线上书店业务的电子商务公司，现在已成为全球商品品种最多的网上零售商和全球互联网前沿科技的先锋和领先企业，亚马逊在《财富》杂志 2020 年 8 月 10 日公布的世界 500 强中排名第 9，在 2020 年全球品牌价值百强中，亚马逊以 4 159 亿美元再次问鼎榜首。

日前，亚马逊发布2020年第二季度财报，季度收入889亿美元，同比增长40%。在当前的全球经济形势下，显得尤其亮眼。亚马逊这些年的成功，得益于该公司在业务上的不断创新。以亚马逊云服务（AWS）为例，这项开始于2006年的业务，在2020年第二季度的收入达到108亿美元，过去12个月的收入超过400亿美元。

在世界知名的研究和咨询机构Gartner最近所发布的旨在帮助企业客户了解最新的市场情况，从而选择优质的供应商建立战略合作关系的供应商评估报告中，亚马逊的整体评级为"优"，评估报告指出，亚马逊利用科技力量不断颠覆和重塑传统市场，缔造独树一帜的客户体验。而亚马逊云服务（AWS）充分展现了其创新技术在市场上的强大影响力，并持续多年在市场竞争中保持领先地位。同时，市场变化推动了亚马逊不断开拓创新模式并持续保持高速发展。至今，亚马逊云服务（AWS）已连续两年获得Gartner此项评估有史以来的最高评分，这种强劲势头与亚马逊2020年第二季度远超预期的财务表现"不谋而合"。

在疫情冲击全球经济的大环境中，亚马逊如何在今年依然保持高速增长？2020年是亚马逊成立25周年，回顾这家全球化企业的创新历程，或许能从中找到亚马逊"经久不衰"的秘诀：

1995年，亚马逊开展线上书店业务，开创了电商模式的先河。亚马逊网站向全球消费者提供逾100万部书籍，其规模是普通线下书店的40倍，是美国最大实体书店的5倍。上线一个月内，亚马逊线上书店被独立互联网站评级机构Point Communications列为图书类网站排名第一，在当时约50万个网站之中排名第六。

2005年，亚马逊启动Prime会员制项目，这是亚马逊"飞轮效应"的一次成功实践，也是全球最受消费者欢迎的会员服务之一。亚马逊Prime会员服务率先在美国推出，迄今为止，亚马逊Prime会员服务已在英国、西班牙、墨西哥等共19个国家上线，为全球超过1.5亿的亚马逊Prime会员提供优质服务。2016年，Prime会员登录中国，为中国消费者量身定制了支持全球首个跨境免邮的会员服务。

2006年，亚马逊正式推出AWS，从亚马逊企业后台走向全球云服务的舞台。Amazon.com在打造和运营高扩展的网络应用程序十多年后，意识到自己已经获得了运营大型技术基础架构和数据中心的核心能力，开始服务于更为广泛的新客户群体，让他们可以通过Web服务构建复杂、可扩展的应用程序。在高速发展的14年中，AWS始终引领全球云计算的创新迭代。AWS提供了超过175项全功能的服务，涵盖计算、存储、数据库、联网、分析、机器人、机器学习与人工智能、物联网、移动、安全、混合云、虚拟现实与增强现实、媒体，以及应用开发、部署与管理等方面。全球数百万活跃客户，包括发展迅速的初创公司、大型企业和政府机构都信赖 AWS，通过 AWS 的服务强化其基础设施，提高敏捷性，降低成本。得益于遍及全球 24 个地理区域的 77 个可用区的基础设施覆盖，AWS 也担当了全球化桥梁的角色，助力中国企业出海走向世界，帮助海外企业植根中国市场。除了推动数字经济的转型外，AWS 也在通过其广泛而深入的功能帮助各类组织和机构转型。例如，通过丰富的云计算、大数据、机器学习和人工智能及物联网等服务，帮助各类科研机构加快科研速度；利用 AWS 各类培训课程和项目，助力高校课程改革，培养技术型人才。在新冠肺炎疫情期间，AWS 更是为各类致力于药物研发、疫情传播控制等工作的企业和机构提供了云计算技术和资源支持，帮助人们更好地理解和解决疫情危机。

2007 年，亚马逊发布 Kindle 电子阅读器，这是阅读方式与习惯的一次全面革新。在经过 3 年多的开发历程之后，亚马逊推出革命性的第一代 Kindle 电子书阅读器，改变了人们的阅读方式。

2012 年，Amazon Robotics 成立，引领仓储运营自动化潮流。亚马逊最早在 1998 年就开始仓储自动化应用，2012 年亚马逊收购 Kiva Systems 公司，成立 Amazon Robotics，率先将机器人应用于仓储拣货。在经历几代技术的优化，新一代机器人机身更低，载重更大，行进速度更稳定。现如今，亚马逊在全球 26 个运营中心运营拥有超过 10 万个 Kiva 机器人，并通过遍布全球的 175 个运营中心将货物跨国配送至 185 个国家和地区，智能物流正在变成现实。

2013 年，亚马逊公布 Prime Air 无人机计划，成为智能物流领域的先驱者。亚马逊的首席执行官（CEO）杰夫·贝佐斯在新闻节目中首次公开 Prime Air 无人机项目，旨在最终实现 30 分钟无人机送货服务。2016 年 12 月 7 日，亚马逊 Prime Air 在英国剑桥完成了第一次运送，在下单后的 13 分钟内成功交付了包裹。目前 Prime Air 无人机项目正在持续升级机型，以保证订单交付的运送效率、稳定性和安全性，2019 年研发的全新的电动送货机器人——Amazon Scouts，在 2020 年疫情期间充分发挥了无接触配送的优势，为人们在非常时期的生活带来便利。

2014 年，亚马逊推出智能硬件产品 Amazon Echo，智能语音时代正式开启。Amazon Echo 内置 Alexa 语音助手。Echo 作为一种全新的语音交互智能硬件，可以接受命令和问询，回答关于音乐、新闻、交通、天气等信息。如今 Echo 系列智能设备已覆盖生活的方方面面，例如智能眼镜、智能戒指、智能烤箱、Ring Alarm Keypad 家庭安防产品，以及正在开发中的 Ring Fetch 宠物追踪器等。Alexa 智能语音助手每周产生数十亿次用户互动；在 2020 年的疫情期间，亚马逊 Alexa 智能语音助手帮助一线医护人员"无接触"地与家人、朋友、同事实时保持联系，让人们深刻感受到科技为人类在逆境中带来的鼓舞。

2015 年，第一家 Amazon Books 线下书店正式开业，实现了线上与线下零售的无缝衔接。Amazon Books 是全球第一家将电商独有营销模式与线下购买推荐无缝衔接的实体零售体验店。店内书籍每周更新，并结合线上书店客户反馈打破了传统书店陈列格局，让消费者体验着网购与实体店相结合的购买乐趣。

2016 年，亚马逊首推线下实体店——Amazon Go，用科技颠覆传统零售运营模式。Amazon Go 凭借计算机视觉、传感器融合及深度学习等技术，让消费者直接跳过人工收银结账环节，打造了无须排队结账、即拿即走的极致购物体验。2018 年 1 月，Amazon Go 已经正式对公众开放。截至 2020 年 3 月 31 日，亚马逊在美国已开设 25 家 Amazon Go 商店。

2017 年，亚马逊收购全食超市（Whole Foods Market），打造高端食品零售线上线下一体化新业态。通过收购全食超市并整合物流体系、零售终端和销售系统，亚马逊能以更低的价格、更多的选择为消费者提供天然有机食品。此外，亚马逊将亚马逊 Prime 会员权益扩展到全食超市系统中，为 Prime 会员带来更多优惠。

2018 年，"亚马逊未来工程师"（AFE）公益项目启动，为计算机科学领域培养创新人才，为全球产业发展储备生力军。"亚马逊未来工程师"公益项目为儿童和年轻人制定职业规划，旨在激励、教育、培训贫困儿童和年轻人从事计算机科学职业，包括通过编码训练营和在线课程来鼓励儿童探索计算机科学，每年惠及一千万以上的儿童。

2019 年，亚马逊携手 Global Optimism 组织发起并签署《气候宣言》，《气候宣言》是人类可持续发展的又一个里程碑，同时亚马逊也是此份宣言的第一位签署者。《气候宣言》要求各签署成员公司，于 2040 年之前达到所有业务线净零碳排放的目标，比《巴黎协定》制定的 2050 年目标要提前十年。

以上只是亚马逊 25 年创新历程的一个缩影，从中可以看到，通过不断的尝试和探索颠覆式创新举措，亚马逊在技术应用和商业模式上得以实现持续的突破，为行业的发展注入源源不断的动能。

（资料来源：亚马逊 Amazon：《解读 25 年科技底蕴 亚马逊全球"创新图谱"亮相》，百家号，2020 年 8 月 5 日，https：//baijiahao. baidu. com/s？id = 1674181655234838622&wfr = spider&for = pc；邹本堃：《2020 亚马逊创新日：解读人工智能和机器学习的数字驱动力》，中国消费者报·消费网，2020 年 8 月 12 日，http：//www. ccn. com. cn/Content/2020/08 - 12/1107473329. html）

细数当下最值钱的几家互联网科技公司，它们成功的秘诀之一或者说不可缺少的一个因素就是创新。亚马逊 CEO 杰夫·贝佐斯曾说过："成功没有神奇妙方，关键是要抢在别人前面。"而这个"前面"就是要不断地创新，来适应瞬息万变的环境。截至 2019 年，亚马逊全球有超过 12 万项技术专利，涵盖新兴科技多个领域，包括机器学习、云计算、人工智能（AI）和机器人技术等。亚马逊在信息技术应用和商业模式上的持续创新，使其保持了飞速发展。

管理信息系统是建立在信息技术基础设施之上的应用系统，信息技术是管理信息系统的基础，只有把先进的信息技术与现代管理思想结合起来，才能真正发挥 MIS 的作用。信息技术基础设施是为企业特定的信息系统应用提供平台的共享技术资源。信息技术基础设施包括整个企业所共享的硬件与软件、数据资源管理、数据通信与网络技术。

3.1 计算机系统

计算机，准确地说应该叫计算机系统，是指按人的要求接收和存储信息，自动进行数据处理和计算，并输出结果信息的机器系统。计算机系统由硬件系统和软件系统两部分组成。

计算机硬件系统是指构成计算机的所有实体部件的集合，通常这些部件由电子器件、机箱或装置等物理部件组成。硬件通常是指一切看得见、摸得到的设备实体，是计算机进行工作的物质基础，是计算机软件运行的场所。

计算机软件系统是指在硬件设备上运行的各种程序以及有关资料。程序是用户用于指挥计算机执行各种功能以便完成指定任务的指令的集合。资料（或称为文档）是为了便于阅读、修改、交流程序而做的说明。

计算机系统

普通用户面对的计算机，都是配置若干软件之后所构成的计算机系统。正是由于有了丰富多彩的软件，计算机才能完成各种不同的任务。在计算机技术的发展过程中，软件随硬件技术的发展而发展，反过来，软件的不断发展与完善又促进了硬件的新发展，二者缺一不可。

3.1.1 计算机硬件系统

1945年3月，美籍匈牙利数学家、计算机科学家冯·诺依曼（John Von Neumann）提出了以二进制和存储程序工作原理为基础的现代计算机的体系结构。存储程序工作原理就是在计算机内部设置存储器，将根据特定问题编写的程序存放在存储器中，计算机运行时先从存储器中取出第一条指令，执行一个基本操作，以后按照该程序的规定顺序执行其他指令，直至程序结束执行。按此原理设计的计算机称为存储程序计算机，或称为冯·诺依曼结构计算机。从那以后，尽管计算机制造技术日新月异，但迄今为止，绝大多数实际应用的计算机的基本工作原理和体系结构始终没有改变。

冯·诺依曼结构计算机的硬件系统由运算器、控制器、存储器、输入设备和输出设备五大基本部件组成。

1. 运算器

运算器也称为算术逻辑单元（arithmetic logic unit，ALU），是执行算术运算和逻辑运算的功能部件。在控制器的控制下，运算器从存储器取出数据，进行算术运算或逻辑运算，并把处理后的结果送回存储器，或暂时存在运算器中的寄存器中。运算器的性能是影响整个计算机性能的重要因素。

2. 控制器

控制器的作用是控制计算机的各个部件有条不紊地工作，它的基本功能就是从内存取出指令和执行指令。所谓执行指令就是，控制器首先按程序计数器所指出的指令地址从内存中取出一条指令，并对指令进行分析，然后根据指令的功能向有关部件发出控制命令，控制它们执行这条指令所规定的功能。然后再从主存中取出下一条指令执行，如此循环，直到程序完成。

运算器和控制器合在一起称为中央处理器（central processing unit，CPU），它是计算机的核心。

3. 存储器

存储器是计算机中用来存放程序和数据的部件。存储器可分为内存储器和外存储器两大类。

（1）内存储器。内存储器又称为主存储器，简称内存或主存，是 CPU 可直接访问的存储器，存储速度快，用来存放计算机正在执行的程序及所需的中间数据、输出之前的最终结果等。内存储器分为只读存储器（ROM）、随机存储器（RAM）和高速缓冲存储器（Cache）。

（2）外存储器。外存储器又称为辅助存储器，简称外存或辅存，存储容量大，成本低，数据可以长期保存，但存储速度慢，用来存储大量的暂时不参加运算或处理的数据和程序。外存储器主要包括磁盘（硬盘、软盘）、光盘（CD-ROM、CD-RW、DVD 等）、存储卡（CF 卡、SD 卡等）和磁带等。

4. 输入设备

输入设备用来接收用户输入的原始数据和程序，并将它们转变为计算机能识别的形式（二进制数）存放到内存中。常用的输入设备有键盘、鼠标、扫描仪、条形码阅读器、语音输入设备、触摸屏等。

5. 输出设备

输出设备用于将存放在内存中由计算机处理的结果转变为人们所能接受的形式。常用的输出设备有显示器、打印机、绘图仪等。

随着计算机技术的进一步发展及运算能力需求的不断提高，各种新型电子计算机和非电子计算机相继研制成功，包括神经网络计算机、生物计算机、量子计算机、超导计算机等，这些新技术的出现为第五代计算机的出现奠定了基础。

3.1.2 计算机软件系统

计算机软件通常分为系统软件和应用软件两大类。

1. 系统软件

系统软件是指控制和协调计算机硬件及软件资源，支持应用软件开发和运行的系统，是无须用户干预的各种程序的集合。它主要包括操作系统、程序设计语言、数据库管理系统等。

（1）操作系统。操作系统（operating system，OS）是用来对计算机系统的软、硬件资源进行统一管理和调度的大型管理控制程序，它是直接运行在计算机硬件上的最基本的系统软件，是系统软件的核心，其他任何软件必须在操作系统的支持下才能运行。操作系统主要具备五个管理功能：处理器管理、存储管理、设备管理、文件管理、作业管理。操作系统按照不同的标准有多种分类方法：按其运行环境可以分为实时操作系统、分时操作系统和批处理操作系统；按同时管理的用户数目可以分为单用户操作系统和多用户操作系统；按照同时管理的作业数量可以分为单用户单任务操作系统、单用户多任务操作系统和多用户多任务操作系统。典型的操作系统有 DOS、Windows、Unix、Linux 等。

（2）程序设计语言。程序设计语言是人与计算机之间进行交流的工具。通常将程序设计员用程序设计语言编写的程序称为源程序，将可以直接由计算机执行的程序称为目标程序或可执行程序。将源程序变成目标程序有两种方式，一种是编译方式，另一种是解释方式。程序设计语言的主要分类有机器语言、汇编语言和高级语言、第四代语言（4GL）、面向对象的程序语言、标记语言等。

（3）数据库管理系统（database management system，DBMS）。数据库是按一定方式组织起来的数据的集合。数据库管理系统是对数据库进行加工、管理的系统，是用户与数据库之间的接口，它一般具有建立、编辑、修改、增删数据库内容等对数据的维护功能；对数据的检索、排序、统计等使用数据库的功能；友好的交互式输入、输出能力；使用方便、高效的数据库编程语言；允许多用户同时访问数据库；提供数据独立性、完整性、安全性的保障。数据库系统主要由数据库（DB）、数据库管理系统（DBMS）、相应的应用程序及数据库管理员组成。目前常用的数据库管理系统有 Microsoft Office Access、Visual FoxPro、SQL Server、Oracle、DB2 和 MySQL 等。

2. 应用软件

应用软件是为解决各类应用问题而编写的软件，具有很强的实用性。管理信息系统软件是一种典型的应用软件。根据应用领域，可将应用软件分为通用软件和专用软件两大类。

通用软件的应用范围很广，可以不分领域，不分行业，各类用户都能使用。常用的通用软件有办公自动化软件，如 Microsoft Office、WPS Office 等；图像处理软件，如 Photoshop、CorelDRAW 等；多媒体软件，如 Media Player、迅雷影音等。

专用软件是指只在特定的某些行业应用或者有着特殊专业用途的软件，并不是对绝大多数计算机使用者有用。常用的专用软件有计算机辅助设计类软件、实时控制类软件、超市支付清算系统、医院挂号系统等。

知识拓展：
量子计算机
潜力巨大

3.2 数据管理与数据库技术

3.2.1 数据管理

企业管理活动离不开数据,数据是管理活动的基础与核心,是联系管理活动的纽带,数据管理也是管理信息系统的核心。

所谓数据管理,是指对数据进行组织、分类、编码、存储、检索和维护等操作,数据管理技术是随着计算机硬件和软件技术的发展而发展起来的,大致经历了人工管理、文件系统、数据库系统三个发展阶段。

数据管理与
数据库系统

1. 人工管理阶段

从1946年计算机诞生到20世纪50年代中期以前,计算机主要用于科学计算,外存储器只有卡片、纸带、磁带,存储空间极其有限,没有像磁盘这样的可以随机访问、直接存取的外部存储设备。软件方面,也没有专门管理数据的软件,数据由计算或处理它的程序自行携带,数据处理方式基本是批处理。这种数据处理方式非常简单,数据依赖于程序,不能单独使用,程序关闭后数据也就关闭了,数据的管理依靠人工方式,程序员对数据具有绝对的控制权。

2. 文件系统阶段

20世纪50年代后期到60年代中期,在计算机硬件方面,出现了磁鼓、磁盘等可直接存取设备;在软件方面,出现了操作系统。操作系统中的文件系统是专门的数据管理软件。文件系统作为外部程序和数据文件的接口,程序通过文件名来访问文件,程序和数据文件之间有一定的独立性。数据处理方式除了批处理外,还有联机实时处理。尽管文件系统对数据的管理有了极大的进步,但还是存在数据冗余度大、数据的针对性强以及数据对程序的依赖性强等缺陷,文件系统自身的限制还导致数据共享能力差以及数据的管理缺乏整体性、统一性等。

3. 数据库系统阶段

从20世纪60年代后期开始,大容量磁盘系统的采用,使计算机联机存取大量数据成为可能;而软件价格的上升和硬件价格的相对下降,使独立开发系统维护软件的成本增加。针对计算机管理的数据量急剧增长和数据的独立性问题，人们逐步发展了以统一管理数据和共享数据为主要特征的系统，这就是数据库系统。它通过有效地管理和存取大量的数据资源，包括提高数据的共享性，使多个用户能够并发地存取数据库中的数据，减小了数据的冗余度，提高了数据的一致性和完整性，并提供了数据与应用程序的独立性，从而减少了应用程序的维护代价。

在此期间出现了两种数据库类型——网状数据库和层次数据库。1964年，美国通用电气公司成功地开发出世界上第一个数据库系统——网状数据库 IDS（integrated data store）。IDS 奠定了网状数据库的基础，并且得到了广泛的发行和应用，成为数据库系统发展史上的一座丰碑。1969年，美国国际商用机器公司（IBM）也推出世界上第一个层次数据库系统 IMS（information management system），同样在数据库系统发展史上占有重要的地位。这两种数据库都属于集中式数据库。

计算机技术和网络技术的发展，为远距离数据处理提供了可能，跨区域的数据交流对数据库也有了更高的要求。1970年，IBM 公司的研究员科德（E. F. Codd）提出了关系数据模型（a relation model for large shared data banks）的概念，并提出了关系代数和关系演算，从理论上确立了完整的关系模型理论、数据依赖理论和关系数据库的设计理论。科德的关系数据理论和网络技术的飞速发展，促使数据库技术和网络技术相互结合，使数据库系统从集中式发展到分布式，形成分布式数据库系统，工作方式也从主机/终端系统结构发展到客户机/服务器结构。

进入 20 世纪 80 年代之后，随着计算机技术的发展和计算机应用的不断深入，产生了许多新的应用领域，例如计算机辅助设计、计算机辅助制造、计算机辅助教学、办公自动化、智能信息处理、决策支持等。这些新的领域对数据库系统提出了新的要求。但是由于应用的多元化，产生了演绎数据库、面向对象数据库、分布式数据库、工程数据库、时态数据库、模糊数据库等新型数据库的研究和应用。不过到目前为止，在世界范围内应用较多的还是经典的关系数据库系统。

3.2.2 数据库系统

1. 数据库系统的组成

数据库系统（database system，DBS）是指引进数据库技术后的计算机系统，一般由数据库、硬件、软件和有关人员构成。

（1）数据库。数据库是长期存储在计算存储介质上，有组织的、可共享的数据集合。数据库中的数据按一定的数据模型组织、描述和存储，具有较小的冗余度、较高的数据独立性和可扩展性，并能够被多个用户共享。数据库中的数据由数据库管理系统进行统一管理和控制，用户对数据库进行的各种操作都是通过数据库管理系统实现的。

（2）硬件。硬件是运行数据库系统的物理平台，计算机要有足够大的内存、足够大容量的磁盘等联机直接存取设备和较高的通道能力以支持对外存的频繁访问，还需要足够数量的脱机存储介质，如光盘等存放数据库备份。

（3）软件。数据库系统的软件主要包括数据库管理系统（database management system，DBMS）、支持DBMS运行的操作系统、开发数据库管理及应用系统的其他相关软件。

数据库管理系统是位于用户与操作系统之间的一种操纵和管理数据库的大型软件，它是数据库系统的核心，其基本功能有以下几个方面：

①数据定义功能。用户通过DBMS所提供的数据定义语言（data definition language，DDL）对数据库的结构进行定义。

②数据操纵功能。DBMS提供数据操作语言（data manipulation language，DML），实现对数据的追加、删除、更新、查询等操作。

③数据库的运行管理功能。DBMS提供数据控制功能，即数据的安全性、完整性和并发控制等对数据库运行进行有效的控制和管理，以确保数据正确有效。

④数据库的建立和维护功能。它包括数据库初始数据的输入、转换功能，数据库的转储、恢复，系统性能监控等功能。

（4）人员。开发、管理和使用数据库系统的人员主要有数据库管理员、系统分析员、应用程序员和用户。

数据库管理员（database administrator，DBA）负责建立、维护和管理数据库系统，其职责包括：定义并存储数据库的内容，监督和控制数据库的使用，负责数据库的日常维护，必要时重新组织和改进数据库等。

系统分析员负责应用系统的需求分析和规范说明，他们和用户及数据库管理员一起确定系统的软硬件配置，并参与数据库系统的概要设计。

应用程序员负责设计与编写应用系统的程序，为最终用户开发适用的数据库应用系统。他们必须关心硬件特性及存储设备的物理细节，实现数据组织与存取的各种功能，实现逻辑结构到物理结构的映射等。

用户是指终端用户，用户通过应用系统的界面如表单、表格、图形等来使用数据库来完成其业务活动。

2. 数据库系统的特征

数据库系统的主要特征如下：

（1）实现数据共享，减少数据冗余。在数据库系统中，对数据的定义和描述已经从应用程序中分离出来，通过数据库管理系统来统一管理。因为数据是面向整体的，所以数据可以被多个用户、多个应用程序共享使用，可以大大减少数据冗余，节约存储空间，避免数据之间的不相容性与不一致性。

（2）采用特定的数据模型。数据库中的数据结构由数据模型来表示，不仅表示事物内部各数据项之间的联系，而且反映事物与事物之间的联系。

（3）数据的独立性高。数据的独立性包括逻辑独立性（数据库中数据库的逻辑结构和应用程序相互独立）和物理独立性（数据物理结构的变化不影响数据的逻辑结构）。

（4）具有统一的数据控制功能，以确保数据的安全可靠和正确有效。

3.2.3　概念模型

概念模型与
数据模型

在数据库系统中，对现实世界中数据的抽象、描述以及处理等是通过数据模型来实现的。数据模型是数据库系统设计中用于提供信息表示和操作手段的形式框架，是数据库系统实现的基础。根据模型应用的不同目的，可以将模型分为两个层次。一个是概念数据模型（也称信息模型），简称概念模型；另一个是逻辑数据模型（如网状、层次及关系模型），简称数据模型。

概念数据模型是按用户的观点对数据和信息建模，是现实世界到信息世界的第一层抽象。人们常常首先将现实的客观对象抽象为某一种不依赖于计算机系统和 DBMS 无关的信息结构即概念模型，然后再把概念模型转化为计算机上某一 DBMS 支持的数据模型。概念模型是系统分析人员与用户进行交流的有力工具。

1. 基本概念

（1）实体（entity）。实体是指现实世界中客观存在的对象或事物。它可以是具体的人或事物，也可以是抽象的概念或联系。例如，一名教师、一名学生、一门课程、学生的一次选课、教师与学院的工作关系等都是实体。

(2) 属性 (attribute)。实体所具有的某一特性称为属性。一个实体可以由多个属性来描述。例如学生实体可以由学号、姓名、性别、身份证号、专业、学院、年级等属性来刻画。

(3) 实体集 (entity set)。实体有个体和总体之分。具有相同属性的实体组成的集合称为实体集。

(4) 实体标识符 (identifier)：在众多属性中能够唯一标识实体的属性或属性组合称为实体标识符，也称为关键码，简称码或键。如"学号"是"学生"实体的码。

(5) 联系 (relationship)：所谓联系是指实体之间的相互关系，包括实体内部和实体之间的联系。实体内部的联系通常指的是组成实体的各属性之间的联系。实体之间的联系通常是指不同实体集之间的联系。常见的实体联系有以下三种。

①一对一联系 (1∶1)：如果实体集 A 中的每一个实体至多与实体集 B 中的一个实体发生联系；反之，实体集 B 中的每个实体至多与实体集 A 中的一个实体发生联系，则称实体集 A 与实体集 B 之间具有一对一联系。例如一个班级只有一名班长，一名班长也只管理一个班级，所以班级和班长之间为一对一联系。

②一对多联系 (1∶N)：如果对于实体集 A 中的每一个实体，实体集 B 中有 N 个实体 (N≥0) 与之联系；反之，对于实体集 B 中的每一个实体，实体集 A 中至多只有一个实体与之联系，则称实体集 A 与实体集 B 有一对多联系。例如，一个学院可以有多个班级，而每一个班级只归属于某一个学院，则学院与班级之间具有一对多的联系。再如，一个班级内有多名学生，而每一名学生只属于一个班级，则班级与学生之间也是一对多联系。

③多对多联系 (M∶N)：如果对于实体集 A 中的每一个实体，实体集 B 中有 N 个实体 (N≥0) 与之联系；反之，对于实体集 B 中的每一个实体，实体集 A 中有 M 个实体 (M≥0) 与之联系，则称实体集 A 与实体集 B 具有多对多联系。例如，在学生选课时，每名学生可以选多门课程，而一门课程允许多个学生选修，则学生和课程之间具有多对多联系。

2. 概念模型的表示方法——实体—联系方法

概念模型的表示方法有很多，其中最为著名和常用的是由美籍华人学者陈平山 (P. P. S. Chen) 于 1976 年提出的实体—联系方法 (entity-relationship approach)。该方法用 E－R 图来描述现实世界的概念模型，E-R方法也称为E-R模型。

E-R图用以下方法表示实体型、属性和联系：

(1) 实体型：用矩形表示，矩形框内写明实体名。

(2) 属性：用椭圆表示，用无向边将其与相应的实体连接起来。

(3) 联系：用菱形表示，菱形框内写明联系名，并用无向边分别与有关实体联系起来，同时在无向边标上联系的类型（1:1, 1:N, M:N）。需要注意的是，如果一个联系具有属性，则这些属性也要用无向边与这个联系连接起来。

图3-1是某工厂物资入库管理的概念模型。为了图示简明，图中未画出实体及联系的属性，下面用文字说明。

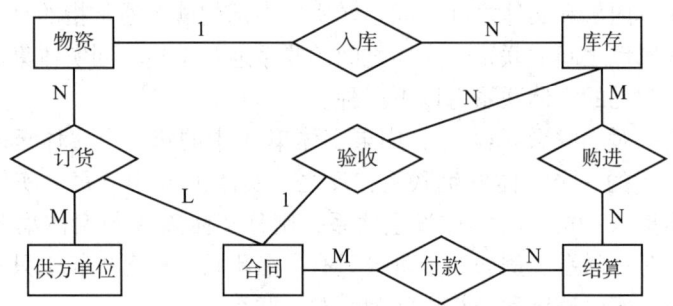

图3-1 工厂物资入库管理E-R图

资料来源：戚桂杰：《管理信息系统》，经济科学出版社2011年版，第130页。

物资入库管理涉及实体有：

(1) 供方单位：属性有单位代码、单位名称、地址、邮政编码、联系人、电话。

(2) 物资：属性有物资代码、名称、规格、备注。

(3) 库存：属性有入库编号、日期、货位、数量。

(4) 合同：属性有合同编号、数量、金额、备注。

(5) 结算：属性有结算编号、用途、金额、经手人。

这些实体间的联系包括：

(1) 入库：一种物资可以分多次入库，所以是1:N联系。

(2) 验收：一份合同订购的物资可以分多次验收，所以是1:N联系。

(3) 购进：一次购进的物资可以经多次结算，而一次结算可以承办多次购进的物资，所以是多对多的联系。其属性为：入库编号、结算编号、合同编号、数量、金额。

（4）付款：是多对多的联系。其属性为：结算编号、合同编号、数量、金额。

（5）订货：这是一个数量超过两个的不同类型实体之间的联系。在订货业务中，一种物资可以由多家供方单位供应，产生多笔合同。反之，一个供方单位可以供应多种物资，产生多笔合同，所以，在图中用 M：N：L 的结构来表示，其属性为：物资代码、单位代码、合同编号、数量、单价。[①]

3.2.4 数据模型

数据模型是相对概念模型而言的，是对客观事物及其联系的数据化描述，是对现实世界的第二层抽象。在数据库系统中，对现实中数据的抽象、描述以及处理等都是通过数据模型来实现的，可以说，数据模型在数据库系统设计中是用来提供信息表示和操作手段的形式和构架，是数据库系统实现的基础。

数据模型与所选用的 DBMS 有关。数据模型的种类主要有层次模型、网状模型、关系模型和面向对象模型四种。目前主要使用后两种。

1. 关系模型

关系模型是指现实世界中的事物及事物间的联系用关系描述的模型。关系数据模型是建立在坚实的数学基础之上的数据模型，有着严格的设计理论。通过关系运算，使关系数据模型具有了高度的灵活性。

从用户的角度来看，关系模型中数据的逻辑结构是一张二维表，它由行和列构成。下面以教工登记表（见表 3-1）为例，介绍关系模型中的主要术语。

表 3-1　　　　　关系模型的数据结构示例

职工号	姓名	性别	出生日期	单位	电话
1000001	刘希宽	男	1968.3	会计学院	89852568
2001022	栾绍霞	女	1971.11	管科学院	88525802
3105070	王鹏飞	男	1973.3	网络中心	64069226
……	……	……	……	……	……

---

① 黄梯云、李一军：《管理信息系统》（第七版），高等教育出版社 2019 年版，第 129~130 页。

（1）关系：一个关系就是一张二维表，每个关系都有一个关系名。表3-1中的教工登记表就是一个关系。

（2）元组：表中的一行称为一个元组（或称记录）。

（3）属性：表中的一列称为一个属性（或称字段），给每一列起一名称，该名称即为属性名。如表3-1共有6列，对应6个属性（职工号，姓名，性别，出生日期，单位，电话）。

（4）域：属性的取值范围。如人的出生日期应为规范的公历日期且应在合理的年龄范围内，性别的域是（男，女），学院的域是学校所有二级单位名称的集合。

（5）主码（键）：主码（键）也称主关键字，是关系中能唯一标识一个元组的属性或属性组合，如表3-1中的职工号，它可以唯一确定一名教职工，因此它是此关系的主码。

（6）分量：元组中的一个属性值。

（7）关系模式：对关系的描述称为关系模式，其格式是：

关系名（属性1，属性2，…，属性N）。

例如，表3-1中的关系可描述为：

教职工（职工号，姓名，性别，出生日期，单位，电话）。

（8）外码：某属性或属性组合不是本关系的主码，但却是本数据库中另一个关系的主码，称其为本关系模式的外码。

2. 关系模型的特点

关系模型具有以下特点：

（1）关系模型概念单一。在关系模型中，无论实体本身还是实体间的联系均用关系表示。多对多联系在非关系模型中不能直接表示，在关系模型中则变得简单了。

例如，一个学生可以选修多门课程，一门课程可由多个学生选修。因此，学生和课程间存在多对多的联系。可以设计以下三个关系模式：

学生（学号，姓名，性别，身份证号，政治面貌，学院，……）；

课程（课程编号，课程名称，学分，课时，选修课，……）；

选修（学号，课程编号，成绩）。

其中，选修关系表示出了学生与课程之间的多对多的联系。

（2）关系必须规范化。所谓规范化是指关系模型中的每一个关系模式都必须满足一定的要求。规范化有许多层次，但对关系最基本的要求是每一个分量必须是不可再分的数据项，即表中不能再有表。

（3）集合操作。在关系模型中，操作的对象和操作结果都是元组的集合，即关系。如在学生关系中要查询"学院"是"管科学院"

的学生，查询操作结果是学生关系的一个子集，其本身也是一张二维表，因而易于理解，操作直接、方便。另外，关系模型把存取路径向用户隐藏起来，实现了非过程化的操作。用户只需指出"做什么"，而不必详细说明"怎么做"，从而大大地提高了数据的独立性和用户的生产率。

关系模型中常用的关系操作有两类：

①查询操作：选择、投影、连接、除、并、交、差等。

②插入、删除、修改操作。

3. 面向对象数据模型

面向对象数据模型的基本概念是对象和类。对象是现实世界中实体的模型化，每个对象都有唯一的标识符，把状态（state）和行为（behavior）封装（encapsulate）在一起构成对象模型。类是属性集和方法集相同的所有对象的组合。

3.2.5 关系的规范化

对于给定的一组数据，如何才能构造出一个好的关系模式呢？这涉及关系数据库的规范化问题。规范化理论研究关系模式中各属性之间的依赖关系及其对关系模式性能的影响，探讨关系模式应该具备的性质和设计方法。规范化理论给我们提供了判别关系模式优劣的标准，为数据库设计工作提供了严格的理论依据。

1971年，科德提出了规范化理论，他及后来的研究者为关系数据模型定义了五种规范化模式（normal form，NF），简称范式。为防止在使用数据库时出现不一致的数据和防止数据丢失，关系必须是规范化的，应满足一定的约束条件。范式表示的是关系模式的规范化程度，即满足某种约束条件的关系模式，根据满足的约束条件的不同来确定范式。如满足最低要求，则为第一范式。符合第一范式而又进一步满足一些约束条件的为第二范式，其余以此类推。一个低一级范式的关系模式，通过模式分解可以转换为若干个高一级范式的关系模式的集合，这个过程就叫规范化。

要理解关系规范化的概念，应首先了解函数依赖的概念。

1. 函授依赖

（1）依赖：若某属性或属性组合 X 定了，属性 Y 也就跟着定了，则称 X 决定 Y，或称 Y 依赖 X。如学生（学号，姓名，性别，年龄）中，姓名、性别、年龄等都依赖学号。

（2）主属性：构成主码的属性称为主属性，其他称为非主属性。

所有非主属性依赖主码,如学生关系模式中学号为主属性,其他为非主属性;选课(学号,课程号,成绩)中,学号和课程号为主属性,成绩为非主属性。

(3) 部分依赖与完全依赖:若某属性依赖主码中的部分属性,则称部分依赖于主码;若某属性依赖主码中的所有属性,则称完全依赖于主码。当然,只有当属性组合作为主码时,才可能有部分依赖的问题。例如,关系模式(学号,课程号,成绩,性别)中,学号和课程号共同作为主码,成绩完全依赖于主码,性别仅由学号决定,与课程号没有关系,性别是部分依赖于主码。

(4) 传递依赖:若 Z 依赖 Y,并且 Y 依赖 X,则称 Z 传递依赖 X。例如,关系模式(学号,所在系,系主任),系主任依赖所在系,所在系依赖学号,则系主任传递依赖学号。

2. 关系的规范化过程

(1) 第一范式(1NF)。属于第一范式的关系应满足的基本条件是元组中的每一个分量都必须是不可再分的数据项。即第一范式是指在同一表中没有重复项存在。例如,表 3-2 中的"成绩"属性由 3 个数据项构成,不符合 1NF 的要求。可通过去掉上层的属性,并更改下层属性的名称使它符合 1NF。表 3-3 是经过规范化处理符合 1NF 的关系。

表 3-2　　　　　　　　　　成绩关系

学号	姓名	成绩		
		线性代数	基础会计学	总分
90168	刘庆福	90	91	181
90180	巩玉俊	85	90	175

表 3-3　　　　符合第一范式的关系示例——成绩关系

学号	姓名	线性代数成绩	基础会计学成绩	总分
90168	刘庆福	90	91	181
90180	巩玉俊	85	90	175

(2) 第二范式(2NF)。第二范式是指一个关系不仅满足第一范式,而且所有非主属性完全依赖于其主码(即没有部分依赖的问题)。例如,表 3-4 所示的选修关系虽满足 1NF,但不满足 2NF,因

为它的主码由"学号"和"课程号"组成，而非主属性"学分"不完全依赖于主码。这种关系会引起插入异常、删除异常、数据冗余和更新异常。当要插入新的课程时，由于暂时无人选，缺少相应的学号，以致无法插入；当删除某位学生时，将会有课程信息丢失；同一数据多处重复存放，若修改了部分数据，会引起数据不一致。解决方法是将一个非2NF的关系模式分解为多个2NF的关系模式。

表3-4　　　　不符合第二范式的关系示例——选修关系

学号	课程号	成绩	学分

可将表3-4所示的选修关系分解为两个关系模式：

选课（学号，课程号，成绩）；

课程（课程号，学分）。

以上两个关系模式因为没有部分依赖的问题，都满足2NF。两个新的关系模式之间通过选课中的外码"课程号"相联系，需要时进行关系连接，即可恢复原来的关系。

（3）第三范式（3NF）。第三范式指的是这种关系不仅满足第二范式，而且它的任何一个非主属性都不传递依赖于主码，或者说非主属性之间没有依赖关系。

在表3-5所示的产品关系中，主码"产品代码"决定关系中的各个属性，由于是单个主码，没有部分依赖的问题，所以是2NF。但此关系并不是3NF，这是因为在此关系中，由于"生产厂家代码"依赖于"产品代码"（产品代码唯一确定该产品的生产厂家），而"生产厂家名称""生产厂家地址"又依赖于"生产厂家代码"，所以"生产厂家名称""生产厂家地址"传递依赖于"产品代码"。这样的关系同样存在着数据高度冗余和更新异常问题。

表3-5　　　　不符合第三范式的关系示例——产品关系

产品代码	产品名称	生产厂家代码	生产厂家名称	生产厂家地址

消除传递依赖关系的办法，是将原关系分解为如下两个3NF关系模式：

产品（产品代码，产品名称，生产厂家代码）；

生产厂家（生产厂家代码，生产厂家名称，生产厂家地址）。

3NF 消除了插入、删除异常及数据冗余、修改复杂等问题，已经是比较规范的关系。

在关系规范化的过程中，规范理论还提出了巴斯－科德范式（Boyce－Codd normal form，BCNF）、4NF、5NF 等，但在实际应用中，一般企业管理信息系统数据存储逻辑结构要求达到 3NF 就可以了。

3.2.6 数据库保护

为防止数据库中的数据被非法使用和非法修改，保证数据库中的数据正确、可靠和不丢失，DBMS 提供了统一的数据控制功能。数据控制亦称数据保护，它通过安全性控制、完整性控制、并发性控制和数据恢复这四个方面来实现。

（1）数据库的安全性是指保护数据库，以防止因非法使用数据库造成的数据泄露、更改或破坏。数据库的安全性可通过对用户标识和鉴定、用户存取权限控制、定义视图、数据加密和审计用户、OS 级安全保护等措施得到一定的保障。

（2）数据库的完整性是指数据的正确性、有效性和相容性，目的是防止错误的数据进入数据库造成无效操作。关系模型的完整性包括实体完整性、参照完整性及用户定义的完整性。

①实体完整性是指关系中描述主关键字的属性不能是空值。例如关系"学生"中的属性"学号"被定义为主关键字，则"学号"的值不能为空。

②参照完整性是指具有一对多联系的两个表之间子表中与主表的主关键字相关联的那个属性（外部码）的值要么为空，要么等于主表中主关键字的某个值。例如，学生表 Student 和选课成绩表 SC 之间用"学号"字段建立关联，学生表 Student 是主表，选课成绩表 SC 是从表，那么，在向从表 SC 中输入一条记录时，系统要检查该记录的学号是否在主表 Student 中已存在。如果存在，则允许执行输入操作；否则拒绝输入。这就是参照完整性。

③并发控制是指当多个用户同时存取、修改同一数据时，可能会发生互相干扰而得到错误的结果，并使数据库的完整性遭到破坏，因此必须对用户的并发操作加以控制、协调。其解决方法是采用封锁技术和时标技术。封锁技术是目前 DBMS 普遍采用的并发控制方法。所谓封锁就是当一个事务在对某个数据对象（可以是数据项、记录、

数据集以及整个数据库）进行操作之前，必须获得相应的锁，以保证数据操作的正确性和一致性。

④数据库恢复是指当计算机硬件、软件或网络通信线路发生故障，或因操作的失误、恶意的破坏以及计算机病毒等使数据库中的数据出现错误或丢失时，系统必须具有检测故障并把数据从错误状态中恢复到某一正确状态的功能。数据库恢复可利用存储在其他地方的冗余数据来修复。因此恢复系统应该提供两种类型的功能：一种是生成冗余数据，即对可能发生的故障做某些准备，最常用的技术是登记日志文件和数据转储；另一种是冗余重建，即利用这些冗余数据恢复数据库。

3.2.7 非关系型数据库

1. 非关系型数据库的概念

随着信息化的浪潮和互联网的兴起，传统的关系型数据库管理系统（RDMS）在一些业务上开始出现问题。首先，对数据库存储的容量要求越来越高，单机无法满足需求，很多时候需要用集群来解决问题，而 RDBMS 由于要支持 join、union 等操作，一般不支持分布式集群。其次，在大数据大行其道的今天，很多数据都进行频繁地"读取"和"增加"的操作而不频繁进行"修改"操作，而 RDBMS 对所有操作一视同仁，这就带来了优化的空间。另外，互联网时代业务的不确定性导致数据库的存储模式也需要频繁变更，不自由的存储模式增大了运维的复杂性和扩展的难度。而非关系型数据库则能够解决大规模数据集合多重数据种类带来的挑战，尤其是大数据应用难题。

非关系型数据库是指非关系型的、分布式的且一般不保证遵循 ACID 原则的数据存储系统，最初用 NoSQL 表示，泛指非关系型的数据库。随着数据库技术的不断融合和发展，如今 NoSQL 已经演变为"not only SQL"，即不仅仅是 SQL。NoSQL 数据库既包含非关系型数据库，也包含关系型数据库，它可以根据需要选择更加适用的数据存储类型，以更好地适应复杂类型的海量数据的存储。

非关系型数据库具有以下优点：

（1）易扩展。NoSQL 数据库种类繁多，但是一个共同的特点都是去掉关系数据库的关系型特性。数据之间无关系，这样就非常容易扩展，无形之间也在架构的层面上带来了可扩展的能力。

（2）大数据量，高性能。NoSQL 数据库都具有非常高的读写性能，尤其在大数据量下，同样表现优秀。这得益于它的无关系性，数

ACID 原则是指数据库管理系统为保证事务是正确可靠的，所必须具备的四个特性：原子性（atomicity，或称不可分割性）、一致性（consistency）、隔离性（isolation，又称独立性）、持久性（durability）。

据库的结构简单。

2. 非关系型数据库的分类

目前对于非关系型数据库主要有四种数据存储类型：键值存储数据库、列存储数据库、文档型数据库和图形数据库。每一种类型都能解决相应的问题，而这些问题恰恰是关系型数据库所不能解决的。在实际应用中需要将这几种情况结合起来实现相应的功能。

（1）键值（key-value）存储数据库。key-value 数据库是一种以键值对存储数据的一种数据库，它是 NoSQL 数据库中是最简单的一种。其结构就像其名字所示，是一个 key-value 的集合。这种方式在 NoSQL 数据库类型中是最可扩展的一种类型，并且可以存储大量的数据，具有极高的并发读写性能。

（2）列（column-oriented）存储数据库。列存储数据库是以列为单位来存储数据的，可以同时对所有行的特定列进行更新，即使增加数据也不会降低相应的处理速度。列存储数据库具有很强的可扩展性，可用来应对分布式存储的海量数据。

（3）文档型数据库。文档型数据库是用来管理文档的数据库，其信息处理基本单位是文档，可长、可短，甚至可以无结构，并可以共享相同的数据。在处理网页等复杂数据时，文档型数据库比传统键值数据库的查询效率更高。文档数据库主要面向海量数据访问，能在海量的数据中可以快速地查询数据。

（4）图形（graph）数据库。图形数据库应用图形理论存储实体之间的关系信息，实体被作为顶点，实体之间的关系则作为边，适用于关系较强的数据。最常见例子就是社会网络中人与人之间的关系，用关系型数据库来存储"关系型"数据的效果并不好，其查询复杂、缓慢、超出预期，而图形数据库的独特设计恰恰弥补了这个缺陷。例如 Facebook 是一个社交网络，它可以与家人和朋友之间保持联系。图形数据库能很好地显示出这个人在其朋友圈中是否有影响力，这群朋友是否有着共同的兴趣爱好。

3.3 计算机网络

计算机网络是计算机及其应用技术和通信技术相结合的产物。今天，企业无论其规模大小，都在使用各种类型的网络连接组织内部的各个部分，并且通过网络连接外部的供应商、客户等利益相关者，进行信息的传输与处理。计算机网络是提升组织运行效率，获取竞争优势的一个重要技术基础设施。可以说，当今的企业离开计算机网络将难以流畅地运转。计算机网络作为管理信息系统的组成要素，是管理信息系统的一个重要技术基础。

3.3.1 计算机网络概述

1. 计算机网络的定义

所谓计算机网络就是利用通信设备和线路将地理位置不同、功能独立的多个计算机系统连接起来，以功能完善的网络软件（即网络的通信协议、信息交换方式及网络操作系统等）实现网络中资源共享和信息交换的系统。

2. 计算机网络的结构

计算机网络要完成数据处理与数据通信两类任务，从结构上可以分资源子网和通信子网。

资源子网由主计算机系统、终端、终端控制器、连接的外设、各种资源组成。其中主计算机系统为本地用户访问外部其他主计算机设备、共享资源提供服务，同时为网中其他用户共享本地资源服务。终端是用户访问网络的界面，它通过主机联入网中，也可以直接与通信控制处理机连接。

通信子网是由负责数据通信处理的通信控制处理机和传输链路组成的独立的数据通信系统，负责网络的通信管理与控制，如数据交换、路由选择、差错控制和协议管理等。

3. 计算机网络的功能

计算机网络的功能主要体现在以下几个方面：

（1）数据交换和通信。计算机网络中的计算机之间或计算机与终端之间，可以快速、可靠地互联，进行信息传输。不同地理位置上的用户之间通过电子邮件可以快速准确地相互传递信息，利用电子数据实现商业文件安全、准确的交换，利用文件传输服务实现文件的实时传递。

（2）资源共享。资源共享包括硬件资源、软件资源和数据资源的共享，例如计算机处理能力、大容量磁盘、高速打印机、绘图仪、数据库、文件和其他计算机上的有关信息等资源的共享。资源共享增强了网络上计算机的处理能力，提高了软、硬件的利用率。

（3）提高了计算机系统的可靠性。计算机网络中拥有可替代的资源，从而提高了整个系统的可靠性。

(4) 均衡负载及分布式处理功能。当网络中某个计算机系统任务很重时，可以通过网络将部分处理任务传送到网络中空闲的计算机系统去处理，以减轻各个计算机系统负载不均的现象，充分发挥各计算机系统的负载能力。另外，对于复杂问题，可以采用适当方法将任务分散到不同的计算机上进行分布式处理，充分利用各地的计算机资源进行协同工作。

(5) 提高系统的性能价格比，维护方便，扩展灵活。大型计算机的处理能力强，运算速度快，但价格昂贵。小型机虽然有较好的性能价格比，但普及率远远低于个人计算机。于是使许多系统设计者使用多台性能较强的个人计算机来组成计算机网络，由于系统资源共享，使用方便，性能价格比明显提高。计算机网络建成后，用户通过自己的节点可方便地获取所需服务，当需要扩大网络或增加工作站节点时，只需把相应设备挂接在网络上即可，维护方便，扩展灵活。

4. 计算机网络的分类

计算机网络的分类标准很多。通常根据网络覆盖范围和传输距离将其划分为局域网、广域网、城域网和互联网。

(1) 局域网（local area network，LAN）。局域网是一种在有限的地理区域（覆盖距离从几百米到几十千米）内通过通信线路将各种通信设备及个人计算机互联在一起的通信网络。这种网络一般分布在一栋办公楼、一个校园或者直径几十千米的一个区域内。局域网的特点是成本低、数据传输速度快，误码率低，保密性强，适合于中小型单位的计算机联网。局域网是日常生活中最常见的网络类型，企业的办公室、学校的计算机房、网吧建立的网络通常都是局域网。局域网主要使用有线媒介构成有线局域网，但无线局域网也越来越普及。

(2) 广域网（wide area network，WAN）。广域网又称远程网，覆盖的地理范围从几十千米到几千千米，可以是整个地区、国家、大洲及至整个世界，它是由远程线路连接起来的跨地域性的网络。大多数 WAN 是通过各种网络互联而形成的，如国际性的 Internet 网络。广域网的数据传输率较低，传输错误率也较高。

(3) 城域网（metropolitan area network，MAN）。城域网是介于广域网和局域网之间的一种高速网络，它的地理范围可从几十千米到上百千米，通常覆盖一个城市或地区。城域网往往由一个城市的电信部门和政府机构或大公司控制，对硬件、软件的要求比局域网高。城域网在技术上综合采用了各种广域网和局域网技术，它主要提供普通家庭用户和集团用户高速接入因特网、局域网互联以及虚拟专用网（VPN）等业务。

3.3.2 计算机网络的拓扑结构

"拓扑"是几何学中的一个分支,是一种研究与大小、形状无关的线和面的特性的方法。计算机网络的拓扑结构是指网络中的节点与通信线路之间的几何关系,用它不仅可以表示整个网络的结构外貌,还可以反映网络中各个实体之间的关系,它是影响整个网络的设计、性能、可靠性和通信费用等的重要因素。计算机网络的拓扑结构中最常见的有三种类型:星形、总线形、环形。

1. 星形拓扑结构

在星形拓扑结构中,网络中的每个节点通过中央节点(通常为交换机或集线器)连接在一起,如图3-2(a)所示。在星形拓扑结构中,除中央节点外的任何两个节点之间的通信均要经过中央节点。其优点是结构简单,易于实现,便于管理,传输距离短,除中央节点之外的任一节点发生故障不会使星形网络瘫痪。但是,星形拓扑结构的网络线路共享能力差,线路利用率不高,中央节点是网络容量的瓶颈,一旦发生故障将导致整个网络瘫痪。星形拓扑结构是最早采用的,也是现在最为流行的拓扑结构,小型局域网常采用星形拓扑结构。

(a)星形拓扑结构　　(b)总线形拓扑结构　　(c)环形拓扑结构

图3-2　网络拓扑结构

2. 总线形拓扑结构

在总线形拓扑结构中,所有的节点都连接在一条总线上,通过这条总线进行相互间的通信,如图3-2(b)所示。总线拓扑的一个很重要的特点是所有的数据信号都通过总线来传递,总线向每个节点提供双向传输能力和广播式通信,即网中某个节点发出信息后,其他节点都能收到此信息。总线形拓扑结构的主要优点是增加、删除节点比较容易实现,易于网络的扩充。另外,网络上的某个节点发生故障时,不会导致全网瘫痪,网络可靠性较高。缺点是故障检测需要在各个节点进行，故障诊断困难、隔离也困难，尤其是总线故障会引起整个网络的瘫痪。小型局域网或中大型局域网的主干网常采用总线形拓扑结构。

3. 环形拓扑结构

环形拓扑结构是一种闭合的总线结构，网络中各节点通过中继线连接到闭环上，如图3-2（c）所示。环中的信息单方向地绕环传送，途经环中的所有节点并回到始发节点。当信息中所含的接收方地址与途经节点的地址相同时，该信息才被接收，否则不予理睬。环形结构的优点在于结构比较简单、安装方便、传输率较高，但可靠性较差。组建大型、高速局域网的主干网常采用环节拓扑结构，如光纤主干环网。

星形、总线形和环形是最常见的网络拓扑结构，由这三种基本的拓扑结构还可以组合成更复杂的拓扑结构，如树形、网状拓扑结构。在设计一个网络的时候，我们不仅要根据所要求的功能，还要根据成本来进行网络拓扑方式的选择。

3.3.3　计算机网络的组成

计算机网络的组成

计算机网络由硬件系统和软件系统组成。

1. 硬件系统

计算机网络硬件系统主要由网络服务器、网络工作站、传输介质和连接设备组成。

（1）网络服务器。网络服务器是计算机网络中向其他计算机或网络设备提供共享资源和服务的计算机。常用的网络服务器有数据库服务器、邮件服务器、打印服务器、信息浏览服务器和文件下载服务器等。网络服务器是计算机网络的核心部件，网络操作系统需要在其上面运行，网络服务器的效率直接影响整个网络的效率。网络服务器的基本要求是：高速度、大容量、安全稳定，一般要用高档计算机或专用服务器计算机作为网络服务器。

（2）网络工作站。网络工作站又称客户机，它是通过网络接口卡连接到网络上的个人计算机，既可作为独立的个人计算机为用户服务，又可以按照被授予的一定权限访问服务器。在网络中，一个工作站即是网络服务的一个用户。工作站的主要功能是享受网络上提供的各种服务。

（3）网络传输介质。传输介质也称为通信介质或媒体，在网络中充当数据传输的通道。常用的传输介质分为有线传输介质和无线传输介质两大类。不同的传输介质，其特性也各不相同，对网络中数据通信质量和通信速度有较大影响。

①有线传输介质。有线传输介质是指在两个通信设备之间实现的物理连接部分，它能将信号从一方传输到另一方，有线传输介质主要有双绞线、同轴电缆和光纤。双绞线和同轴电缆传输电信号，光纤传输光信号。

双绞线是由两根互相绝缘的铜导线用规则的方法扭绞起来构成的。将多组（如4组）双绞线组合起来封装在一个绝缘外套中就是双绞线电缆，有时也简称双绞线。双绞线根据其是否有屏蔽层分为屏蔽双绞线和非屏蔽双绞线。屏蔽双绞线具有较高的带宽，但因成本较高而较少使用，非屏蔽双绞线因成本较低而流行。现行双绞线一般包含4组双绞线，两端安装有RJ-45插头，连接网卡与集线器，最大网线长度为100米，传输速率可达100Mbps。

同轴电缆以硬铜线为芯，外包一层绝缘材料，这层绝缘材料再用密织的网状导体环绕，网外又覆盖一层保护性材料。同轴电缆用于长距离电话网络、有线电视信号及计算机局域网的通信，其抗干扰性高，传输距离长，价格比双绞线高，比光纤低，使用及维护方便。

光纤又称为光缆或光导纤维，是一种能够传导光信号的极细的传输介质。光纤由纤芯、覆层和保护层三个部分组成。光纤的电磁绝缘性能好、信号衰变小、频带较宽、传输速度快、传输距离远，不易被窃听，安全性能好，但价格相对比较高。光纤主要用于大容量的主干网线和长距离的传输。

②无线传输介质。无线传输介质主要有微波、红外线、激光等，通过大气进行信息传输。

微波是波长在0.1毫米至1米之间（对应的频率范围是300MHz～3THz）的电磁波，其工作效率很高，可同时传送大量信息。由于微波波长较短，所以其无线尺寸小，使用较小的发射频率就可以进行远距离通信。由于微波频率高，因此频带较宽。微波的方向性好，适合进行点对点的通信，而且其通信成本比电缆和光纤低，特点适合卫星通信和城市之间的通信。但由于微波是直线传播，受地球曲率的影响较大，因此每隔几十千米，就需建立中继站，因而增加了其使用成本。不过这个问题可以通过其他方法如卫星进行解决。

红外线、激光与微波一样有很强的方向性，沿直线传输。使用它们进行通信时，需要把要传输的信号分别转换为红外光信号和激光信号，直接在空间传输。这三种技术都需要在发送方和接收方之间有一条视线通路，有时统称这三者为视线媒体。这三种视线媒体都不需要铺设电缆，对于连接不同建筑物内的局域网特别有用。

（4）网络连接设备。网络连接设备是把网络中的通信线路连接起来的各种设备的总称，这些设备包括网络适配器、中继器、集线器、交换机、路由器、网关等。

①网络适配器（network adapter）。网络适配器又称网卡或网络接口卡，是计算机与传输介质的接口。每一台服务器和工作站都至少有一块网卡，通过传输介质将它们连接到网络上。网卡一方面负责接收网络上传过来的数据包，解包后将数据通过主板上的总线传输给本地计算机；另一方面它将本地计算机上的数据打包后送入网络。

②中继器（repeater）。中继器是最简单的局域网延伸设备，其主要作用是接收传输介质中的信号，将其复制、调整和放大后再发送出去，从而使信号能传输得更远，延长信号传输的距离。中继器不具备检查和纠正错误信号的功能，它只是转发信号。

③集线器（hub）。集线器一般指共享式集线器，是一种可连接多台计算机的非智能专用设置，相当于一个多端口的中继器，主要功能是对接收到的信号进行再生整形放大，以扩大网络的传输距离。从工作状态看，集线器属于共享型，也就是说在一个端口向另一个端口发送信息时，其他端口就不能再有信息传输，只能处于等待状态。集线器工作在半双工状态，即在传输过程中只能是单向的，必须是在一个发送源发送完信息后，接收方才能发送信号。

④交换机（switch）。交换机指的是交换式集线器，是一种智能型的集线器，它除了具有集线器的所有特性外，还具有自动寻址、交换功能，它的每个端口都可以被视为一条独立的通道，所以在一个端口工作时不会影响到其他端口的传输，而且交换机可工作在全双工状态下，数据处理能力提高了1倍。

⑤路由器（router）。路由器是局域网和广域网、局域网和局域网之间进行互联的关键设备，它能根据信道的情况自动选择和设定路由（即信息源到信息接收方的路径），以最佳路径，按前后顺序发送信号。

无线路由器（wireless router）是带有无线通信功能的路由器，它通过802.11g、802.11b等无线通信协议为用户提供网络接入，同时又具有普通路由器的功能。

⑥网关（gateway）。网关不仅具有路由功能，而且还能实现不同网络协议之间的转换，即连接两个不同协议的系统，实现不同协议网络间的通信。

2. 网络软件

网络软件是计算机技术和通信技术两者高度发展和密切结合的结果，是计算机完成网络中的各种服务、控制和管理工作的程序。网络软件主要有网络操作系统、网络协议软件、网络管理软件和网络应用软件。

（1）网络操作系统。网络操作系统（net operating system，NOS）是使网络上各计算机能够方便有效地共享网络资源，为网络用户提供所需的各种服务的软件和有关程序的集合。NOS 除具有常规操作系统的功能外，还具有网络通信管理功能、网络范围内的资源管理功能和网络服务功能等，它能实现计算机之间数据文件、软件应用、硬盘空间、打印机、调制解调器、扫描仪和传真机等的共享。

常见的网络操作系统有 UNIX、Netware、Windows NT、Linux 等。UNIX 网络操作系统是一种强大的分时操作系统，以前在大型机和小型机上使用，现在也在 PC 上使用。UNIX 支持 TCP/IP 协议，安全性、可靠性强，缺点是操作使用复杂。Netware 主要面向微机，安全性、可靠性较强，其优点是具有 NDS 目录服务，缺点是操作使用较复杂。Windows NT Server 是微软公司为解决 PC 做服务器而设计的，用于中小型网络，操作简单方便，缺点是安全性、可靠性较差。Linux 是一个与 UNIX 完全兼容的免费网络操作系统，具有 Windows NT 的界面，操作简单，缺点是应用程序较少。

（2）网络协议软件。网络协议软件是网络软件系统中基础的部分，为网络中各通信设备所必须遵守的规则的集合。网络协议软件的种类有很多，不同体系结构的网络系统都有支持自身系统的协议软件，还有一些协议软件兼顾多种网络协议，能够在不同网络间进行协议转换，充当网关。典型的网络协议软件有 TCP/IP 协议集、HTTP 协议、IEEE802 协议集、X.25 协议等。

（3）网络管理软件。网络管理软件是监测、控制和记录网络通信资源的性能和使用情况，以使网络有效运行，为用户提供一定质量水平的通信业务的软件集合，根据国际标准化组织的定义，网络管理软件可细分为五大类别，即网络故障管理软件、网络配置管理软件、网络性能管理软件、网络服务/安全管理软件、网络计费管理软件。

（4）网络通信软件。网络通信软件能帮助用户在不必详细了解通信控制规程的情况下，方便地控制自己的应用程序与一个或多个主机进行通信，它能方便地与主机连接，对大量的通信数据进行加工和处理；实现视频、语音或文件传输等功能，常用的有 MSN、QQ、微信等。

（5）网络应用软件。网络应用软件主要为用户信息传输、资源共享服务和各种用户业务的管理与服务。网络应用软件可以分为通用工具和专用工具两类，由网络软件开发商开发的通用工具主要包括电子邮件、网页浏览器、各种下载工具等；专用工具则主要有网上金融软件（网银）、电信业务管理软件、交通控制和管理软件、办公自动化软件等。①

3.3.4　网络协议与网络体系结构

1. 网络协议

网络协议与网络体系结构

网络协议（protocol）是网络上所有设备（网络服务器、计算机及交换机、路由器、防火墙等）之间通信规则的集合，它规定了通信时信息必须采用的格式和这些格式的意义。网络协议使网络上各种设备间能够相互交换信息。网络中不同的拓扑结构以及不同的机种如大型机、小型机和微型计算机有不同的协议。网关（gateway）常被用于解决不同协议的网络间的通信，如果两个网络使用的协议相同则以网桥（bridge）相连。网络协议也有很多种，常见的协议有 TCP/IP 协议、IPX/SPX 协议、NetBEUI 协议等，Internet 上的计算机使用的是 TCP/IP 协议。

2. 网络体系结构

计算机网络是一个非常复杂的系统，需要解决的问题很多并且性质各不相同。所以，早在 1969 年美国国防部高级研究计划署在设计 ARPANET 时，就提出了"分层"的思想，即将庞大而复杂的问题分为若干较小的易于处理的局部问题。计算机之间相互通信的层次，以及各层中的协议和层次之间接口的集合称为网络体系结构。常见的网络体系结构有 OSI 参考模型和 TCP/IP 网络体系结构。

3. OSI 参考模型

为了更好地促进全球计算机的开放互联，1978 年，国际标准化组织（ISO）制定了网络互联的 7 层框架的一个参考模型，称为开放系统互联参考模型（open system interconnection reference model，OSI/RM）。

OSI 参考模型将网络分成 7 层，自上而下分别是：应用层、表示层、会话层、传输层、网络层、数据链路层和物理层（见图 3-3）。

---

① 范并思、许鑫：《管理信息系统》（第二版），华东师范大学出版社 2017 年版，第 121~122 页。

模型当中每一层都有专门的网络功能,处理通信过程中不同的部分。这意味着两个不同的网络,如果支持了一个相关的层的功能,便可在那一层进行数据交换。各层的主要功能如下:

(1) 物理层:定义了系统的电气、机械、过程和功能标准,其主要功能是通过用于通信的物理介质传送和接收原始的位流。

(2) 数据链路层:将位流以帧为单位分割打包,向网络层提供正确无误的信息包的发送和接收服务。

(3) 网络层:负责提供连接和路由选择,包括处理输出报文分组的地址,解码输入报文组的地址以及维持路由选择的信息,以便对负载变化做出适当的响应。

(4) 传输层:提供两端点间可靠、透明的数据传输,管理多路复用。

(5) 会话层:负责建立、管理、拆除进程之间的连接,进程是指如邮件、文件传输、数据库查询等一次独立的程序执行。

(6) 表示层:处理数据表示、进行转换、消除网内各实体间的语义差异,执行通用数据交换的功能,提供标准应用接口、公共通信服务。对传送的信息加密(及解密)、正文压缩(和还原)也是表示层的任务。

(7) 应用层:应用管理、执行应用程序,为用户提供 OSI 环境的各种服务,管理和分配网络资源,建立应用程序包等,如文件传送、电子邮件和网络管理等。

OSI	TCP/IP	TCP/IP 协议组				
应用层	应用层	HTTP	FTP	Telnet	SMTP	DNS
表示层						
会话层						
传输层	传输层	TCP				UDP
网络层	网络层	IP			ICMP	ARP
数据链路层	网络接口层	局域网:以太网、令牌环网、FDDI 等			广域网:ATM、帧中继、X.25 等	
物理层						

图 3-3 TCP/IP 与 OSI 体系结构的对比

OSI 参考模型被广泛地作为指导计算机网络发展的参照模型,为开放式系统提供了概念上和功能上的主体框架,但它只是一种理想的工业标准。

4. TCP/IP 网络体系结构

从 20 世纪 80 年代末期以来,随着因特网(Internet)在全球范围内的迅猛发展及其在各领域应用的不断深入,它所采用的 TCP/IP 体系在计算机网络领域占有十分重要的地位,已成为事实上的工业标准。

TCP/IP(transmission control protocol/internet protocol)即传输控制协议/网际协议是 Internet 所使用的各种协议中最重要的两个协议。在 Internet 上运行的协议有很多种,通常把 TCP/IP 及其相关协议称为 TCP/IP 体系结构,简称 TCP/IP。

TCP/IP 体系结构简化了 OSI 参考模型的 7 层结构,自上而下共分 4 层:应用层、传输层、网络层、网络接口层,每一个层次包括若干不同的协议。图 3-3 列出了 TCP/IP 与 OSI 体系结构的层次对应关系。虽然 TCP/IP 和 OSI 参考模型并不完全一致,但二者的基本原理却是类似的。各层的主要功能如下:

(1)网络接口层:网络接口层位于 TCP/IP 模型中的最低层,与 OSI 参考模型中的物理层和数据链路层相对应。它负责在物理网络介质中发送和接收数据包,这些网络可以是借助于任何组网技术构成的,如以太网或令牌环网,因此这一层的协议就是底层网络诸如以太网或令牌环网所定义的协议。

(2)网络层:网络层与 OSI 参考模型中的网络层相对应,该层最重要的协议是网际协议 IP,除此之外还有网际控制报文协议 ICMP、地址解析协议 ARP 等。网络层的主要工作是定义网络地址、区分网段、子网内 MAC 寻址、对不同子网的数据包进行路由选择。

(3)传输层:传输层与 OSI 参考模型中的传输层相对应,功能也类似。该层最常用的是 TCP 和 UDP(用户数据报协议)两个协议,它们都是建立在 IP 协议的基础上。传输层提供端到端(即应用进程间)的通信服务,其主要功能有格式化信息流、提供端到端可靠传输、解决不同应用程序的识别等问题。

(4)应用层:应用层对应于 OSI 参考模型的会话层、表示层和应用层,为用户的应用程序提供接口,使用户可以访问网络。应用层向用户提供一组常用的应用协议,如超文本传输协议(HTTP)、文件传输协议(FTP)、远程登录协议(Telnet)、简单邮件传输协议(SMTP)、域名系统(DNS)等。

3.3.5 典型网络介绍

1. 以太网

以太网（Ethernet）是一种产生较早且使用相当广泛的局域网。它由美国施乐公司（Xerox）于1975年研制成功，由于它具有结构简单、工作可靠、易于扩展等优点，因而得到了广泛应用。以太网采用载波侦听多路访问/冲突检测（CSMA/CD）技术，当一个节点有报文发送且已准备就绪时，先检测信道，如信道空闲，就在下一个时间片占用信道并发送报文，若信道忙，该节点就不能发送。由于报文在信道上传输有一定延迟，而节点发送报文是随机的，因而存在发报冲突，一旦有冲突，就推迟发送。在大型网络中，随着传输冲突的增加，以太网效率会急剧下降，因而，一般只能作为小型网络或工作组网络的选型，不宜作为主干网。

2. 令牌环网

令牌环网（token-ring network）是20世纪80年代中期由IBM开发出的，很长一段时间是IBM的网络标准。21世纪以后由于以太网技术的迅速发展，这种网络已比较少见。其工作原理是：在令牌环网中有一个令牌（token）沿着环形总线在入网节点计算机间依次传递，令牌实际上是一个特殊格式的帧，用于仅控制信道的使用，得到令牌的节点若有信息要发送，则将令牌置为忙，表示信道被占用，随即发送报文；报文发送完毕后将令牌置为空，传给下一站点。由于令牌在网环上是按顺序依次传递的，因此对所有入网计算机而言，访问权是公平的。

3. 快速以太网

快速以太网（Fast Ethernet）保留了以太网的CSMA/CD技术，是以太网的发展，但速度可达100Mbps，近年来又有千兆位以太网面世。快速以太网在一定程度上缓解了网络瓶颈问题，在小型网络应用中有较高效率，但传输距离有限，不适合作为大型网络的主干网。

4. ATM网

异步传输模式（ATM）采用信道交换机制，具有高带宽（155Mbps和622Mbps）和高传输效率的特点，有较好的服务质量，可广泛用于广域网连接、局域网和桌面连接。ATM是一种交换技术，没有共享介质和包传递带来的延时，极其适合音频和视频之类时间性强的应用，但价格昂贵，至今没有统一的国际标准。

5. 光纤分布式数据接口网

光纤分布式数据接口网（FDDI）以光纤作为传输介质，采用令牌环协议和 ANSI X3T9.5 标准，使用双环备份方式工作，传输速率可达 100Mbps，传输距离远，可靠性高，互操作能力强，是目前技术上最成熟的高速网络，广泛用于连接服务器群的骨干网，还可以与高速桌面设备直接连接。

6. 无线局域网

无线局域网（wireless local area network，WLAN）指应用无线通信技术将计算机设备互联起来，构成可以互相通信和实现资源共享的网络体系。无线局域网本质的特点是不再使用有形的传输介质将计算机与网络连接起来，而是通过无线的方式使用电磁波连接，从而使网络的构建和终端的移动更加灵活。目前，无线局域网在工作场所、家庭、教育机构等公共场所得到了广泛的使用，它已逐渐成为一种十分重要的因特网接入技术。

目前，无线局域网广泛采用 Wi-Fi 技术（IEEE 802.11 标准），它是一种短程无线传输技术，能够在数十米到 100 米的范围内支持互联网接入的无线电信号。要使用 Wi-Fi 上网，必须有一个接入点（access point，AP），接入设备（PC、智能手机、平板电脑、笔记本电脑、打印机等）也须支持 Wi-Fi。AP 相当于一个内置无线发射器的集线器或者是路由器，它通过有线的方式连接到其他网络，可以看作是传统的有线局域网络与无线局域网络之间的桥梁。现在常见的 AP 就是今天大多数家庭使用的无线路由器。无线网卡是负责接收由 AP 所发射的信号的客户端设备，装有无线网卡的 PC 可通过 AP 去访问网络资源。热点（hotspot）是指在公共场所（如机场、车站、商务酒店、教育机构、大型展览会馆等）提供能够通过 Wi-Fi 接入 Internet 服务的地点，在该区域的屋顶、墙上或者其他位置装有一个或多个 AP。处于热点所在范围中的用户可以通过支持 Wi-Fi 的设备访问互联网，有些热点是免费的，但大多数热点需要授权才能访问。

无线局域网易于建立，价格便宜，易于扩展，具有较强的灵活性和移动性，但其性能会受到障碍物的影响，数据传输速率与有线信道相比要低得多，而且安全性较弱。此外，无线局域网的覆盖范围较小，要想在较大范围构建无线网络，就需要使用 WiMax 技术（全球微波互联接入）。WiMax 支持半径约 50 千米，面积约 9 000 平方千米范围的无线访问。

3.3.6 Internet 及其应用

Internet 的中文译名为互联网，又称为因特网，它是目前世界上覆盖面最广、开放的、由众多网络互联而成的计算机互联网。Internet 可以连接各种各样的计算机系统和计算机网络，无论是大型机、中型机、小型机、微机，还是局域网、广域网，不管它们位于世界上任何地方，只要遵循 TCP/IP 协议，都可以接入 Internet。

Internet 提供了丰富的信息资源和应用服务。它不仅可以传送文字、声音、图像等信息，而且可以使人们无论身在何处都可以通过互联网进行实时点播、即时对话、在线视频交流等。Internet 最大的特点就是资源共享，利用它所提供的各种服务以及通信和使用网上资源的工具，人们可以非常方便、高效地浏览、查询、下载、复制和使用各种信息，它已成为信息社会的重要支柱。Internet 提供的常用服务有：电子邮件（E-mail）、全球信息网（WWW）、文件传送（FTP）、远程登录（Telnet）、信息查询、网络新闻（usenet news）、电子公告牌系统（BBS）、博客（Blog）、娱乐和会话服务等。

3.3.7 Intranet、Extranet 与 VPN

1. Intranet

Intranet（内联网）也叫企业内部网，是指利用 Internet 技术构建的一个企业、组织或者部门内部的可支持企事业内部业务处理和信息交流的综合网络信息系统。内联网将互联网的成熟技术应用于企业内部，使 TCP/IP、SMTP、WWW、Java、ASP 等先进技术在企业信息系统中充分发挥作用，将 WWW 服务、E-mail 服务、FTP 服务、News 服务等迁移到了企业内部，实现了内部网络的开放性、低投资性、易操作性以及运营成本的低廉性。它看起来就是一个 Web 站点，但只允许企业内部经过授权的用户访问。

Intranet 在企业中的典型应用有：企业的人事资源管理、财务管理、文档管理及技术资料查询、产品开发与研制、计算机软件管理。Intranet 能够为企业提供的服务主要有文件传送、信息发布、员工接受管理或了解业务信息、安全性管理、组建网上讨论组进行相互交流和沟通等。

2. Extranet

Extranet（外联网）是 Intranet 扩展，它通过专线连接或者虚拟专用网方式把企业及其合作的上下游企业或客户的网络连接起来而组成的为完成共同目标的合作网络。由于 Internet 不能提供数据传输过程的安全性，当采用 Extranet 进行远程系统通信时，就需要采用通道技术提高通信两端的安全性级别。Extranet 既不像 Internet 那样提供公共服务，也不像 Intranet 那样仅仅提供对内服务，它可以有选择地向公众开放其服务或向有选择的合作者开放其服务，为电子商务或其他商业应用提供安全广域网平台。通常情况下，Extranet 只是 Intranet 和 Internet 基础设施上的逻辑覆盖，而不是物理网络的重构。

3. VPN

VPN 是虚拟专用网（virtual private network）的简称。虚拟专用网采用加密、认证和通道技术，提供了 Internet 上两点间的安全通信，这就使得采用 Internet 技术的企业好像有了一个专用的广域网一样。由于虚拟专用网是在 Internet 的点对点通信，它不仅适合于移动或者远程用户，而且适用于分公司和总公司之间以及企业与供应商、分销商之间的通信等，从而构成安全的 Extranet。在虚拟专用网中，采用了协议通道技术，数据包首先被加密，然后封装到 IP 包中并通过 Internet 传输，在目的端由特定的主机或路由器解密。

3.3.8 移动互联网

移动互联网，是指互联网的技术、平台、商业模式和应用与移动通信技术结合并实践的活动的总称，它由移动通信运营商提供无线接入，互联网企业提供各种成熟的应用。用户使用手机、PDA 或其他无线终端设备，通过速率较高的移动网络，可随时、随地访问 Internet 以获取信息，使用商务、娱乐等各种网络服务。

近年来，随着宽带无线接入技术和移动终端技术的飞速发展，以及移动网络基础设施的日益完善，我国移动互联网发展势头非常迅猛，它已逐步渗透到人们生活、工作的各个领域，微信、支付宝、位置服务等丰富多彩的移动互联网应用快速发展，正在深刻改变信息时代的社会生活。据 2020 年 4 月中国互联网络信息中心（CNNIC）所发布的第 45 次《中国互联网络发展状况统计报告》显示，截至 2020 年 3 月，我国网民规模为 9.04 亿，而手机网民规模达 8.97 亿，较 2018 年底新增手机网民 7 992 万；网民中使用手机上网的比例达 99.3%，而使用台式电脑、笔记本电脑及平板比例分别为 42.7%、35.1% 和 29.0%；手机网络购物用户规模达 7.07 亿，较 2018 年底增长 1.16 亿，占网民整体的 78.9%；手机网络支付用户规模达 7.65

亿，较 2018 年底增长 1.82 亿，占手机网民的 85.3%。截至 2019 年 12 月，我国国内市场上监测到的 App 在架数量为 367 万款，第三方应用商店在架应用分发数量达 9 502 亿次。网络应用满足用户消费、娱乐、信息获取、社交、出行等各类需求，与人民群众生活结合日趋紧密，吸引四五线城市和农村地区用户使用，提升用户生活品质。尤其是微信、短视频、直播应用降低了用户使用门槛，带动网民使用。2019 年，移动互联网接入流量消费达到 1 220 亿 GB，较 2018 年增长 71.6%。随着我国 5G 商用部署全面开展，商业化应用进入实践阶段，可以预计未来我国移动互联网的应用与发展必将迎来更加强劲的发展动能和更加广阔的发展空间。

知识拓展：听院士讲 5G 将带来怎样的明天

移动互联网包括终端、软件和应用三个层面。终端层包括智能手机、平板电脑、电子书、MID 等；软件包括操作系统、中间件、数据库和安全软件等。应用层包括休闲娱乐类、工具媒体类、商务财经类等不同应用与服务。

3.3.9 物联网

在 2005 年信息社会世界峰会上，国际电信联盟正式提出"物联网"（IoT）概念，提出无所不在的"物联网"通信时代即将来临，世界上所有物体，从轮胎到牙刷、从房屋到纸巾都可以通过因特网主动进行信息交换。

物联网的技术思想是"按需求连接万物"。具体而言，就是通过各种网络技术及射频识别（通过无线电进行数据交换以达到信息识别）、红外感应器、全球定位系统、激光扫描器等信息传感设备，按照约定协议将包括人、机、物在内所有能够被独立标识的物端（包括所有实体和虚拟的物理对象及终端设备）无处不在地按需求连接起来，进行信息传输和协同交互，以实现对物端的智能化信息感知、识别、定位、跟踪、监控和管理，构建所有物端之间具有类人化知识学习、分析处理、自动决策和行为控制能力的智能化服务环境。物联网环境下未来的智能服务系统，将成为未来社会重要的基础设施。智能服务系统使物与物、人与物之间能够以新的方式进行主动的协同交互，从而钩织一张物理世界内生互联的智能协同网络。

当前，物联网正在推动人类社会从"信息化"向"智能化"转变，促进信息科技与产业发生巨大变化。不久的将来，物联网将有力改变我们生活与工作的环境，把我们带进智能化世界。

1. 物联网重塑生产组织方式，推动产业革命

物联网已成为全球新一轮科技革命与产业变革的重要驱动力。物联网科技产业在全球范围内快速发展，正与制造技术、新能源、新材料等领域融合，步入产业大变革前夜，迎来大发展时代。

随着物联网应用的普及，不同应用需求如智能可穿戴设备、智能家电、智能网联汽车、智能机器人、智慧医疗、农田水利、市政建筑等数以万亿计的新设备将接入网络。这些应用正在爆发性增长并将形成海量数据，促进生产生活和社会管理方式进一步智能化、网络化和精细化，推动经济社会发展更加智能高效。

与其他高新技术融合发展是物联网技术的重要特性。当前，物联网正促进5G、窄带物联网、云计算、大数据、人工智能、区块链和边缘计算等新一代信息技术向各领域渗透，引发全球性产业分工格局重大变革。在组网方面，全球范围内低功率广域网技术正快速兴起并逐步商用，面向物联网广覆盖、低时延场景的5G技术标准化进程加速。同时，工业以太网、短距离通信等相关通信技术快速发展，为人、机、物的智能化按需组网互联提供良好技术支撑。在信息处理方面，信息感知、知识表示、机器学习等技术迅速发展，极大提升物联网的智能化数据处理能力。在物联网虚拟平台、数字孪生与操作系统方面，基于云计算及开源软件的广泛应用，有效降低企业构建生态门槛，推动全球范围内物联网公共服务平台和操作系统的进步。

物联网带来数字化和智能化变革，可以改变许多行业。其中最具代表性的概念，莫过于"工业互联网"。2011年，"工业4.0"概念由德国首次提出后，至今已有多个国家跟进。美国通用电气公司提出的"工业互联网"概念是全球工业系统与高级计算、分析、传感技术及互联网的高度融合，意思是在物联网基础上将人、数据和机器连接起来，让设备、生产线、工厂、供应商、产品和客户相互间紧密地按需协同，综合应用大数据分析技术和远程控制技术，优化工业设施和机器的运行维护，通过网络化智能化手段提升工业制造智能化水平，形成跨设备、跨系统、跨厂区、跨地区的互联互通产业链，从而提高效率，推动整个制造服务体系智能化。工业互联网作为中国智能制造业发展的重要支撑，已经得到我国政府高度重视，"十三五"规划、《国务院关于积极推进"互联网+"行动的指导意见》、《关于深化制造业与互联网融合发展的指导意见》都明确提出发展工业互联网。

由于前景可观，世界各国都在加速抢占物联网产业发展先机。在产业层面，相关大型公司纷纷制定物联网发展战略，并通过合作、并购等方式快速进行重点行业和产业链关键环节布局，提升在整个产业中的地位。阿里巴巴、腾讯、百度、亚马逊、苹果、英特尔、高通等全球知名企业，均从不同环节和层面布局物联网。

2. 智能生产、智慧生活正在开启

物联网的发展为人类社会描绘出智能化世界的美好蓝图。目前，物联网的实际应用，已在制造业、农业、家居、交通和车联网、医疗健康等多个领域取得显著成果。

生产方面，物联网对工业、农业影响深远。工业互联网环境目前可以从网络连接的终端设备处获取和分析数据，结合远程监视和控制设备监控工业系统，可以实现各种具有传感、识别、处理、通信、驱动和联网功能的制造设备的无缝集成。通过射频识别等技术对相关生产资料进行电子化标识，实现生产过程及供应链的智能化管理，利用传感器等技术加强生产状态信息的实时采集和数据分析，提升效率和质量，促进安全生产和节能减排。

在生活中，家居、交通、医疗健康等都是物联网的用武之地。智能家居将信息技术与室内物品设施、人的室内生活、安全防护等各方面融合协同，推进家居、安防服务信息化、智慧化。比如语音控制可以帮助视力不佳或行动不便的用户，警报系统可以连接到用户佩戴的人工耳蜗，监控系统还可以对跌倒或癫痫等健康事故进行报警。智能交通和车联网也离不开物联网技术。在不同要素间无缝连接，能够实现车内和车外通信、智能交通控制、智能停车、电子收费系统、车辆管理控制等多种场景应用。比如在物流车队管理中，通过无线传感器查看货物的位置和状况，并在异常时发送警报。智慧医疗利用物联网技术，可以实现对药品保健品的快速跟踪和定位，降低监管成本；通过建立临床数据应用中心，可以开展基于物联网智能感知和大数据分析的精准医疗应用；也可以充分运用智能穿戴设备（智能手环、智能指环等）和射频识别等技术采集居民健康信息，建立健康大数据创新管理云服务平台。[①]

3.4 企业计算模式

企业计算模式是指企业计算机应用系统的硬件、软件、数据等信

---

① 朱洪波：《物联网，开启万物互联时代》，载于《人民日报》2020年3月17日，第02版。

企业计算模式

息资源在空间的分布方式。企业计算模式先后经历了三种模式：集中式计算模式、分布式计算模式和云计算模式。这三种计算模式是随着计算机技术、网络技术的发展而产生的。

3.4.1 集中式计算模式

信息资源在空间上集中配置的系统称为集中式计算系统。计算机应用早期一般以单台计算机构成的集中式计算模式为主。集中式计算模式又可细分为两个阶段：在该模式的早期阶段，计算机应用系统是采用单用户操作系统的单机系统，系统一般只有一个控制台，局限于单项应用，如进行工资统计核算等；该模式后期，转变为采用多用户操作系统单主机—多终端的计算模式。

在单主机—多终端的计算模式中，用户可通过终端与主机（一般为大型机、中型机或小型机）相连，所有的数据和程序都在主机上进行集中管理，各终端只相当于一个显示器加键盘的功能，用户在主机多用户操作系统的管理下共享主机的软硬件资源。这种系统便于集中处理大量的信息，如大型科学计算、人口普查等。但也存在以下缺点：主机负担过重，所有的计算、存储都集中在主机上，一旦主机出故障，系统将全面瘫痪；扩充性差，当用户量不断增加时，必须更换主机，否则服务质量就要受到影响；系统的购置、安装、维护费用较高，不易普及。

3.4.2 分布式计算模式

利用计算机网络把分布在不同地点的计算机硬件、软件、数据等信息资源联系在一起，服务于一个共同的目标而实现相互通信和资源共享，就形成了信息系统的分布式结构，具有分布式结构的系统称为分布式系统。

20 世纪 80 年代以来，随着计算机技术的蓬勃发展和网络技术的日趋成熟，计算机网络技术在信息系统中得到日益广泛的应用，基于计算机网络技术的分布式系统在信息处理上出现了不同的计算模式，如客户机/服务器（client/server，C/S）模式、基于 Web 的浏览器/服务器（browser/server，B/S）模式。

1. 客户机/服务器模式

C/S 模式最早由美国的 Borland 公司研发，它将完整的应用程序分为前端（客户端）和后端（服务器端），分别部署到客户机和服务器上，并协同工作。服务器一般使用高性能的计算机，主要是运行客户机不能完成或费时的工作，比如大型数据库的管理，而客户机可以通过预先指定的语言向服务器提出请求，网络通信系统将请求的内容传到服务器，服务器根据请求完成预定的操作，然后把结果送回客户机。

C/S 模式的优点是交互性强，功能开发具有针对性，客户操作界面设计个性化，具有直观、简单、方便的特点，可以满足客户个性化的操作要求；存取模式更安全，由于 C/S 是点对点的结构模式，安全性可以得到较好的保证；通信量小，因为客户机只把请求的内容传给服务器，服务器也只是返回最终结果，系统中没有必要传输整个数据文件的内容，从而减轻了网络负担；负荷均衡，客户端与服务器都有相应的应用程序，提高了效率。

C/S 模式的缺点是开发成本高，C/S 结构对客户端软硬件要求较高，尤其是软件的不断升级，对硬件要求不断提高，增加了整个系统的维护成本，客户端越来越臃肿；移植困难，基于不同平台和不同软件开发工具开发的应用程序之间兼容性差；用户界面风格不一，使用需要专门培训，不利于推广；维护复杂，升级困难。

2. 浏览器/服务器模式

B/S 模式是随着 Internet 技术的快速发展，在 C/S 模式的基础上发展起来的，它克服了 C/S 模式中的诸多缺点。基于 B/S 模式的三层逻辑体系结构将表示层、应用层、数据层分布到不同的单元。表示层由浏览器和动态 Web 页面构成，接收和处理用户的请求，并通过 HTTP 协议提交给应用层的 Web 服务器处理。Web 服务器具有通用网关接口（CGI），接收用户请求后，首先要执行 CGI 程序，与数据库服务器建立连接，进行数据处理，然后由数据层将处理结果返回 Web 服务器，再由 Web 服务器传至客户端。数据层对应于数据库服务器，数据库服务器实现对数据库的管理和库中数据的访问与增加、删除与修改等操作。

B/S 模式具有以下优点：客户机只需安装通用的浏览器，安装过程简单，对硬盘空间与内存要求低；业务扩展、系统升级简单方便，只需升级服务器端；特别适用于网上信息发布；对前端的用户数目没有限制，用户数可以任意扩充，不需要再追加投资，从长远看，会大大节省成本。

B/S 模式的缺点是：功能弱化，难以实现传统模式下特殊的功能要求；个性化特点明显降低，无法实现具有个性化的设计要求；页面动态刷新，响应速度明显降低。

B/S 模式和 C/S 模式各有优缺点，可以互补。采用 C/S 模式与

B/S 模式相结合的混合体系结构的开发模式，可以吸收两者的优点，保留 B/S 模式分布性、开发维护简单性的特点，同时融入了传统 C/S 模式的特殊功能要求和个性化设计要求，既能满足不同操作系统和软件平台的需求，支持管理员异地操作和远程维护，又能充分利用传统的 C/S 模式下已经积累和开发的管理和应用程序，大大降低成本，是比较科学、先进的解决方案。

3.4.3 云计算

1. 云计算的概念

近年来，云计算（cloud computing）技术发展迅速，越来越受到政府、企业等广大用户的重视并得到了应用和推广，取得了显著的经济效益和社会效益。但云计算目前还没有统一的定义，比较有代表性的有以下几种。

2007 年底，IBM 在其技术白皮书中第一次提到云计算的概念，并指出云是一个虚拟化的计算机资源池。云计算一方面描述了提供服务的系统平台，即用来构造应用程序的基础设施，另一方面描述了可以通过互联网进行访问的可扩展的应用程序，用户只需要通过浏览器和互联网接入设备就可以访问云计算应用程序。

维基百科对云计算的定义是：云计算是一种基于互联网的计算新方式，通过互联网上异构、自治的服务为个人和企业用户提供按需即取的计算。

2009 年 4 月，美国国家标准与技术研究院（NIST）给出的云计算定义是：云计算提供可用的、方便的、按需的网络访问，以便进入一个可配置的计算资源共享池（资源包括网络、服务器、存储、应用软件、服务），这些资源只需投入很少的管理工作或与服务供应商进行很少的交互，就能够快速地被提供和释放，是一种按使用量付费的模式，这种云计算模式提高了可用性。

云计算是分布式计算、网格计算、并行计算、效用计算、负载均衡、网络存储、虚拟化等计算机技术和网络技术发展融合的产物，它旨在通过网络把多个成本相对较低的计算实体整合成一个具有强大计算能力的系统，并借助基础设施即服务（IaaS）、平台即服务（PaaS）和软件即服务（SaaS）等商业模式把强大的计算能力分布到终端用户手中。云计算的一个核心理念就是通过不断提高"云"的处理能力，进而减少终端用户的处理负担，最终使用户终端简化成一个单纯的输入输出设备，并能够按需使用"云"的强大计算能力。

2. 云计算的特征

与其他传统的网络应用模式相比，云计算有以下特征：

（1）虚拟化。云计算最显著的特点是其虚拟化突破了时间、空间的界限。虚拟化技术包括应用虚拟和资源虚拟两种。云计算能够将各种物理资源虚拟成虚拟资源形成资源池，并支持用户在任意位置使用各种终端设备获取应用服务，而无须关心应用运行的具体位置。

（2）动态可扩展。云计算拥有大规模的数据中心，不仅能够为海量用户提供便捷服务，而且还能够根据用户的需求，动态变换自身的计算能力。

（3）按需服务。云计算将各种资源虚拟化成资源池，用户能够像使用水、电、气等社会公共资源一样根据自己的需求购买云计算服务。

（4）可靠性高。云计算采用了多种措施来保障服务的高可靠性，即使单点服务器出现故障，也可以通过虚拟化技术将分布在不同物理服务器上面的应用进行恢复或利用动态扩展功能部署新的服务器进行计算从而保证应用的正常运行。

（5）性价比高。云计算的将资源放在虚拟资源池中统一管理在一定程度上优化了物理资源，用户不再需要昂贵、存储空间大的主机，可以选择相对廉价的 PC 组成云，一方面减少费用，另一方面计算性能不逊于大型主机。

3. 云计算的分类

云计算可以分别按照其服务模式和部署方式进行分类。

（1）从云计算的服务模式上看，可将其分为三类：软件即服务（software as a service，SaaS）、平台即服务（platform as a service，PaaS）、基础架构即服务（infrastructure as a service，IaaS）。

SaaS 即通过网络提供软件服务，这是一种最常见的云计算服务。SaaS 平台供应商将应用软件（如 ERP、CRM 等）统一部署在云端，用户可以根据工作实际需求向厂商定购所需的应用软件服务，按定购的服务多少和时间长短向厂商支付费用，并通过互联网获得 SaaS 平台供应商提供的服务。用户无须对软件进行维护，服务提供商会全权管理和维护软件，对于许多小型企业来说，SaaS 是采用先进技术的最好途径，它消除了企业购买、构建和维护基础设施和应用程序的需要，无须花费大量投资用于硬件、软件、人员，而只需要支出一定的租赁服务费用，通过互联网便可以享受到相应的硬件、软件和维护服务，享有软件使用权和不断升级，这是网络应用最具效益的营运模式。当前，SaaS 有各种典型的应用，如在线邮件服务、网络会议、

知识拓展：
中电鹏程的数字化关键词：三大系统＋转型三阶段

网络传真、在线杀毒等各种工具型服务，还有在线 CRM、在线 HR、在线进销存、在线项目管理等各种管理型服务。

PaaS 提供给用户基于互联网的应用开发环境，并且支持应用从创建到运行全生命周期所需的各种软硬件资源和工具。PaaS 服务商要求其用户应具备一定的信息技术水平，通过为用户提供一种互联网应用程序的接口和平台，免去用户在平台构建、硬件维护、服务兼容性等方面的困扰。例如，Google API Engine 能够支持用户在 Google 的基础架构上开发和运行自身的云计算服务，而用户无须进行大量的底层开发工作，仅需调用 Google 提供的 API 接口即可实现云计算服务。

IaaS 是指把 IT 基础设施作为一种服务通过网络对外提供。在这种服务模型中，用户不用自己构建一个数据中心，而是通过租用的方式来使用基础设施服务，包括服务器、存储和网络等。在使用模式上，IaaS 与传统的主机托管有相似之处，但是在服务的灵活性、扩展性和成本等方面 IaaS 具有很强的优势。目前有微软、Amazon 和其他一些提供存储服务和虚拟服务器的提供商可以提供这种基于硬件基础的 IaaS 服务。

（2）依据云计算部署模式的不同，将其分为公有云、私有云和混合云。

公有云提供的云服务通常遍布整个互联网，能够服务于几乎不限数量的、拥有相同基本架构的客户。公有云的费用一般较低甚至免费，但公有云的安全性和隐私性存在一定风险。目前，典型的公有云有微软的 Windows Azure Platform、亚马逊的 AWS、Salesforce.com，以及国内的阿里巴巴等。

私有云是指企业自己使用的云，它所有的服务不是供别人使用，而是供自己内部人员或分支机构使用，比较适合有众多分支机构的大型企业或政府机构。这些企业一方面出于其自身数据的安全性和保密性的要求，另一方面也拥有一定的经济实力和技术储备，能够支持私有云的开发、运行、部署和维护。

混合云是公有云和私有云的组合，能够为一些复杂的商业计划提供支持，是近年来云计算的主要模式和发展方向。例如，企业可以利用公有云服务为用户提供便捷的云计算访问，同时将用户安全性和保密性要求较高的数据部署在其自身的私有云环境中，通过访问控制实现公有云和私有云的交互。这样不仅能够降低用户的使用成本，同时也能够提高云服务的可靠性与安全性。

4. 云计算应用领域

较为简单的云计算技术已经普遍服务于现如今的互联网服务中,最为常见的就是网络搜索引擎和网络邮箱。在任何时刻,我们只要用移动终端就可以在搜索引擎上搜索任何自己想要的资源,通过云端共享了数据资源,网络邮箱也是如此。此外,云计算在制造、金融、医疗、教育、物流、商务、政府等领域也得到了广泛的应用。

云存储是在云计算技术上发展起来的一种新的存储技术。云存储是一个以数据存储和管理为核心的云计算系统。用户可以将本地的资源上传至云端上,可以在任何地方连入互联网来获取云上的资源。谷歌、微软、阿里巴巴、百度等大型网络公司均提供云存储服务。云存储向用户提供了存储容器服务、备份服务、归档服务和记录管理服务等,大大方便了使用者对资源的管理。

云制造是利用云计算技术将各类制造资源和制造能力虚拟化,并对虚拟的制造资源和制造能力进行智能化管理的一类新型制造服务模式。云制造能够为用户提供质优价廉的制造论证、产品设计、生产加工、仿真试验、经营管理等制造全生命周期服务;由于制造资源和制造能力的高效共享和协同,从而能够实现多方共赢。

云金融是金融机构将金融业务体系与云计算技术融合起来所形成的一类新型金融服务模式。云金融能够为客户提供便捷的金融服务,改善客户体验评价;能够为金融机构提供金融产品的创新服务能力,降低运营成本,提高服务水平。

云教育是利用云计算技术实现对教育信息资源的定制、协作与共享,是集教学、交流、管理、娱乐于一体的教育信息化服务平台。云教育能够为各级教育机构创造一个全新的教育服务场所,为受教育者提供平等的受教育机会,为教育行政管理部门提供更为透明、有效的教育监管手段,提高整体教育质量。现在流行的慕课(MOOC)就是教育云的一种应用。

3.5　大数据技术

大数据技术

3.5.1　大数据的概念

近年来,随着互联网、移动设备、物联网和云计算等快速崛起,全球数据量呈现爆炸式增长，大数据（big data）技术及其应用越来越受到人们的重视，它对不同产业的发展以及人们的生活方式都产生了深刻影响。关于大数据的定义，目前还没有统一的说法，表3-6列出了几个具有代表性的定义。

表3-6　　　　　　　　　　大数据的几种定义及其视角

来源	定义	视角
麦肯锡公司（McKinsey & Company）	大数据是个大的数据池，其中的数据可以被采集、传递、聚集、存储和分析，与固定资产和人力资本等其他重要的生产要素类似，没有数据，很多现代经济活动、创新和增长都不会发生，这正成为越来越普遍的现象	强调大数据对全球经济社会发展的重要性，把大数据看作是一种与固定资产和人力资本类似的重要生产要素，这一定义指出，大数据可以扮演一个重要的经济角色
高德纳咨询公司（Gartner Group）	大数据是大容量、高速度和形式多样的信息资产，它需要低成本的、形式创新的信息处理，以增强洞察力和辅助决策	认为大数据是一类信息资产，从技术特征、处理方法和应用价值3个方面对大数据做出了界定
IBM公司	可以用4个特征来描述大数据，即规模性（volume）、高速性（velocity）、多样性（variety）和真实性（veracity），这些特征相结合，定义了IBM所称的"大数据"	指出了大数据4个方面的技术特征
维基百科（Wikipedia）	大数据是指规模庞大且复杂的数据集合，很难用常规的数据库管理工具或传统数据处理应用对其进行处理。其主要挑战包括数据抓取、策展、存储、搜索、共享、转换、分析和可视化	主要从大数据的处理方法和处理工具的视角认识大数据
美国国家科学基金会（NSF）	大数据是指由科学仪器、传感器、网上交易、电子邮件、视频、点击流和/或所有其他现在或将来可用的数字源产生的大规模、多样的、复杂的、纵向的和/或分布式的数据集	主要基于大数据的来源和大数据的技术特征，强调了大数据来源的多样性和特征的复杂性

资料来源：杨善林、周开乐：《大数据的管理问题：基于大数据的资源观》，载于《管理科学学报》2015年第18卷第15期，第2页。

从管理视角看，大数据是一类能够反映物质世界和精神世界运动状态和状态变化的信息资源，具有复杂性、决策有用性、高速增长性、价值稀疏性、可重复开采性和功能多样性，一般具有多种潜在价值。

3.5.2 大数据应用情况

从我国大数据的发展情况来看，大数据与零售、工业、金融、安防、营销、健康等领域的融合程度不断加深，在整合生产要素、促进经济转型、催生发展新业态、支持决策研究等方面的作用愈发明显，稳定增长的大数据市场对经济社会发展的引领作用日益凸显。

在能源领域，能源大数据涉及用户描述数据、用户行为数据、能源系统内部数据以及气象、地理、建筑等相关业务系统数据。能源产业的产业链条非常长，从最上游的材料及设备到最终的能源消费，产业链上的每个环节都在源源不断地产生大数据。例如，截至2018年，我国共安装5.54亿只智能电表，基本实现了智能电表全覆盖。作为采集客户用电数据的重要终端，智能电表不再只是人们交电费的依据，更是供电公司开展故障抢修、电力交易、客户服务、配网运行、电能质量监测等各项业务的基础数据来源，在支撑"广域互联""全息感知""多传感协同"等泛在电力物联网感知层建设方面具有技术研发及设备研制的先发优势。

在健康医疗领域，医疗大数据主要来自患者就医过程中所产生的数据（如患者基本信息、检验数据、影像数据、诊断数据、治疗数据、费用信息、报销信息等）、临床医疗研究和实验室数据、制药企业和生命科学研究机构产生的数据、智能可穿戴设备采集的数据等。健康医疗大数据的应用场景非常广泛，除了远程医疗、互联网医院等内容外，还包括临床辅助决策支持、医保控费和险种开发、医院管理、医疗器械和新药研发、慢病和健康管理等多个方向。2020年初新冠肺炎疫情暴发以来，大数据、医疗科技等的应用成了"战"疫的亮点和关键点。各地的绿色健康码、定点医院的防疫机器人、治疗药物的研发及筛选、互联网医院的网上诊治，无不体现出医疗科技及大数据的重要性，这次疫情无疑给医疗健康行业带来了一次发展和变革的契机。各地针对新冠肺炎疫情所推出的绿色"健康码"就是大数据技术的一种典型应用案例。健康码是以每个人员的空间维度、时间维度和人际关系维度等真实数据为依据，来判定人员是否在一定时期内直接或间接地接触过一些感染者，来判定目标人员是否需要隔离，从而达到早预防早治理的目的。当用户打开健康码的那一瞬间，后台会对所采集的用户的各类数据，包括人际关系、GPS定位数据、消费记录、运营商电话卡记录、诊疗记录等进行分析和比对，预测用户的健康情况，使疫情防控更加高效、精准。

在制造领域,制造大数据主要来自企业内部业务部门的文档数据、产品价值网络和社会化知识创新网络中的产品研发数据,以及智能互联产品运行和维护过程中产生的数据。制造企业以大数据算法为指导,可以实现供需精准匹配,通过数字化手段推动销售增长。大数据正成为企业转型的核心驱动力,在研发设计、生产制造、市场营销、供应链协同和售后服务等环节中助力工业高质量发展。

本章小结

1. 计算机系统由硬件系统和软件系统两部分组成。冯·诺依曼结构计算机的硬件系统由运算器、控制器、存储器、输入设备和输出设备五大基本部件组成。

2. 计算机软件通常分为系统软件和应用软件两大类。系统软件主要包括操作系统、程序设计语言、数据库管理系统等。根据应用领域,可将应用软件分为通用软件和专用软件两大类。

3. 数据管理,是指对数据进行组织、分类、编码、存储、检索和维护等操作,数据管理技术是随着计算机硬件和软件技术的发展而发展起来的,大致经历了人工管理、文件系统、数据库系统三个发展阶段。

4. 数据库系统是指引进数据库技术后的计算机系统,一般由数据库、硬件、软件和有关人员构成。

5. 概念模型是按用户的观点对数据和信息建模,是现实世界到信息世界的第一层抽象。概念模型的表示方法有很多,其中最为著名和常用的是实体—联系方法。该方法用E-R图来描述现实世界的概念模型,E-R方法也称为E-R模型。

6. 数据模型是相对概念模型而言的,是对客观事物及其联系的数据化描述,是对现实世界的第二层抽象。数据模型的种类主要有层次模型、网状模型、关系模型和面向对象模型四种。

7. 属于第一范式的关系应满足的基本条件是元组中的每一个分量都必须是不可再分的数据项。第二范式是指一个关系不仅满足第一范式,而且所有非主属性完全依赖于其主码(即没有部分依赖的问题)。第三范式指的是这种关系不仅满足第二范式,而且它的任何一个非主属性都不传递依赖于主码,或者说非主属性之间没有依赖关系。

8. 数据控制亦称数据保护,它通过安全性控制、完整性控制、并发性控制和数据恢复这四个方面来实现。

9. 计算机网络就是利用通信设备和线路将地理位置不同、功能独立的多个计算机系统连接起来，以功能完善的网络软件（即网络的通信协议、信息交换方式及网络操作系统等）实现网络中资源共享和信息交换的系统。计算机网络从结构上可以分资源子网和通信子网。根据网络覆盖范围和传输距离将其划分为局域网、广域网、城域网和互联网。

10. 计算机网络由硬件系统和软件系统组成。其中硬件系统主要由网络服务器、网络工作站、传输介质和连接设备组成。网络软件主要有网络操作系统、网络协议软件、网络管理软件和网络应用软件。

11. 网络协议是网络上所有设备之间通信规则的集合，它规定了通信时信息必须采用的格式和这些格式的意义。常见的协议有 TCP/IP 协议、IPX/SPX 协议、NetBEUI 协议等，Internet 上的计算机使用的是 TCP/IP 协议。计算机之间相互通信的层次，以及各层中的协议和层次之间接口的集合称为网络体系结构。常见的网络体系结构有 OSI 参考模型和 TCP/IP 网络体系结构。

12. 移动互联网，是指互联网的技术、平台、商业模式和应用与移动通信技术结合并实践的活动的总称，它由移动通信运营商提供无线接入，互联网企业提供各种成熟的应用。用户使用手机、PDA 或其他无线终端设备，通过速率较高的移动网络，可随时、随地访问 Internet 以获取信息，使用商务、娱乐等各种网络服务。

13. 物联网的技术思想是"按需求连接万物"。当前，物联网正在推动人类社会从"信息化"向"智能化"转变，促进信息科技与产业发生巨大变化。

14. 企业计算模式是指企业计算机应用系统的硬件、软件、数据等信息资源在空间的分布方式。企业计算模式先后经历了三种模式：集中式计算模式、分布式计算模式和云计算模式。

15. 关于大数据的定义，目前还没有统一的说法。从管理视角看，大数据是一类能够反映物质世界和精神世界运动状态和状态变化的信息资源，具有复杂性、决策有用性、高速增长性、价值稀疏性、可重复开采性和功能多样性，一般具有多种潜在价值。近年来，大数据技术及其应用越来越受到人们的重视，它对不同产业的发展以及人们的生活方式都产生了深刻影响。

延伸阅读

复习思考题

1. 简述计算机的硬件系统的组成。
2. 简述计算机软件的分类。
3. 数据管理技术的发展经历了哪些阶段？

4. 简述数据库系统的组成。
5. 简述概念模型的概念和表示方法。
6. 什么是数据模型？其种类有哪些？
7. 简述关系模型的概念及特点。
8. 什么是第一范式？什么是第二范式？什么是第三范式？
9. 应如何实现数据库保护？
10. 简述计算机网络的定义及结构。
11. 简述计算机网络的功能及分类。
12. 常见的计算机网络的拓扑结构有哪几种类型？
13. 简述计算机网络的组成。
14. 什么是网络协议？常见的网络协议有哪些？
15. 简述 TCP/IP 体系结构的构成。
16. 简述移动互联网的概念。
17. 简述物理网的技术思想。
18. 企业计算模式先后经历了哪几种模式？
19. 简述大数据的概念及应用。

第 4 章
管理信息系统在企业中的应用

本章要点

- ERP 的发展历程
- ERP 的结构
- CRM 的概念和主要功能
- SCM 的定义及框架
- 电子商务的分类
- 电子商务的体系架构
- 电子支付方式
- 电子商务物流的组织模式
- 移动电子商务的商业模式
- 网络营销的策略

沃尔玛公司 由山姆·沃尔顿于 1962 年在阿肯色州成立。它现为世界最大的私人雇主和连锁零售商,多次荣登《财富》杂志世界 500 强榜首及当选最具价值品牌。每周,超过 2.75 亿名顾客和会员光顾沃尔玛在 27 个国家拥有的 58 个品牌下的 11 300 多家分店以及电子商务网站。2019 财年营收达到 5 144 亿美元,全球员工总数超 220 万名。[1]

引导案例

信息技术与零售之王沃尔玛

2003 年 1 月 22 日,美国第二大连锁零售商卡马特以 163 亿美元的巨额负债申请破产保护。同一天,卡马特几十年来的老对手、美国第一大连锁零售商沃尔玛则宣布,2001 财政年度公司销售收入超过 2 200 亿美元,成为全美乃至全球销售额最大的公司。凯马特和沃尔

---

① 沃尔玛中国官网,http://www.wal-martchina.com/walmart/index.htm。

玛的差距为什么会越来越大？这是因为他们对信息技术的把握具有极大的不同。凯马特的信息技术总裁一直未能拿出一套切合公司实际的信息管理系统来有效管理库存、运输和储藏等商品供应链。而沃尔玛则专门建立了世界上一流的信息管理系统、卫星定位系统和电视调度系统，全球4 100多个店铺的销售、订货、库存情况可以随时调阅查询。

1. 沃尔玛应用信息技术的历程

沃尔玛公司是世界上最大的商业零售企业，1962年开办了第一家连锁商店，1970年建立起第一家配送中心，走上了快速发展之路。据沃尔玛公司提供的资料，截至2001年4月15日，该公司在国内外共有4 249家连锁店。截至2003年4月5日，5周内净销售额达到214.89亿美元，较去年同期187.7亿美元增长14.5%。9周内的销售额为386.96亿美元，较去年同期的336.55亿美元增长15%。沃尔玛能有如此巨大的增长，是建立在沃尔玛迅速地利用信息技术整合优势资源的基础之上。

在信息技术的支持下，沃尔玛能够以最低的成本、最优质的服务、最快速的管理反应进行全球运作。1974年，公司开始在其分销中心和各家商店运用计算机进行库存控制。1983年，沃尔玛的整个连锁商店系统都用上了条形码扫描系统。采用商品条码可代替大量手工劳动，不仅缩短了顾客结账时间，更便于利用计算机跟踪商品从进货到库存、配货、送货、上架、售出的全过程，及时掌握商品销售和运行信息，加快商品流转速度。1984年，沃尔玛开发了一套市场营销管理软件系统，这套系统可以使每一家商店按照自身的市场环境和销售类型制订出相应的营销产品组合。

20世纪80年代末，沃尔玛开始利用电子数据交换系统（EDI）与供应商建立自动订货系统。该系统又称为无纸贸易系统，通过计算机联网，向供应商提供商业文件，发出采购指令，获取收据和装运清单等，同时也使供应商及时准确地把握其产品销售情况。1990年，沃尔玛已与它的5 000多家供应商中的1 800家实现了电子数据交换，成为EDI技术在全美国最大的用户。20世纪90年代初，沃尔玛就在公司总部建立了庞大的数据中心，沃尔玛在全球近4 000家商店通过全球网络可以在一个小时内对每种商品的库存、上架、销售量全部盘点一遍。所以，在沃尔玛的门市店，不会发生缺货情况。公司总部与全球各家分店和各个供应商通过共同的电脑系统进行联系。它们有相同的补货系统、相同的EDI条形码系统、相同的库存管理系统、相同的会员管理系统、相同的收银系统。这样的系统能从一家商店了解沃尔玛全世界的商店资料。正是依靠先进的电子通信手段，沃尔玛才做到了商店的销售与配送中心同步、配送中心与供应商保持同步。沃尔玛与生产商供应商建立了实时链接的信息共享系统赢得了比其竞争对手管理费用低7%，物流费用低30%，存货期由6周降至6小时的优异成绩。

表4-1　信息技术与沃尔玛的经营活动密切结合的历程

年份	经营活动			信息技术实现
	员工顾客	供应管理	订单管理	
1985	各部门自负盈亏	地区分销中心	集中采购	手控存货终端 每家店装有卫星天线
1986	员工从后台转到店内现场工作	每周有订购到送货的周期		自动化分销中心
1987	给员工计算资金，加快结账速度	交叉使用账台		定制EPOS，信用卡和储蓄系统
1988 1989	增加结账通道	全面推广电子数据交换 72小时订货到送货时间	多层次采购	高速扫描仪 全面的电子数据交易能力
1990 1991	决策辅助工具的培训		信息技术供应商在网上进行销售分析，追加订单与存货管理	实时的电脑销售分析与DSS能力 网上信息技术供应商接入
1992 1993	建立新的业务部分与服务（药业）	如果有要求可以每天送货或当天送货	减少中介层	新的专业化系统 开始全面实施局域网
1994 1995		降低店员入库存	加快供应链速度	宣布开展全球电子邮件项目 开发商开发应用软件的速度提高40%
1996 1998	购物篮采购分析			与账台扫描仪联网的数据仓库 手控扫描终端

续表

年份	经营活动			信息技术实现
	员工顾客	供应管理	订单管理	
1997 1998	网上沃尔玛	实时销售与存货数据	用于小型、当地供应商的自动化供应链	网上店面,用于小型供应商的网上电子数据交易
2000		一年网站的访问量增长了570%	感恩节获得了11亿美元的历史上最高单日销售量	
2001		10月31日重新启动了经过改造后的网站	网站改进搜索引擎后,消费者能够很容易地找到万种商品中的任何一种	网站改进

资料来源:中国社科院课题组:《凯马特与沃尔玛:两个时代的商业巨头》,载于《中国商贸》2002年第3期。

2. 沃尔玛利用信息技术强化经营管理

沃尔玛利用信息技术进行经营管理主要体现在以下几方面。

(1) 完善的物流管理系统。沃尔玛拥有由信息系统、供应商伙伴关系、可靠的运输及先进的全自动配送中心组成的完整物流配送系统。以往的零售业都是由分店向各制造商订货,再由各个制造商将货发到各个分店。而沃尔玛推行的是"统一订货、统一配送"。各分店的订货都先汇总到总部,然后由总部统筹订货。商品成交后,就被直接送往公司的配送中心。沃尔玛在美国建立了70个由高科技支持的物流配送中心,配送中心完全实现了自动化。每种商品都有条码,由十几公里长的传送带传送商品。由激光扫描器和电脑追踪每件商品的储存位置及运送情况。沃尔玛的商店备有8万种以上的商品,其中有85%的货都是由公司的配送中心直接供应,而其他竞争者只能达到50%~60%的水平,销售成本也因此要比零售行业平均销售成本低2~3个百分点。通过迅速地信息传递与先进的电脑跟踪系统,沃尔玛可以在全美范围内快速地输送货物,使各分店即使只维持极少的存货也能保持正常销售,从而大大节省了存储空间和存货成本。沃尔玛被称为零售配送革命的领袖。其独特的配送体系,大大降低了成本,加速了存货周转,成为"天天低价"的最有力的支持者。沃尔玛的物流效率之所以高是因为他们运用了最先进的信息技术集团,专门从事信息系统工作的科技人员有 1 200 多人,每年投入信息的资金不少于 5 亿美元。

(2) 客户关系管理。零售业是直接与最终消费者打交道的行业,顾客决定一切,如果企业不以满足顾客需要为中心是无法生存下去的。这一点沃尔玛公司理解得比谁都透彻。"让顾客满意"始终排在沃尔玛公司目标的第一位,"顾客满意是保证我们未来成功与成长的最好投资",是公司的基本经营理念。因此在客户关系管理上,沃尔玛每周都有对顾客期望和反映的调查,管理人员根据电脑信息系统收集信息,并通过直接调查收集到的顾客期望及时更新商品的组合和组织采购,改进商品陈列摆放,营造舒适的购物环境,使顾客在沃尔玛不但能买到称心如意的商品,而且得到满意的全方位的购物享受。

2001 年 5 月,沃尔玛把 3 000 台 NCR 网络自助服务亭 (Web Kiosks) (沃尔玛称之为自动客户服务机),部署在沃尔玛全球的每一家商场及超市,5 月底以前完成这一工程。这种用于礼品注册的自动客户服务机放置在沃尔玛珠宝柜台附近,顾客事先用扫描仪把婚宴、婴儿或生日纪念所需的物品清单输入服务机,以便亲朋好友购买相应礼品时进行参考。沃尔玛高级副总裁兼首席信息官凯文·特纳 (Kevin Turner) 先生说:"这项客户服务技术简单易用,为我们的客户提供了更多的购买选择,进一步体现了我们以低价格为客户提供高质量服务的承诺。"

(3) 先进的供应链体系。沃尔玛的供应链是典型的大型零售业主导型,它的管理主要由四部分组成:顾客需求管理、供应商和合作伙伴管理、企业内和企业间物流配送系统管理和基于互联网、内联网的供应链交互信息管理。

顾客需求管理:供应链运作方式有两种,一种称为推动式,另一种称为拉动式。推动式的供应链运作方式以制造商为核心,产品生产出来后从分销商逐级推向顾客。沃尔玛采用的拉动式供应链则是以最终顾客的需求为驱动力,整个供应链的集成度较高,数据交换迅速,反应敏捷。

供应商和合作伙伴管理:供应商参与了企业价值链的形成过程,对企业的经营效益有着举足轻重的影响。建立战略性合作伙伴关系是供应链管理的重点。供应链管理的关键就在于供应链上下游企业的无缝连接与合作,但这种合作关系的建立是一个复杂的过程。沃尔玛主要是通过计算机联网和电子数据交换系统,与供应商共享信息,建立伙伴关系。

供应链交互信息管理:信息共享是实现供应链管理的基础。供应链的协调运行建立在节点主体间高质量的信息传递与共享的基础上,因此，有效的供应链管理离不开信息技术的可靠支持。在沃尔玛，除了配送中心外，投资最多的便是电子信息通信系统。沃尔玛的电子信息通信系统是全美最大的民用系统，甚至超过了电信业巨头美国电报电话公司。沃尔玛是第一个发射和使用自有通信卫星的零售公司。沃尔玛总部的信息中心有1.2万平方米的空间装满了电脑，仅服务器就有200多个。

（4）网上零售。互联网的普及为零售业拓展经营网络和经营范围、改善与外界的通信方式带来了契机，在网络上开展电子商务是零售业信息化的一个重要组成部分，沃尔玛早在1996年7月，就推出了公司的电子商务网站 wal-mart.com。当时，公司这一集成了高技术及传统零售业务优势的电子商务网站，提供了基于SSL加密协议的在线信用卡交易处理，能够使Internet用户在浏览网站时将中意的商品加入购物篮中，并方便地进行在线结算，订购的商品则经由美国联合邮包服务公司直接送至客户手中。

1999年末，这家传统零售业巨头又通过与领先的Internet巨头AOL合作，向沃尔玛公司消费用户提供低成本Internet接入服务的方式，将业务触角再次伸展至Web领域，并期望借此推动公司在线业务的发展。同时，沃尔玛公司还向消费用户提供了能够迅速创立在线账号、实现Internet接入的相关软件。另外，作为这项合作的一部分，AOL的在线购物网站还提供了到沃尔玛公司电子商务网站www.wal-mart.com的链接，从而在客观上使AOL当时的1 900万用户均成为沃尔玛公司电子商务网站的潜在购物用户，进一步扩大了沃尔玛公司在线用户群体。

虽然2000年2月沃尔玛的电子商务网站排名只排在第46位，但是，2000年一年网站的访问量增长了570%，感恩节获得了1亿美元的历史上最大单日销售量。可见沃尔玛是时刻关注Internet电子商务的发展，积极利用Internet提供的商机，逐渐利用网络来宣传自己，树立企业形象；用新的经营理念，先进的信息技术进行业务重组，以不断地发展经营。

（5）数据仓库。在美国或世界其他国家，超市的管理者会津津乐道尿布与啤酒的故事。这个故事的主角就是沃尔玛。利用数据仓库技术，沃尔玛对商品进行市场类组分析，即分析哪些商品顾客最有希望一起购买。沃尔玛数据仓库里集中了各个商店一年多详细的原始交易数据。在这些原始交易数据的基础上，沃尔玛利用自动数据挖掘工具（模式识别软件）对这些数据进行分析和挖掘。一个意外的发现就是：跟尿布一起购买最多的商品竟是啤酒！按常规思维，尿布与啤酒风马牛不相及,若不是借助于数据仓库系统,商家绝不可能发现隐藏在背后的事实:原来美国的太太们常叮嘱她们的丈夫下班后为小孩买尿布,而丈夫们在买尿布后又随手带回了两瓶啤酒。既然尿布与啤酒一起购买的机会最多,沃尔玛就在它的一个个商店里将它们并排摆放在一起,结果是尿布与啤酒的销售量双双增长。由于这个故事的传奇和出人意料,所以就在业界和商界流传开来。沃尔玛公司近年来用大容量的数据仓库来进行数据挖掘和客户关系管理,对其3 000多家零售店的80 000种产品时刻把握住利润最高的商品品种和数量。

如今,沃尔玛利用 NCR 的 Teradata 对超过 7.5TB 的数据进行存储,这些数据主要包括各个商店前端设备(POS,扫描仪)采集来的原始销售数据和各个商店的库存数据。Teradata 数据库里存有 196 亿条记录,每天要处理并更新 2 亿条记录,要对来自 6 000 多个用户的 48 000 条查询语句进行处理。销售数据、库存数据每天夜间从 3 000 多个商店自动采集过来,并通过卫星线路传到总部的数据仓库里。沃尔玛数据仓库里最大的一张表格容量已超过 300GB、存有 50 亿条记录,可容纳 65 个星期、3 000 多个商店的销售数据,而每个商店有 5 万到 8 万个商品品种。他们在从事由数据变信息,由信息变知识的知识挖掘工作,通过全球全集团、全方位、全过程、全天候的自动数据采集技术,改变传统的依靠假设和推断来确定订货的方式,从数据的不断积累过程中以小时为单位动态地运行决策模型,导出数亿个品种的最佳订货量最佳商品组合分配、降价以及商品陈列等。如今已将其数据仓库容量大幅扩充 1 倍以上,由 44terabyte 扩大到 101terabyte,容量为全球第二大数据仓库的两倍以上。利用数据仓库,沃尔玛在商品分组布局、降低库存成本、了解销售全局、进行市场分析和趋势分析等方面均有卓越的表现。

3. 结论

沃尔玛的成功在于它能够利用信息技术参与企业经营活动,节约了成本,实现了"天天平价"及"顾客满意",强化了企业的核心价值,提高了企业的竞争能力。对于传统零售业来说,其经营的成败得失决定于收集、处理和传播信息的能力,以及对信息技术的充分利用。信息技术推动着零售业实现信息的高效流动,节约时间,而时间是一种最宝贵的资源;也能够与供应商、与顾客建立起良好的联动机制,实现了快捷的产销结合;而且随时监控自身的运作质量,迅速地适应市场和自身做出调整;并大幅度地降低运营成本,提高了企业经济效益。对于我国的零售业来说,要结合自身的具体情况,借鉴沃尔玛的经营之道,充分利用信息及其技术的特点,加快零售业在信息经济时代的发展脚步。

（资料来源：赖茂生、梁南燕：《信息技术与零售之王沃尔玛》，载于《情报科学》2003年第21卷第8期，第966~969页）

随着经济全球化的推进及信息技术的迅猛发展，管理信息系统在企业的生产、经营及管理等各个领域得到了广泛的应用，成为企业提高管理水平和经济效益，获取竞争优势的重要手段。进入20世纪90年代以来，管理信息系统的主要目标转向实现信息的集成管理，提高管理者的素质与管理决策水平，进入综合服务阶段，典型的代表就是企业资源计划（enterprise resource planning，ERP）。ERP是以企业内部资源管理为主的集成化的信息系统。但是，随着企业面临的管理环境的变化，为取得竞争优势，企业还必须加强与上下游企业，即供应链成员企业及客户的信息集成与管理，于是供应链管理（supply chain management，SCM）和客户关系管理（customer relationship management，CRM）应运而生。计算机网络和通信技术的发展和电子商务的出现，为企业间的信息系统集成提供了支持，也为ERP、SCM和CRM的融合提供了平台，并促进了管理信息系统在企业中的应用和企业的发展。

4.1　企业资源计划

企业资源计划（ERP）是一种主要面向制造行业的能够对企业内部及外部供应链上的物质资源、资金资源和信息资源进行集成一体化管理的管理信息系统。它能够消除企业内部因部门分割造成的各种信息隔阂与信息孤岛，从而达到最佳资源组织。使用ERP系统，能够改善企业业务流程，提高企业核心竞争力。

企业资源计划（ERP）

4.1.1　ERP的发展历程

ERP是由世界著名的IT研究与顾问咨询公司美国的高德纳（Gartner Group）在20世纪90年代首先提出的。作为一种先进的管理思想和方法，ERP的发展大致经历了4个阶段：物料需求计划（material requirement planning，MRP）、闭环MRP、制造资源计划（manufacturing resource planning，MRPⅡ）以及ERP形成阶段。在提出 ERP 十年之后，高德纳又提出了一个新的概念 ERP Ⅱ，进一步扩大了 ERP 的管理范围。

1. MRP

20 世纪 60 年代，传统制造企业面临的最突出的问题是库存控制。为了保证生产活动能够不间断地进行，往往把原材料等物料的库存量定得很高，这导致库存资金积压，生产成本上升。1965 年，美国 IBM 公司的奥列基（Joseph A. Orlicky）博士与怀特（Oliver W. Wight）等管理专家在深入调查美国企业管理状况的基础上，针对制造业物料需求随机性大的特点，提出了物料需求计划（MRP）方案，即根据产品的需求情况和产品结构，确定原材料和零部件的需求数量及订货时间，在满足生产需要的前提下，有效降低库存，提高资金利用率。计算机技术的发展为 MRP 方案的实施提供了强有力的支持。

MRP 的工作流程如下：首先落实产品的主生产计划（master production schedule，MPS），它是进行物料需求计算的直接依据；其次根据描述产品结构的物料清单（bill of material，BOM）和库存信息把主生产计划展开成物料的需求量和需求时间；最后根据每一种物料的需求时间和提前期来确定其生产时间或采购时间。MRP 的逻辑流程如图 4-1 所示。

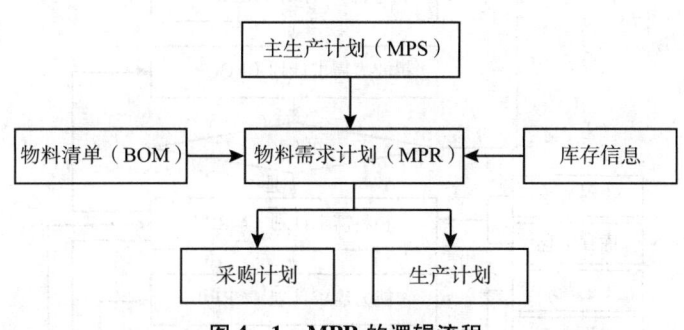

图 4-1　MPR 的逻辑流程

MRP 的运作建立在两个假设前提之下：第一是假设生产计划是可行的，即认为有足够的生产设备、人力和资金来保证生产计划的实现；第二是假设物料采购计划是可行的，即认为有足够的供货能力和运输能力来保证完成物料供应。而实际上，在生产过程中可能会出现因设备损坏、资金短缺、人员不足等问题而导致生产计划无法顺利完成的情况，以及由于物料供应紧张、运输中断等问题而导致采购计划无法按时、按量进行的情况。此外，MRP 系统也缺乏根据计划实施情况的反馈信息对计划进行调整和控制的功能。

2. 闭环 MRP

20 世纪 70 年代，MRP 逐步发展成为闭环 MRP。闭环 MRP 是在 MRP 的基础上将能力需求计划、生产作业计划和采购计划纳入 MRP 的计划执行过程中，使系统具有生产计划与能力的平衡过程。

美国生产与库存管理协会（APICS）发表的闭环 MRP 的原理见图 4-2。首先对源于企业生产规划的主生产计划通过粗能力计划（rough cut capacity planning, RCCP）的产能负荷分析判定可行性，如可行，则将它作为下一阶段制订物料需求计划的依据，否则就需要对其进行调整；其次，由物料需求计划模块计算物料的需求量，以及自行生产清单和订购清单等；再次，经由能力需求计划（capacity requirements planning, CRP）模块，根据物料需求计划和企业生产能力进行模拟，同时根据工作中心的能力负荷状况判断计划的可行性；最后，进入作业执行环节后，及时将作业计划与实际作业的差异反馈到物料需求计划中。在此过程中经过不断地自上而下的计划调整和自下而上的信息反馈，最终得到切实可行的计划方案。

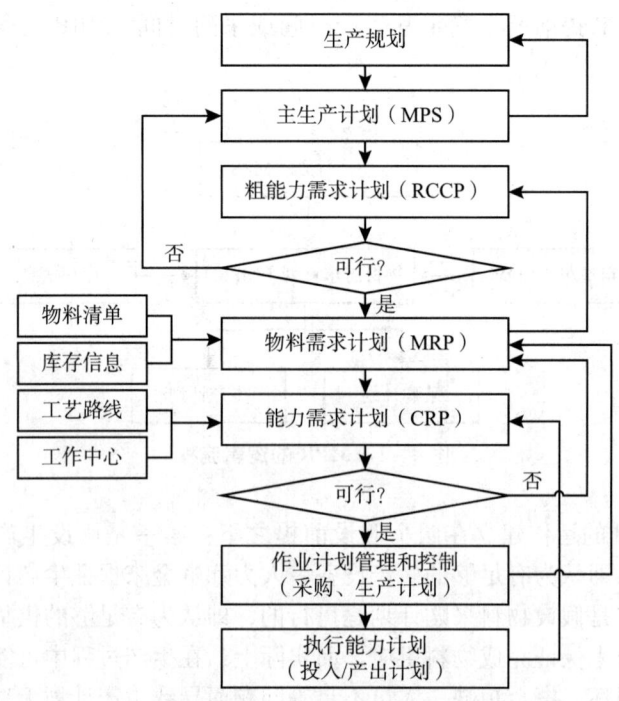

图 4-2 闭环 MRP 的原理

资料来源：张新：《管理信息系统》，机械工业出版社 2016 年版，第 88 页。

3. 制造资源计划

闭环 MRP 使企业生产活动的各个过程得到了统一，但是企业管理是人、财、物和信息、产供销等子系统组成的综合系统，生产管理只是其中一个方面，它所涉及的是物流，而与物流密切相关的还有资金流和信息流。20 世纪 80 年代，人们在闭环 MRP 的基础上增加了经营计划、销售、财务、成本、技术管理等内容，组成了一个全面的生产管理集成系统，称为制造资源计划（manufacturing resources planning，MRPⅡ），因它与物料需求计划的缩写相同，为了区分，将制造资源计划简记为 MRPⅡ。

MRPⅡ的逻辑结构如图 4-3 所示，它包括了销售信息管理、生产制造信息管理和财务信息管理三大部分。三大部分中包括了订单管理、市场预测、主生产计划库存管理、制造工艺管理、物料需求计划、能力需求计划、车间管理控制、采购管理、成本管理、应收账款管理、总账管理等子系统。

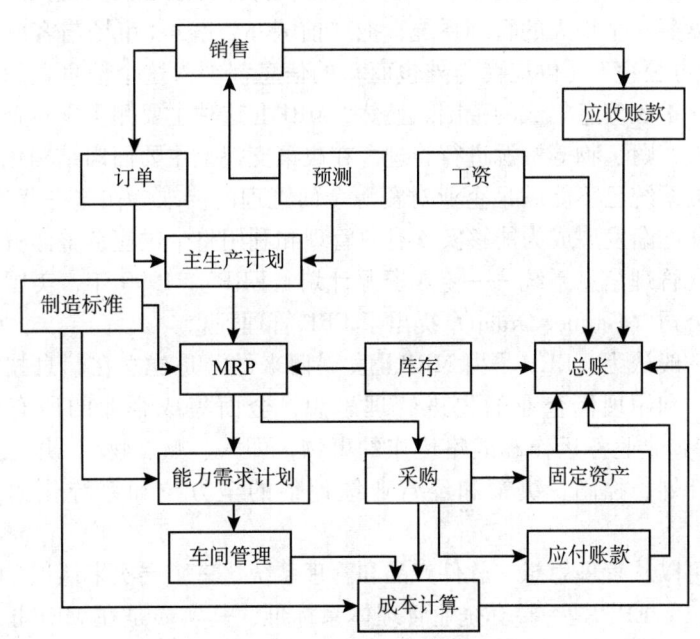

图 4-3　MRPⅡ的逻辑结构

资料来源：高宝俊：《管理信息系统》（第二版），武汉大学出版社 2017 年版，第 102 页。

这些子系统或模块根据业务关系有机地关联起来，相互提供数据。成本核算要利用库存记录和生产活动记录；供应计划是建立在生产计划上的按需供应；生产计划的制订要依赖于销售计划与生产计划大纲；能力平衡过程是各工作中心的可用能力与生产计划中的能力需求的平衡过程；设计部门不再是孤立的，而是与各项生产活动相联系；产品结构构成控制计划的重要方面，财务成本核算可及时进行，而不再是事后算账。

MRPⅡ的基本思想是把企业作为一个有机整体，从整体最优的角度出发，运用科学的方法对企业的各种制造资源和企业生产经营各环节进行有效的计划、组织和控制和协调，达到既能连续均衡生产，又能最大限度地降低各种物品的库存量，从而提高企业的整体效率和经济效益。实现物流同资金流的信息集成是MRPⅡ区别于MRP的一个重要标志。

4. 企业资源计划（ERP）

20世纪80年代以来，企业面临的管理环境发生了重大变化。市场竞争的加剧和经济全球化趋势，以及精益生产、敏捷制造、约束理论、供应链管理等先进管理思想的诞生，都使得企业尤其是大型企业迫切需要一个扩大的管理系统，把"前端办公室"（市场与客户）和"后端办公室"（供应商与外包商）的信息都纳入这个信息化的管理系统，扩大信息集成的范围。显然，MRPⅡ这种主要侧重于对企业内部的人、财、物等资源进行管理、在决策支持上主要面向结构化决策问题的系统已不能满足企业对资源全面管理的要求。在这一背景下，MRPⅡ逐渐发展成为能够实现有效管理和利用整个供应链整体资源的新一代管理信息系统——企业资源计划（ERP）。1990年，美国的高德纳公司（Gartner Group）提出了ERP管理理念。

一般认为，ERP是由MRPⅡ发展而来的，是建立在信息技术基础上，利用现代企业的先进管理思想，全面集成企业的所有资源（支持企业业务运作和战略运作的事物，即人、财、物），并为企业提供计划、控制、决策和经营业绩评估的全方位和系统化的管理平台。

可以从管理思想、软件产品和管理系统这三个层次来认识ERP。

（1）ERP是一整套企业管理体系标准，其实质是在MRPⅡ基础上进一步发展而成的面向供应链的管理思想。

（2）ERP是一套商品化的软件产品。它综合应用了客户机/服务器体系、关系数据库结构、面向对象技术、图形用户界面、第四代语言和网络通信技术等信息产业成果，是以ERP管理思想为灵魂的软件产品。

（3）ERP是融合了企业管理理念、业务流程、基础数据、人力、

知识拓展：
SAP公司

物力、计算机硬件和软件于一体的企业资源管理系统。

5. ERP Ⅱ

ERP Ⅱ（enterprise resource planning Ⅱ）是高德纳于 2000 年在原有 ERP 的基础上扩展后所提出的一个新概念。Gartner 给 ERP Ⅱ下的定义是：ERP Ⅱ是通过支持和优化企业内部和企业之间的协同运作和财务过程，以创造客户和股东价值的一种商务战略和一套面向具体行业领域的应用系统。ERP Ⅱ与 ERP 的主要区别是它强调了协同商务的作用。协同商务（collaborative commerce）是指企业内部人员、企业与业务伙伴、企业与客户之间的电子化业务的交互过程。ERP Ⅱ的定义强调未来的企业注重深度行业专业分工和企业之间的交流，而不仅仅是企业业务过程管理。

4.1.2 ERP 的管理思想

1. 体现对整个供应链资源进行管理的思想

在知识经济时代，仅靠企业自身的资源不可能有效地参与市场竞争，还必须把经营过程中的有关各方如供应商、制造工厂、分销网络、客户等纳入一个紧密的供应链中，才能有效地安排企业的产、供、销活动，满足企业利用全社会一切市场资源快速高效地进行生产经营的需求，以期进一步提高效率和在市场上获得竞争优势。换句话说，现代企业竞争不是单一企业与单一企业间的竞争，而是一个企业供应链与另一个企业供应链之间的竞争。ERP 系统实现了对整个企业供应链的管理，适应了企业在知识经济时代市场竞争的需要。

2. 体现精益生产、同步工程和敏捷制造的思想

ERP 系统支持对混合型生产方式的管理，其管理思想表现在两个方面：

（1）精益生产（lean production，LP）的思想。企业按大批量生产方式组织生产时，把客户、销售代理商、供应商、协作单位纳入生产体系，它们之间的关系已不再是简单的业务往来，而是利益共享的合作伙伴关系。通过减少和消除一切不产生价值的活动（即浪费），缩短对客户的反应周期，快速实现价值增值，促使企业管理体系的运行更加顺畅。

（2）敏捷制造（agile manufacturing，AM）的思想。当市场发生变化，出现特定的市场和产品需求时，企业会组织一个由特定的供应商和销售渠道组成的短期或一次性供应链，形成"虚拟工厂"，把供应和协作单位看成是企业的一个组成部分，运用"同步工程"（simultaneous engineering，SE），即对整个产品开发过程实施同步、一体化设计组织生产，用最短的时间将新产品打入市场，时刻保持产品的高质量、多样化和灵活性。

3. 体现事先计划与事中控制的思想

ERP 系统中的计划体系主要包括主生产计划、物料需求计划、能力计划、采购计划、销售执行计划、利润计划、财务预算和人力资源计划等，而且这些计划功能与价值控制功能已完全集成到整个供应链系统中。另外，ERP 系统通过定义事务处理（transaction）相关的会计核算科目与核算方式，以便在事务处理发生的同时自动生成会计核算分录，保证了资金流与物流的同步记录和数据的一致性。从而实现了根据财务资金现状，可以追溯资金的来龙去脉，并进一步追溯所发生的相关业务活动，改变了资金信息滞后于物料信息的状况，便于实现事中控制和实时做出决策。此外，计划、事务处理、控制与决策功能都在整个供应链的业务处理流程中实现，要求在每个流程的业务处理过程中最大限度地发挥每个人的工作能力与责任心，流程与流程之间则强调人与人之间的合作精神，以便在有机组织中充分发挥每个人的主观能动性与潜能。实现企业管理从"高耸式"组织结构向"扁平式"组织机构的转变，提高企业对市场动态变化的响应速度。

ERP 所包含的管理思想是非常广泛和深刻的。这些先进的管理思想之所以能够实现，又同信息技术的发展和应用分不开。ERP 不仅对整个供应链资源进行管理，体现精益生产、同步工程、敏捷制造的管理思想，而且必然要结合全面质量管理（total quality management，TQM）以保证质量和客户满意度，结合准时制生产（just in time，JIT）以消除一切无效劳动与浪费、降低库存和缩短交货期；它还要结合约束理论（theory of constraint）定义瓶颈环节、消除制约因素以扩大企业的有效产出。

4.1.3 ERP 的结构

就信息集成来说，ERP 从企业内部和外部两个方面进行了集成。

在企业内部，一般的管理主要包括三方面的内容：生产控制（计划、制造）、物流管理（分销、采购、库存管理）和财务管理（会计核算、财务管理）。这三大系统本身就是集成体，它们互相之间有相应的接口，能够很好地整合在一起来对企业进行管理。另外，随着企业对人力资源管理重视的加强，越来越多的 ERP 厂商将人力资源管理纳入了 ERP 系统。

而从外部集成的角度，供应链管理（SCM）、客户关系管理（CRM）均可作为ERP整体解决方案的组成套件，集成度比单独的SCM、CRM软件更高。

1. 生产控制管理模块

该模块是ERP系统的核心，是一个综合性的计划系统。它将企业的整个生产过程有机地结合在一起，使各个分散的生产流程自动连接，连贯执行，有效降低库存，提高工作效率。企业首先确定一个总生产计划，再经过系统逐步分解，进行物料需求、能力需求、车间控制等计划的确定，并将它们下达到各部门去执行，即生产部门以此计划生产，采购部门按此计划采购等。

（1）主生产计划：它是根据生产计划、预测和客户订单的输入来安排将来的各周期中提供的产品种类和数量，它将生产计划转为产品计划，在平衡了物料和能力的需要后，精确到时间、数量的详细的进度计划。它是企业在一段时期内的总活动的安排，是一个稳定的计划，是以生产计划、实际订单和对历史销售分析得来的预测产生的。

（2）物料需求计划：在主生产计划决定生产多少最终产品后，再根据物料清单，把整个企业要生产的产品的数量转变为所需生产的零部件的数量，并对照现有的库存量，可得到还需加工多少，采购多少的最终数量。这才是整个部门真正依照的计划。

（3）能力需求计划：它是在得出初步的物料需求计划之后，将所有工作中心的总工作负荷，在与工作中心的能力平衡后产生的详细工作计划，用以确定生成的物料需求计划是否是企业生产能力上可行的需求计划。能力需求计划是一种短期的、当前实际应用的计划。

（4）车间控制：这是随时间变化的动态作业计划，是将作业分配到具体的各个车间，再进行作业排序、作业管理、作业监控。

（5）制造标准：在编制计划中需要许多生产基本信息，这些基本信息就是制造标准，包括零件、产品结构、工序和工作中心，都用唯一的代码在计算机中识别。

2. 财务管理模块

在企业的经营管理中，财务管理是极其重要的一个环节。ERP的财务模块与系统中的其他模块有相应的接口，能够相互集成，可将由生产活动、采购活动获取的信息自动计入财务模块生成总账、会计报表，替代了手工输入凭证等烦琐的过程，提高了工作效率及输入数据的准确率。一般ERP的财务模块分为会计核算与财务管理两大部分。

（1）会计核算。会计核算主要是记录、核算、反映和分析资金在企业经济活动中的变动过程及其结果,它由总账、应收账、应付账、现金、固定资产、多币制等部分构成。

(2) 财务管理。财务管理主要是基于会计核算的数据,再加以分析,从而进行相应的预测、管理和控制活动。它侧重于财务计划、控制、分析和预测。

①财务计划:根据前期财务分析做出下期的财务计划、预算等。

②财务分析:提供查询功能和通过用户定义的差异数据的图形显示进行财务绩效评估,账户分析等。

③财务决策:财务管理的核心部分,中心内容是做出有关资金的决策,包括资金筹集、投放及资金管理。

3. 物流管理模块

物流管理模块包括分销管理、库存控制和采购管理三部分。

(1) 分销管理。销售的管理从产品的销售计划开始,对其销售产品、销售地区、销售客户等信息进行管理和统计,并可对销售数量、金额、利润、绩效、客户服务做出全面的分析。分销管理模块主要有三大功能:

①对于客户信息的管理和服务。分销管理能建立一个客户信息档案,并对其进行分类管理,进而对其进行针对性的客户服务,以达到最高效率的保留老客户、争取新客户。ERP 与 CRM(客户关系管理)软件结合必将大大增加企业的效益。

②对于销售订单的管理。销售订单是 ERP 的入口,所有的生产计划都是根据它下达并进行排产的。销售订单的管理贯穿了产品生产的整个流程。它包括:客户信用审核及查询(根据客户信用分级,来审核订单交易)、产品库存查询(决定是否要延期交货、分批发货或用代用品发货等)、产品报价(为客户提供不同产品的报价)、订单输入、变更及跟踪(订单输入后,变更的修正及订单的跟踪分析)、交货期的确认及交货处理(决定交货期和发货事物安排)。

③对于销售的统计与分析。系统根据销售订单的完成情况,依据各种指标做出统计,比如客户分类统计,销售代理分类统计等,再根据这些统计结果对企业实际销售效果进行评价:销售统计是根据销售形式、产品、代理商、地区、销售人员、数量、单价、金额来分别进行统计;销售分析包括对比目标、同期比较和订货发货分析,从数量、单价、金额、利润及绩效等方面做相应的分析;客户服务包括客户投诉纪录、原因分析等。

(2) 库存控制。用来控制存储物料的数量,保证稳定的物流,支持正常的生产,但又最小限度地占用资本。它是一种相关的、动态的、真实的库存控制系统,能够结合、满足相关部门的需求,随时间变化动态地调整库存,精确地反映库存现状。这一系统主要包括:建立库存并决定订货采购、物料及产品验收入库、收发料的日常业务处理等。

(3) 采购管理。主要功能包括确定合理的订货量、优秀的供应商和保持最佳的安全储备。它能够随时提供订购、验收的信息,跟踪和催促对外购或委外加工的物料,保证货物及时到达。它还可建立供应商的档案,用最新的成本信息来调整库存的成本。其具体功能有供应商信息查询、催货、采购与委外加工统计、价格分析等。

4. 人力资源管理模块

现代企业中的人力资源日益受到企业的关注,被企业视为资源之本。人力资源管理作为一个独立模块加入 ERP 系统,与 ERP 中的财务、生产控制组成一个高效的、具有高度集成的企业资源系统。人力资源管理模块的功能主要包括:人力资源规划的辅助决策、招聘管理、工资核算、工时管理以及差旅核算等。

4.2 客户关系管理

20 世纪 80 年代以来,由于厂商提供的产品和服务的高度同质化,买方市场逐渐形成,客户的重要性越来越被企业所认识。企业的管理观念由"产品中心论"转变为"客户满意中心论",客户已经成为企业最大、最重要、长期的资源。建立和维持客户关系成为企业取得竞争优势的重要基础。客户关系管理专注于协调所有的围绕着企业和客户联系的企业过程,如销售、市场和服务,以期达到最佳收益、客户最满意和留住客户的目的。

4.2.1 CRM 的概念

客户关系管理作为一种企业管理理论起源于 20 世纪 80 年代初期的"接触管理"(contact management) 理论(即专门收集客户与公司联系的所有信息),到 90 年代初则演化为包括电话服务中心与支持资料分析的客户关怀 (customer care) 理论,特别是高德纳于 1999 年正式提出客户关系管理 (customer relationship management,CRM) 的概念,促进了客户关系管理的进一步发展,目前它不仅成为一种具有可

客户关系管理

操作性的管理方法和管理技能,更成为一种企业战略管理理念。

1. CRM 的定义

CRM 目前还没有一个统一的定义,下面是几个关于它的典型定义。

(1)高德纳认为,CRM 是企业的一项商业策略,它按照客户的细分情况有效地组织企业资源,培养以客户为中心的经营行为及实施以客户为中心的业务流程,并以此为手段来提高企业的获利能力、收入以及客户满意度。此定义是从企业经营战略的高度看待 CRM。

(2)CRMGuru.com(世界上最大的 CRM 社团)认为,CRM 是企业用来获取和管理其最有价值客户关系的一种商业策略,CRM 需要用以客户为中心的商业哲学和文化以支持有效的营销、销售和服务流程。此定义同样明确 CRM 是企业的商业策略,强调以客户为中心的商业理念。

(3)IBM 认为,CRM 包括企业识别、挑选、获取、发展和保持客户的整个商业过程。IBM 把客户关系管理分为三类:关系管理、流程管理和接入管理。这是从解决方案角度对 CRM 的理解。

综上所述,CRM 可概括为:借助先进的信息技术和管理思想,整合客户信息资源,并在企业内部实现客户信息和资源的共享,为客户提供更经济、快捷、周到的产品和服务,提高客户价值、满意度、盈利能力以及客户的忠诚度,保持和吸引更多的客户,最终实现企业利润的最大化。

2. CRM 的内涵

CRM 首先是一种管理理念。它是按照"以客户为中心"的发展战略开展,包括判断、选择、争取、发展和保持客户所实施的全部商业过程,是一种将客户资源转化为企业收益的管理方法,是一种新颖的管理机制和先进的管理思想。它加强了企业与客户间的联系,使企业在营销、销售、服务与支持各个方面形成协调的关系。

CRM 又是一种管理软件和技术。CRM 是基于信息技术,有效整合企业资源、流程,建立面向客户的业务和流程的信息系统。它通过前端以客户为中心的工作流和后端客户智能的整合,为提升客户价值提供了一个信息支撑平台。

从客户层面上看,CRM 以客户关系为重点,使企业低成本、高效率地满足客户的需求,并与客户建立基于学习型关系的一对一营销模式,最大限度地提高商务的满意度及忠诚度。

4.2.2 CRM 的主要功能

CRM 主要涉及企业的市场、销售和服务三个管理部门。它将企业开拓市场、增加销售额以及提高服务质量这三个目标结合起来加以协调，并通过信息技术的支持对信息进行综合分析，提升企业管理水平。

CRM 系统的功能可以归纳为三个方面：对销售、营销和客户服务三部分业务流程的信息化；与客户进行沟通所需要的手段（如电话、传真、网络、E-mail 等）的集成和自动化处理；对上面两部分功能所积累下的信息进行的加工处理，产生客户智能，为企业的战略战术的决策作支持。

（1）销售自动化。销售自动化（sales force automation，SFA）能自动跟踪销售过程中的所有步骤，包括接触管理、销售预测、订单管理以及产品知识。销售自动化使销售人员能够获取有关客户购买模式和需求方面的信息和商务智能。它能帮助组织的各级人员预测未来的销售。这些信息之后进入供应链管理系统，以确保恰当数量的产品可以在恰当的时间、恰当的地点交付。SFA 的功能一般包括日历和日程安排、联系和客户管理、佣金管理、商业机会和传递渠道管理、销售预测、建议的产生和管理、定价、区域划分、费用报告等。

（2）营销自动化。作为对 SFA 的补充，营销自动化（marketing automation，MA）为营销提供了独特的能力，如营销活动（包括以网络为基础的营销活动或传统的营销活动）计划的编制和执行、计划结果的分析；清单的产生和管理；预算和预测；营销资料管理；"营销百科全书"（关于产品、定价、竞争信息等的知识库）；对有需求客户的跟踪、分销和管理。营销自动化模块与 SFA 模块的不同在于，营销自动化模块不局限于提高销售人员活动的自动化程度，其目标是为营销及其相关活动的设计、执行和评估提供详细的框架。在很多情况下，营销自动化和 SFA 模块是补充性的。例如，成功的营销活动可能得知很好的、有需求的客户，为了使营销活动真正有效，应该及时地将销售机会提供给执行的人，如销售专业人员。

（3）客户服务与支持。客户的保持和提高客户的利润贡献度依赖于企业提供优质的服务，这对许多企业来说是极为重要的；客户只需轻点鼠标或打一个电话就可以转向企业的竞争者。在 CRM 中，客户服务与支持主要是通过呼叫中心和互联网实现。在满足客户的个性化要求方面，它们的速度、准确性和效率都很令人满意。CRM 系统中的强有力的客户数据使通过多种渠道（如互联网、呼叫中心）的纵横向销售变得可能，当把客户服务与支持功能同销售、营销功能比较好地结合起来时，就能为企业提供很多好机会，向已有的客户销售更多的产品。客户服务与支持的典型应用包括：客户关怀；纠纷、次货、订单跟踪；现场服务；问题及其解决方法的数据库；维修行为安排和调度；服务协议和合同；服务请求管理。

此外，客户关系管理的功能还包括呼叫中心功能、合作伙伴关系管理、电子商务、知识管理和商务智能等功能。

知识拓展：
乘风破浪的
中国 CRM

4.3 供应链管理

20世纪90年代以来，随着经济全球化以及 Internet 和电子商务的广泛应用，整个市场竞争呈现出明显的国际化和一体化趋势。由于企业传统的"纵向一体化"管理模式存在许多弊端，企业于是将资源需求延伸到企业以外的其他地方，通过借助其他企业的资源以达到快速响应市场需求的目的，于是出现了基于"横向一体化"管理模式的供应链整合思想，即基于更细的社会分工基础上的上下游企业间的合作。"横向一体化"的企业注重自己的核心业务，能充分发挥核心竞争优势，将非核心业务外包给其他企业，利用企业外部资源快速响应市场需求，并与上下游企业密切合作，最大限度地获得竞争优势。从供应商到制造商再到分销商的贯穿上下游企业所组成的链条称为供应链，供应链上的节点企业必须达到同步、协调运行，才可使链上所有企业都能受益，信息技术尤其是网络技术的迅猛发展，使得企业之间的实时信息传递和信息共享成为可能，于是，供应链管理这一新的管理理念应运而生。

4.3.1 供应链

美国供应链协会对供应链（supply chain）的定义是，供应链囊括了涉及生产与交付最终产品和服务的一切努力，从供应商的供应商到客户的客户。供应链是围绕核心企业，通过对物流、资金流和信息流的控制，把在产品生产和流通过程中所涉及的原材料供应商、制造商、分销商、零售商直到最终用户连成一个整体的供需网链结构模式。

供应链由所有加盟的节点企业组成，其中一般有一个核心企业，它既可以是产品制造企业，也可以是大型零售企业，节点企业在需求信息的驱动下，通过供应链的职能分工与合作（生产、分销、零售等），以物流、资金流和信息流为媒介实现整个供应链的不断增值，给相关企业都带来收益，因而供应链也是一条增值链。但供应链上的各企业必须同步、协调运行，才能使链上的所有企业都受益。

企业的供应链可以分为三个层级：企业内部的供应链、企业之间的供应链和全球市场范围内的供应链。

4.3.2 供应链管理

1. 供应链管理的定义

美国供应链管理协会对供应链管理（supply chain management，SCM）的定义是，供应链管理包括管理供应与需求，原材料、备品备件的采购、制造与装配，物件的存放及库存查询，订单的录入与管理，渠道分销及最终交付用户。供应链管理是对整个供应链系统进行计划、协调、操作、控制和优化的各种活动和过程，是从原材料一直到最终用户的关键业务过程的集成管理。其目标是要将满足客户需求的产品在正确的时间，按照正确的数量、正确的质量和正确的状态送到正确的地点，并使总成本最小或总收益最大。①

供应链管理

2. 供应链管理的特征

SCM 的特征主要有：

（1）SCM 把所有节点企业看作一个整体，实现全过程的战略管理。供应链中各节点企业不是彼此分割的，而是环环相扣的一个有机整体。SCM 要求各企业之间实现信息共享、风险共担、利益共存，并从战略的高度来认识 SCM 的重要性和必要性，从而真正实现全过程的战略管理。

（2）SCM 是一种基于流程的集成化管理模式。SCM 是一种横向一体化经营的集成管理模式，它以流程为基础，以价值链的优化为核心，强调供应链整体的集成与协调，通过信息共享、技术扩散、资源优化配置和有效的价值链激励机制等方法实现经营一体化。

（3）SCM 提出了全新的库存观念，强调供应链中各贸易伙伴之间的密切合作，致力于总体库存的大幅度降低。传统的库存思想认为库存是维系生产与销售的必要措施，是一种必要的成本。而 SCM 使企业与其上下游企业之间在不同的市场环境下实现了库存的转移，降低了企业的库存成本。这要求供应链上的各个企业成员建立战略合作

---

① 戚桂杰：《管理信息系统》，经济科学出版社2011年版，第 170~171 页。

牛鞭效应是指供应链上的一种需求变异放大现象，是信息流从最终客户端向原始供应商端传递时，无法有效地实现信息共享，使得信息扭曲而逐级放大，导致了需求信息出现越来越大的波动，此信息扭曲的放大作用在图形上很像一条甩起的牛鞭，因此被形象地称为牛鞭效应。

关系，通过快速反应降低库存总成本，有效地克服供应链中的"牛鞭效应"现象。

（4）SCM 以最终客户为中心，这也是它的经营导向。无论构成供应链的节点的企业数量有多少，也无论供应链节点企业的类型、层次有多少，供应链的形成都是以客户和最终消费者的需求为导向的。

3. 供应链管理的框架

供应链管理是使企业更好地从上游供应商处采购制造产品或提供服务所需的原材料，然后生产产品和服务，并将其递送给下游客户的艺术和科学的结合。图 4-4 给出了供应链管理的基础框架，可以看出，供应链管理的要素包括两个支撑体系和五大职能。

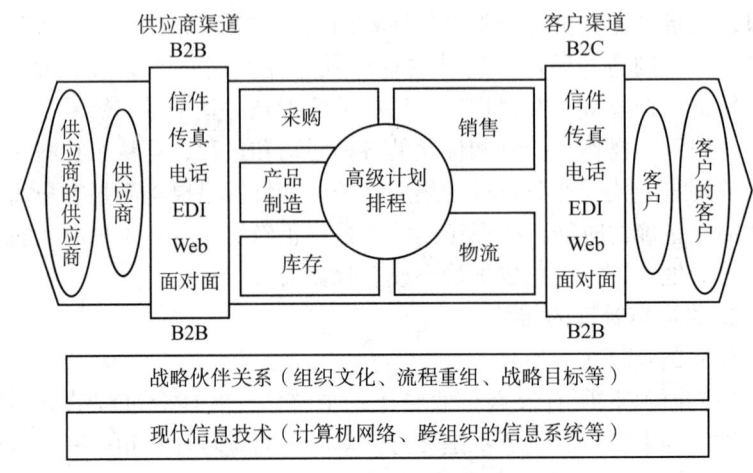

图 4-4 供应链管理的基础框架

资料来源：张新：《管理信息系统》，机械工业出版社 2016 年版，第 104 页。

（1）两个支撑体系。①现代信息技术。信息共享是实现供应链管理的基础，供应链的协调运行是建立在各个节点企业高质量的信息传递与共享的基础之上的。信息共享可使供应链上任何节点的企业都能及时地掌握到市场的需求信息和整个供应链的运行情况，避免需求信息的失真。为了达到与外部供应链的集成，企业必须采用适当的信息技术，为企业内部的信息系统提供与外部供应链节点企业良好的接口，达到信息共享和信息交互，达到相互操作的一致性。因此，Internet/Intranet 的集成、EDI、Web 数据库等现代信息技术，是通过电子化手段传递商务信息并实现供应链协同管理的基础平台。②战略伙伴关系。供应链中的本企业与上游供应商、下游经销商所建立的以信任、合作、双赢为基础的关系就是供应链战略伙伴关系（supply chain partnership，SCP），这种伙伴关系是供应链管理赖以实现的软环境。通过建立良好的战略伙伴关系，企业就可以很好地与用户、供应商和服务提供商实现集成和合作，共同在预测、产品设计、生产、运输计划和竞争策略等方面设计和控制整个供应链的运作。因此，供应链节点企业应在组织文化、流程重组、经营目标等方面进行战略调整，为实现多赢营造一个有利的环境。

（2）五大职能。除了两个支撑体系，对于供应链上的核心企业来说，供应链管理还包括五大职能。

①采购管理：采购管理包含采购自助服务、采购内容管理、货物来源的分配、供应商的协作、收货及付款、采购智能等功能。SCM的采购与 ERP 中的不同，它是由交易关系转变为合作关系，由为避免缺料的采购转变为满足订货的采购，由被动供应转变为主动供应，由制造商管理库存转变为供应商管理库存。SCM 系统追求的是零库存管理。

②库存管理：库存管理从实物管理的角度出发，实现企业对物料的管理。与 ERP 中的库存管理不同，如何加速物料流动，减少库存积压，加强物流的批次跟踪，严格物料的失效期管理是 SCM 中库存管理的重点，它是一套完整的库存管理解决方案。

③销售管理：销售管理主要有销售订单管理、客户自助服务、订单配置、需求获取、订单履行、开票以及销售智能等功能。与 ERP 中的销售管理不同，它是由推式市场模式转变为拉式市场模式，由以制造商为中心转变为以客户为中心，由等待型销售方式转变为创造型销售方式。

④高级计划与排程（advanced planning and scheduling，APS）：它是 SCM 的重要组成部分，包括综合预测、供应链计划、需求计划、制造计划和排程、供应链智能等功能。SCM 需要 ERP 的集成数据来进行供应链的分析，以便提供决策。而 ERP 也需要 APS 的优化功能以进一步提升管理水平。

⑤物流管理：合作性与协调性是供应链管理的一个重要特点，但如果没有物流系统的无缝连接，运输的货物逾期未到，顾客的需要不能得到及时满足，采购的物资常常在途中受阻，都会使供应链的合作性大打折扣。因此，无缝连接的供应链物流系统是使供应链获得协调运作的前提条件。[1]

---

[1] 张新：《管理信息系统》，机械工业出版社 2016 年版，第 102~104 页。

4.4 电子商务

信息技术在贸易和商业领域得到日益广泛的应用，利用计算机技术、通信技术和互联网技术实现商务活动的国际化、信息化和无纸化，已经成为各国商务发展的趋势。电子商务正是为了适应这种全球性经济的变化而出现和发展起来的。

4.4.1 电子商务概述

1. 电子商务的定义

电子商务（electronic commerce，EC）的概念在 1996 年前后被提出并迅速传播和推广，一些学者、IT 企业、政府和国际组织根据自己所处的地位和对电子商务参与的角度和程度的不同，给出了许多不同的定义。1997 年 11 月，国际商会在法国巴黎举行的世界电子商务会议上对电子商务做了如下定义：电子商务是指实现整个贸易活动的电子化。世界贸易组织（WTO）的定义是：电子商务是指通过电子通信网络进行的生产、营销、销售和流通活动。经济合作与发展组织（OECD）的定义是：电子商务是发生在开放网络上的包括企业之间、企业与消费者之间的商业交易。

电子商务概述

电子商务的概念有狭义和广义之分。狭义的电子商务（electronic commerce，EC）主要指利用网络环境在网上进行电子交易，包括网上广告、电子订购、网上洽谈、电子支付、产品电子传送和售后的网络跟踪服务等。广义的电子商务（electronic business，EB）是指利用网络环境进行的各类商务活动，除了电子交易外，还包括商品管理、客户管理、市场分析、商务决策和组建虚拟企业等方面。在大多数情况下，我们一般所说的电子商务概念是指狭义的电子商务。

2. 电子商务的特点

与传统商务相比，电子商务具有以下特点：

（1）方便性。Internet 的全球信息共享特征使电子商务的交易活动突破了时间和空间的限制，可在全球随时随地开展。企业与用户足不出户，就可以在网上非常方便地进行商务活动，大大地节约了耗费在搜寻产品服务上与浪费在交通上的时间成本，因此电子商务给人们带来了方便。

（2）高效性。由于在 Internet 上能够实现电子数据交换，这使得电子商务中的各种商务活动所产生的商业文件和信息都可以在世界各地瞬间完成传递与计算机自动处理，极大地提高了商务活动的运作效率和交易速度。并且，在互联网上发布信息具有高速、实时的特点，能够及时引导企业按市场需求做出快速反应，从而避免产品积压和过时的现象。

（3）虚拟性。电子商务市场环境是建立在以 Internet 为基础的网络之上，它的主要商务活动，如产品发布、交易、结算等都是数字化的，犹如在 Internet 上形成一个跨越全球的虚拟市场。任何一个企业都可以利用这个虚拟市场向全世界推销自己的产品，这也正是电子商务能在如此短的时间里取得巨大发展的原因之一。

（4）技术性。除了计算机技术和网络技术外，电子商务还涉及新的管理思想、管理方法、安全技术、自动识别技术和标准化技术等，同时还涉及物流活动中应用的机械化、自动化和智能化技术。此外，电子商务涉及的技术还包括集成技术。

（5）社会性。电子商务的出现导致了某些传统行业的衰落，同时也造就了许多有生机的新兴行业和商务模式。电子商务构筑了一个电子化的市场，在目前仍是活动自由度相对较高、法律约束较少的一个经营活动领域。这一特点在有利于企业探索新的经营方式，降低营业成本的同时也导致了一些不法分子欺骗消费者、侵犯他人知识产权的行为难以得到及时有效地查处。因此，针对网上交易活动制定和执行一些基本规范，通过国际间的协调，以法律的形式来保障网络用户的合法权益，维持网上交易秩序显得非常必要。[①]

4.4.2 电子商务的分类

随着电子商务应用领域的不断扩大和信息服务方式的不断创新，电子商务模式也层出不穷。电子商务的分类标准比较多。按照参与交易主体的不同，可把电子商务分为企业与消费者的电子商务、企业对企业电子商务、消费者对消费者电子商务、企业对政府电子商务、消费者对政府的电子商务、线上线下融合电子商务等模

---

① 王伟军、刘蕤：《电子商务概论》（第二版），华中师范大学出版社 2015 年版，第 11~12 页。

式。除此之外，还可按照交易活动网上完成的程度、网络支撑平台、交易的地域范围等标准进行分类。下面介绍一下主要的电子商务模式。

1. 企业对消费者电子商务

企业对消费者的电子商务（business to consumer，B2C）是指企业通过网上商店（电子商店）实现网上在线商品零售和为消费者提供所需服务的商务活动。消费者通过网络进行网上购物并在网上支付。

通过网上商店出售的商品既可以是实物商品，如书籍、服装鞋帽等针纺品、食品、家电等日用百货，以及汽车、房产等大件物品；也可以是数字化的，如新闻、电影、音乐、数据库、软件及各类基于知识的商品；还可以是提供的各类服务，如旅游、出行、住宿安排、远程教育、在线医疗诊断、在线咨询服务等。开展 B2C 业务的网站既可以是传统实体企业，如海尔集团（Haier.com）、苏宁电器（suning.com）、戴尔公司（Dell.com）等；也可以是专门从事网上销售的虚拟企业，如天猫商城（Tmall.com）、京东商城（Jd.com）、当当网（Dangdang.com）、美国的亚马逊网上商店（Amazon.com）等。B2C 引发了商品营销模式的重大变革，无论企业还是消费者都可以从中受益。

根据商务部 2020 年 7 月发布的《2019 年中国电子商务报告》显示，2019 年，我国重点网络零售平台（含服务类平台）店铺数量为 1 946.9 万家，其中，实物商品店铺数 900.7 万家，占比为 46.2%。国家统计局的数据显示，2019 年，全国网上零售额达 10.63 万亿元，比上年增长 16.5%，其中，实物商品网上零售额为 8.52 万亿元，增长 19.5%，占社会消费品零售总额的比重为 20.7%，对社会消费品零售总额增长的贡献率达 45.6%。[①]

2. 企业对企业电子商务

企业对企业的电子商务（business to business，B2B）是指企业与企业之间通过 Internet 进行产品、服务及信息的交换。企业间通过网络交换信息，传递各种电子单证，从而使交易全程实现电子化和无纸化。B2B 电子商务包括两种基本模式：一种是企业之间直接进行的电子商务（如制造商的在线采购和在线供货等）；另一种是通过第三方电子商务交易平台进行的商务活动。B2B 电子商务能降低企业的经营

---

① 商务部电子商务和信息化司：《2019 年中国电子商务报告》，2020 年 7 月 1 日，https://dzswgf.mofcom.gov.cn/news/5/2020/7/1593583107899.html。

成本，缩短企业的生产销售周期，促进买卖双方信息交流，增加商业机会和开拓新的市场，改善信息管理和决策水平，因而B2B方式是电子商务应用中最重要的和最受企业重视的一种形式，目前在电子商务的交易额中所占的份额最大，是目前应用最广泛的一种。随着产业互联网的发展，企业的供给端革命拉开序幕，企业对效率的提升、服务的升级等方方面面的需求正孕育着to B市场的巨大蓝海，B2B行业进入黄金发展期。一方面，这是由于国家经济转型升级，实现高质量发展的战略需要，助力企业生产的降本增效；另一方面，技术工具、云服务、物联网、仓储物流等设施服务持续完善奠定了B2B行业发展基础，B2B企业顺势开拓数字经济财富浪潮，抢占数字经济时代的竞争制高点。

典型的B2B电子商务综合平台有1688热销市场（re.1688.com）、慧聪网（hc360.com）、淘宝企业服务、京东企业购等，各行业也有自己的B2B垂直平台，如中国化工网、中国纺织网、中国能源网等。

3. 消费者对消费者电子商务

消费者对消费者电子商务（consumer to consumer，C2C）即消费者之间或消费者与个体卖家之间在线交易平台进行商品的买卖交易，例如个人物品拍卖，消费者从个体卖家购买商品等。C2C市场具有市场体量大、品类齐全的特征，未来也仍有一定的增长空间。典型的C2C电子商务网站有淘宝网（taobao.com）、ebay（ebay.com）等。

4. 企业对政府电子商务

企业对政府的电子商务（business to government，B2G）指的是企业与政府之间进行的电子商务活动，包括政府采购、税收、商检、管理条例发布和法规政策颁布等。政府在电子商务活动中扮演着双重角色，它既是电子商务的使用者，进行商业购买活动；又是电子商务的宏观管理者，对电子商务起着扶持和规范的作用。

5. 线上线下融合电子商务

线上线下融合电子商务（online to offline，O2O）是将线上平台与线下实体商店相结合，协同了线上的营销优势和线下的体验优势。线上平台为客户提供商品、服务、促销活动的相关信息，以及在线下单、支付等功能，而线下实体商店提供了具体产品和服务或现场体验。O2O模式适用于服务型、体验型消费场景。苏宁易购、美团、滴滴打车等是O2O电子商务的典型代表。

4.4.3 电子商务的体系架构

电子商务的体系架构是指实现电子商务从技术到各种服务所应具备的各类相互关联的资源和应用环境。电子商务体系架构从宏观角度指出了开展电子商务活动需要的各种支持条件，它由两大支柱和五个层面组成，如图 4-5 所示。

公共政策 法律法规	电子商务应用层 网上营销与广告、网上购物、网上采购与招标、网上银行、网上娱乐、 供应链管理、电子市场	安全性 技术标准
公共政策 法律法规	电子商务通用服务支持层 电子安全、电子认证、电子支付、物流配送、目录服务	安全性 技术标准
	信息传播层 EDI、E-mail、HTTP、P2P、Blog	
	多媒体内容和信息发布层 HTML、Java、WWW	
社会环境	网络基础设施层 电子设备、基础电信网、 计算机信息网、广播电视传输网、无线通信网	技术环境

图 4-5 电子商务的体系架构

1. 社会环境和技术环境

电子商务框架的两大支柱分别是社会环境和技术环境。其中，社会环境主要包括公共政策、法律与法规，技术环境包括安全性和技术标准。

电子商务虽然是通过网络开展商务活动，但仍不可能脱离社会，因此需要有一个良好的社会环境，才能保障电子商务的健康有序发展。电子商务需由政府制定相应的公共政策及由立法机构及政府相关部门制定专门的法律法规（例如隐私权和知识产权的保护、电子合同和电子签名的法律等），去支持、引导和规范其发展。

安全问题是电子商务活动中的一个重要问题，一方面可采用安全技术保证数据不被窃取、篡改和滥用，如利用数据加密、数字签名、数字证书、安全套接层（secure sockets layer，SSL）协议、安全电子交易（security electronic transaction，SET）协议等技术加以保护。另一方面，借助法律法规打击、限制电子商务活动中的不法分子。

技术标准规范了 EDI 标准、识别卡标准、通信网络标准和其他相关的标准传输协议、信息发布标准等技术细节。为了保证商务活动数据或单证能被不同国家、行业贸易伙伴的计算机识别处理,一定要有数据、格式的一致约定。电子商务的各种协议和标准是保证不同电子商务系统之间兼容性和通用性的基础,也是电子商务技术普及应用的前提条件。随着新的技术和应用的不断出现,新的标准和协议也在不断出现并得到应用。

2. 网络基础设施层

网络基础设施,也称为网络平台,是支持电子商务的硬件基础设施,是信息传送的载体和用户接入的基础,包括远程通信网(Telecom)、有线电视网(Cable TV)、无线通信网(Wireless)、企业内部网(Intranet)和 Internet。这些网络都在不同程度上提供了电子商务所需的传输线路。随着技术的发展,各种类型的网络逐渐在以 TCP/IP 协议为主的统一标准下联结为一体,从而为电子商务提供随时随地、多种形式的信息访问、发布和交换能力。

3. 多媒体内容和信息发布层

多媒体内容和信息发布层解决电子商务系统内部信息的呈现与发布问题。网络中传输的信息以图、文、声、像等多种媒体的形式出现,它们被超文本标记语言(HTML)组织成易于检索和富有表现力的页面并在万维网(WWW)上发布,并通过一些传输协议将发布的信息传送给接收者。JavaScript 和 VBScript 等编程语言可以建立动态页面文件,增强网站的功能。电子商务环境下多媒体表达方式的应用,改变了传统企业着力进行广告和促销活动的方式,它以一种更方便、快捷的方式传递企业信息,宣传企业文化。

4. 信息传播层

信息传播层解决电子商务系统外部信息的传输问题。信息传输工具提供了两种交流方式:一种是非格式化的数据交流,如用 FAX、E-mail,点对点(peer to peer,P2P)和博客(Blog)等,它主要面向人;另一种是格式化的数据交流,如 EDI,其传递和处理过程一般是自动化的,无须人为干预,主要面向机器,订单、发票、装运单都比较适合于格式化的数据流。

HTTP 是互联网上进行信息传输时使用最广泛的一种通信协议。P2P 是一种对等网络技术,通过 P2P,人们可以直接连接到其他用户的计算机,交换文件,而不是需要连接到服务器去浏览与下载。P2P 的另一个重要特点是改变互联网现在的以大网站为中心的状态,重返"非中心化",并把权力交还给用户。Blog 是以网络作为载体,简易、迅速、便捷地发布自己的心得,及时、有效地与他人进行交流,集丰富多彩的个性化展示于一体的综合性平台,Blog 有着极其出色的交互功能。

5. 电子商务通用服务支持层

电子商务通用服务支持层也称为电子商务平台,是为了方便电子商务活动所提供的通用的业务服务,主要包括电子安全、电子认证、电子支付、物流配送和商品电子目录服务等。

6. 电子商务应用层

建立在以上基础之上的电子商务应用是企业利用 Internet 开展商务活动的核心,也是电子商务系统的核心组成部分。现在经常使用的有网上广告、网上购物、网络银行、电子缴税、工程招投标、信息咨询服务、竞价拍卖、视频点播、远程教育、客户关系管理和网上办公等。随着电子商务应用的普及,必将出现更多的电子商务应用系统。

电子商务通用服务支持和电子商务系统应用的差别主要体现在:服务支持层提供公共的商务服务功能,例如电子支付、电子认证、物流配送等,这些公共的服务和具体业务关系并不密切,具有一般性,基本上任何企业的电子商务活动都需要这些服务支持。而电子商务系统应用则主要实现某一企业特定的商务功能。[①]

4.4.4 电子商务系统的组成

电子商务系统是指商务活动的各方,包括买方、卖方、金融机构、政府等,利用通信网络等技术来实现商务活动的信息系统。电子商务系统的基本结构如图 4-6 所示。由于电子商务条件下的各方是

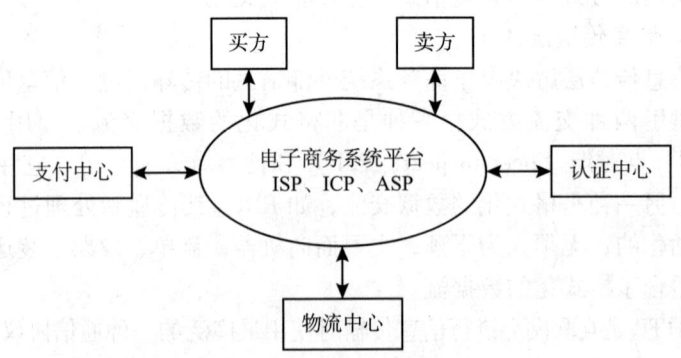

图 4-6 电子商务系统的基本结构

---

① 王伟军、刘蕤:《电子商务概论》(第二版),华中师范大学出版社 2015 年版,第 28~30 页。

通过网络进行信息沟通和业务合作的，因此需要一些在传统商务活动中没有或者参与程度不深的一些角色，如用于网上身份认证的认证中心、完成商品配送的物流中心和提供电子商务相关服务的电子商务服务商等。即使是传统商务中的角色，在电子商务系统中其功能和定位上也发生了巨大的变化，如银行的网上支付服务的提供等。

电子商务系统的主要组成要素有买方、卖方、支付中心、认证中心、物流中心、电子商务服务商等。

（1）买方：买方包括企业和个人，买方利用计算机、智能手机、PDA、电视机等可上网设备接入 Internet，通过电子商务系统购买商品或服务，商品可以是有形商品，也可以是无形商品。

（2）卖方：卖方包括企业和个人，企业有制造商、流通贸易商和服务商等。企业建立 Intranet、Extranet 和 ERP 等对人、财、物、产、供、销进行科学管理，通过建立网站发布产品和服务信息，接受订单，并进行营销活动；还要借助于电子报关、电子报税、电子支付系统与海关、税务局、银行进行有关商务、业务处理。

（3）支付中心：支付中心的功能是为电子商务系统中的买卖双方等系统角色提供资金支付方面的服务。此角色一般由网上银行承担，提供网上支付和资金流转全天候的实时服务，并保证支付的安全性。

（4）认证中心：认证中心（certificate authority，CA）是法律承认的权威机构，负责发放和管理数字证书，使网上交易的各方能够相互确认身份。数字证书是一个包含数字证书持有人的个人信息、公开密钥、证书序号、有效期和发证单位的电子签名的数字文件。

（5）物流中心：物流中心接受卖方的送货要求，组织运送商品、跟踪商品流向，将商品送到买方手中。

（6）电子商务服务商：这里专指提供网络接入服务、信息服务以及应用服务的IT厂商。

在电子商务系统中，围绕着电子商务的商务活动有4种基本的"流"，即信息流、资金流、物流和商流。买卖双方通过电子商务网络平台交换交易信息；伴随着交易活动，资金从买方转入卖方；对数字化的产品或服务，物流通过网络实现从卖方到买方的转移；对于有形的产品，物流通过物流中心实现从卖方到买方的转移，同时物流中心通过电子商务交易平台完成相关的信息交换和资金的转移；在商品的交易过程中发生了商品所有权的转移，即商流。

4.4.5 电子支付

电子支付是指电子交易的当事人,包括消费者、商家和金融机构,通过计算机网络系统以电子信息传递的形式实现的货币支付或资金结算。电子支付是电子商务系统的重要组成部分。为了确保电子支付的安全,在电子支付中广泛使用 SSL 协议(secure sockets layer,安全套接层协议)和 SET 协议(secure electronic transaction,安全电子交易协议),用以约束支付过程的每一步操作,保证信息传输的机密性、真实性、完整性和不可否认性。

1. 电子支付方式

电子商务中常用的电子支付方式主要有银行卡在线转账支付、电子现金、电子支票、电子钱包等。

(1)银行卡在线转账支付。商业银行发行的银行卡按照是否可以透支可以分为借记卡、准贷记卡、贷记卡,后两者又称为信用卡。利用商业银行所提供的电子银行服务,用户可以在网上办理账户查询、转账、理财等业务。

在电子商务网站进行交易时,买方在线提交订单信息,卖方将订单支付信息加密后提交给银行,银行进行待支付确认,然后买方通过银行提供给卖方的系统接口进入银行支付网关,输入银行卡信息并校验密码后即可完成支付。银行收到买方的授权结算信息后,将资金从买方账户转入卖方账户,完成一次支付流程。银行卡在线转账支付方便快捷,具备多种身份认证机制和加密技术,具有较高的安全性。

(2)电子现金。电子现金又称数字现金(electronic cash,E-Cash),是一种以数据形式流通的货币,它把现金数值转换成为一系列的加密序列数,通过这些序列数来表示现实中各种金额的币值,即以数字化形式存在的现金货币。电子现金具有货币价值、可交换性、可存储性和不可重复性。用户在开展电子现金业务的银行开设账户,并在账户内存入钱后就可以在接受电子现金的商店购物了。由于电子现金没有传统货币面额的限制,所以非常适合小额支付。

从 2015 年开始,国内各银行所发行金融卡全部为 IC 卡。金融 IC 卡可提供电子银行功能。电子现金以电子形式存放在金融 IC 卡上的电子现金账户中,可以通过银行自助设备查询余额和交易明细,有些银行也提供网银、对账单和手机银行等方式查询。可以通过插卡或者"嘀卡"方式使用电子现金,从卡上的电子现金账户中交易,交易过程中不需要输入密码,如果打印单据也无须用户签名。如需了解自己手中的金融 IC 卡是否支持电子现金功能，可以通过卡面是否印有 UPCash 标志来区分。具有 UPCash 标志，且此功能也已申请开通的即可在已经完成金融 IC 卡受理改造的终端上插卡使用。若卡片同时具有"Quick Pass 闪付"标志，则表明卡片支持非接触式交易，可在具有"Quick Pass 闪付"标志的终端上或已经完成金融 IC 卡受理改造的公交、地铁等终端设备上挥卡快速完成支付。

随着基于纸张的经济向数字经济的转变，在未来的社会中，电子现金将成为主流，它在安全性和隐私性方面远超过纸币。电子现金的应用，除要求网络系统保证安全传送和存取外，在其背后还应有现金、银行信用等作为担保，并能方便地与其他货币形式、信用贷款和银行存款等进行交换。

近几年出现了基于区块链技术的数字加密货币，如比特币（bitcoin，BTC）、以太币（ether，ETH）、莱特币（litecoin，LTC）。数字加密货币采用特定算法经过大量计算产生，总数量有限，并使用密码学的设计来确保货币流通环节安全有效。数字加密货币的发行与交易管理由网络上分布式数据库记录和确认，没有权威的中央发行机构，因此面临着政府监管、法律地位不明确等问题，尚有待进一步发展。

（3）电子支票。电子支票是纸质支票的电子替代物，电子支票是将纸质支票改变为带有数字签名的报文，或者利用数字电文代替纸质支票的全部信息。电子支票以纸质支票为模型，用电子方式生成。它使用数字签名进行签名和背书，而且要求用数字证书来确认付款人、付款人银行和账户。电子支票的安全认证要用数字签名支持，可以通过专用网络 EDI 直接传输，也可以通过公共网络来传送。电子支票尤其适用于 B2B 等大额电子商务交易。

（4）电子钱包。电子钱包（electronic wallet）是电子商务购物活动中常用的一种小额结算支付工具，是一套办理支付结算的软件系统。在电子钱包内可以存放电子货币，如电子现金、电子零钱、电子信用卡等，还可以存放所有者的身份证书、地址及其他信息。当用户在接受电子钱包的商家购物的时候，电子钱包会自动填写必要的信息。使用电子钱包购物通常需要在电子钱包服务系统中进行。目前世界上比较有影响的电子钱包服务系统是 VISA Cash 和 Mondex，其他电子钱包服务系统还有 Master Card Cash、EuroPay 的 Clip 和比利时 Proton 等。

2. 第三方支付

第三方支付是具备一定实力和信誉保障的独立机构，采用与各大银行签约的方式，提供与银行支付结算系统接口的交易支持平台的网络支付模式。第三方支付一般是通过专门的第三方支付平台来实现的。第三方支付平台，是指由非银行的第三方机构运营的网上支付平台，该机构通过通信、计算机和信息安全技术，在商家和银行之间建立连接，起到信用担保和技术保障的职能，从而实现从消费者到金融机构以及商家之间现金流转、资金清算、货币支付和查询统计的一个平台。

在第三方支付模式下，买方选购商品后，使用第三方平台提供的账户进行货款支付（支付给第三方），并由第三方通知卖家货款到账、要求发货；买方收到货物，检验货物，并且进行确认后，再通知第三方付款；第三方再将款项转至卖家账户。

第三方支付具有以下优势：①较之SSL、SET等支付协议，利用第三方支付平台进行支付操作更加简单而且易于接受；②消费者和商家不需要在不同的银行开设不同的账户，可以帮助消费者降低网上购物的成本，帮助商家降低运营成本，可以帮助银行节省网关开发费用，并为银行带来一定的潜在利润；③第三方支付有一定的技术支持，它在商家与顾客之间构建了一个安全、便捷的资金划拨方式，资金可以在第三方的账户上保留3~7天，为发现交易是否正常提供了时间支持，提高了交易的安全性；④第三方支付平台本身依附于大型的门户网站，且以与其合作的银行的信用作为信用依托，因此第三方支付平台能够较好地突破网上交易中的信用问题，有利于推动电子商务的快速发展。

知识拓展：
支付宝与
微信支付

第三方支付平台主要有支付宝、财付通、壹钱包、银联商务、Paypal等。据艾瑞咨询发布的《2020年中国第三方支付行业研究报告》显示：目前，第三方支付市场已形成支付宝、财付通两大巨头垄断的市场格局，2019年中国第三方移动支付交易规模为226.1万亿元，其中支付宝占比为54.4%，财付通占比为39.4%，两者的份额共计为93.8%。①

4.4.6 电子商务与物流系统

电子商务的发展基础是现代物流，电子商务又促进了现代物流的发展。

1. 物流的概念

物流（logistics）是供应链运作的一部分，是以满足顾客要求为

---

① 艾瑞咨询：《2020年中国第三方支付行业研究报告》，https：//www.iresearch.com.cn/Detail/report?id=3552&isfree=0。

目的，对货物、服务和相关信息在产出地和消费地之间实现高效且经济的正向和反向的流动和储存所进行的计划、执行和控制的过程（美国物流管理协会，Council of Logistics Management，CLM，2002）。物流是决定有形商品的网上商务活动能否顺利进行的关键环节之一，其主要功能是储存、运输和配送，具体由一系列相互联系的物流活动来完成，其中包括运输、储存、配送、装卸、保管、物流信息管理等各种活动。物流是一个复杂的系统。物流环节被美国著名的管理学家彼得·德鲁克认为是"一块经济界的黑大陆"，事实上具有极大的"利润创造空间"。

电子商务物流

2. 电子商务物流及其特点

电子商务物流就是在电子商务环境下，依靠计算机技术、互联网技术、电子商务技术等信息技术所进行的物流活动。电子商务物流是现代物流的重要组成部分，与其他物流不同的是，它更强调物流的电子化、第三方物流、第四方物流以及物流配送。电子商务物流具有以下特点：

（1）信息化。在电子商务物流的实际运作过程中，广泛应用了条形码、二维码技术、数据库技术、电子订货系统、电子数据交换（EDI）、企业资源计划（ERP）、供应链管理（SCM）等信息化技术和手段。物流信息化表现在物流信息收集的代码化、物流信息处理的电子化、物流信息传递的标准化和实时化、物流信息存储的数字化等方面。信息化是一切的基础，没有物流的信息化，任何先进的技术设备都不可能应用于物流领域。

（2）自动化。物流自动化的基础是信息化，自动化的核心是机电一体化，自动化的外在表现是无人化。在电子商务物流的运作过程中，充分应用了各种自动化设备和技术，如条码/语音/射频自动识别系统、自动分拣系统、自动存取系统、自动导向车、货物自动跟踪系统等。物流自动化不但节约了人力及劳动强度，而且极大地提升了物流作业能力及质量。

（3）网络化。电子商务物流网络化有两层含义：一是物流配送系统的计算机通信网络，包括物流配送中心与供应商或制造商的联系要通过计算机网络，另外与下游顾客之间的联系也要通过计算机网络通信；二是电子商务物流组织的网络化。即通过企业内部网、外部网及互联网实现全球运筹式的产销模式，按照全球客户的订单组织分散式的生产，调动全球的网络资源为企业所用，然后通过全球物流网络将产品发送出去。

（4）柔性化。随着市场变化的加快，产品寿命周期正在逐步缩短，小批量多品种的生产已经成为企业生存的关键。20世纪90年代，国际生产领域纷纷推出弹性制造系统、计算机集成制造系统、制造资源系统、企业资源计划以及供应链管理的概念和技术，这些概念和技术的实质是要将生产、流通进行集成，根据需求端的需求组织生产、安排物流活动。因此，柔性化的物流正是适应生产、流通与消费的需求而发展起来的一种新型物流模式。这就要求物流配送中心要根据消费需求"多品种、小批量、多批次、短周期"的特色，灵活组织和实施物流作业。

（5）智能化。物流智能化是物流自动化、信息化的高层次应用，物流作业过程大量的运筹和决策，如库存水平的确定、运输（搬运）路径的选择、自动导向车的运行轨迹和作业控制、自动分拣机的运行、物流配送中心经营管理的决策支持等问题都需要借助于大量的知识和经验才能解决。专家系统、机器学习等人工智能技术在物流智能化方面得到了广泛应用。物流的智能化已成为电子商务下物流发展的一个新趋势。

3. 电子商务物流的组织模式

电子商务物流的组织模式主要有自营、外包和自营与外包相结合三种模式。

（1）企业自营物流。企业自营物流是指企业自身所需要的物流活动由自己承担和完成。目前企业自营物流仍然是物流业务的主要组成部分。企业自营物流最明显的优势是可以使企业充分利用已有的资源，并使其物流战略有效的同企业战略结合成为有机整体。企业自营物流的劣势是需占用大量资金、设备、场地设施，同时还必须拥有专业的物流技术人员。

企业对自营物流的选择应该首先考虑到自身的条件，对那些财力、物力有限的中小型企业而言，那些已经成为包袱的物流业务，完全可以交由专门的物流公司去运营。而那些与自身业务关联性非常强、必须由自己来经营的物流业务，则必须考虑到如何以先进的物流管理观念、技术、硬件来降低成本、优化流程和供应链。

（2）外包模式。外包制（outsourcing）是美国企业在20世纪80年代兴起的管理思想。当时，美国企业将企业流程重组作为经营合理化的重要手段，重新对业务内容、资源的分配进行考虑，也就是通过撤出非核心竞争业务来提高经营效率，外包则成为当时降低成本提高企业竞争能力的重要手段而受到重视。与这种思想对应的外包企业物流运作模式，是指将经营活动所需的物流服务外包给第三方物流企业或第四方物流提供商完成的基本方式。

①第三方物流。第三方物流是运用现代信息技术建立起来的新型物流组织形式，其特点是物流服务由商品供方和需方之外的第三方提供。第三方并不参与商品的买卖，但提供整个流通过程的服务。第三方物流的提供方与被服务方之间通过合同形式建立起一种优势互补、合作共赢的战略联盟。

第三方物流能保证生产企业集中精力搞好核心业务，并通过规模效应降低成本，大大提高服务质量，增强企业的竞争力。在我国，第三方物流发展迅速，很多企业开始利用无线通信、RFID等现代信息技术，在全国主要城市对物流系统实行统一管理。

②第四方物流。第三方物流虽然能为企业节约物流成本、提高物流效率，但是不能整合社会所有的物流资源和全面解决物流瓶颈，无法使物流整体运作达到最大效率，因此需要一个新型的物流服务商，集合业内最优秀的第三方物流供应商、技术供应商、管理咨询顾问和其他增值服务商，为客户提供系统的供应链解决方案，帮助企业真正实现持续运作、成本降低和区别于传统外包业务的真正的资产转移。由此，第四方物流（fourth party logistics，4PL）应运而生。这一概念最早由著名的管理咨询公司埃森哲公司提出，从概念上来看，第四方物流是有领导力量的物流提供商，它可以通过整个供应链的影响力，提供综合的供应链解决方案，为其顾客带来更大的价值；而作为一个组织来讲，第四方物流可以看成是第三方物流服务商、IT服务商、管理咨询公司的集合。

第四方物流的主要核心能力，在于能控制和管理整个物流过程，并为整个供应链提供解决方案，再通过电子商务把这个过程集成起来，以实现快速度、高质量、低成本的物流服务。

（3）自营与外包相结合的模式。自营与外包相结合的企业物流运作能够同时发挥自营、外包两种运作模式的优势。至于是将企业物流的哪一部分自营，哪一部分外包，应根据企业的具体情况以及当地的经济发展状况、社会基础设施，对方企业的规模实力、信誉以及是否受特许、专卖体制影响等因素综合考虑。目前，从事电子商务运作的企业常用的做法是将非核心业务物流外包，核心业务物流自营；供给物流和销售物流外包，生产物流自营。[①]

---

① 王伟军、刘蕤：《电子商务概论》（第二版），华中师范大学出版社2015年版，第226~230页。

4.4.7 移动电子商务

1. 移动电子商务的定义

移动电子商务（mobile electronic commerce）是指通过智能手机、平板电脑等手持移动终端进行的电子商务活动。它将互联网、移动通信技术、短距离通信技术及其他信息处理技术完美地结合，使人们可以在任何时间、任何地点进行各种商贸活动，实现随时随地进行线上线下的购物与交易、在线电子支付以及各种交易活动、商务活动、金融活动和相关的综合服务活动等。移动电子商务对企业的交易方式、业务经营、移动终端用户的生活方式等方面都会产生巨大的影响，将成为未来电子商务的主流发展模式之一。

与传统通过电脑（台式 PC、笔记本电脑）平台开展的电子商务相比，移动电子商务拥有更为广泛的用户基础。据 2020 年 4 月中国互联网络信息中心（CNNIC）所发布的第 45 次《中国互联网络发展状况统计报告》显示，截至 2020 年 3 月，我国网民规模为 9.04 亿，而手机网民规模达 8.97 亿，网民中使用手机上网的比例达 99.3%；手机网络购物用户规模达 7.07 亿，占网民整体的 78.9%；手机网络支付用户规模达 7.65 亿，占手机网民的 85.3%。随着移动通信网络的传输速度不断提升，移动终端设备的性能和功能不断完善，移动电子商务的应用不断推陈出新，智能手机用户规模不断扩大，移动电子商务的未来发展前景必将更加广阔。

2. 移动电子商务的特点

与传统电子商务相比，移动电子商务具有以下特点：

（1）便利性。移动电子商务用户利用移动通信网络和移动终端可以随时随地访问互联网，简单快捷地完成交易和支付，提升了用户效率。

（2）易普及性。智能手机、平板电脑等移动终端易普及性强，功能丰富，移动应用程序的用户学习成本低，移动互联网也比有线网络更易获取。

（3）安全性高。电子商务领域的用户身份确认是一个重要的安全问题，智能手机中的用户身份识别（SIM）卡恰好可以解决这一问题。自 2015 年 9 月 1 日起，国内三大电信运营商开始实行 SIM 卡实名制认证，各种电商平台通过电话号码确认用户身份将变得十分容易。近年来移动终端引入了新兴的指纹识别、面部识别等身份认证技术，使电子交易过程更加安全可靠。

(4) 可以提供与位置有关的交易服务。

3. 移动电子商务的商业模式

移动电子商务可以分为基于商品交易、基于用户服务、基于内容提供三种商业模式。

(1) 基于商品交易的移动电子商业模式。商品交易是最为广泛的移动电子商业模式，移动端承接了 PC 端相应的功能，又结合自身优势，融入移动支付等技术，满足了用户随时随地线上购物的需求，增加了商业机会。该模式的典型代表有手机淘宝、手机京东等移动电商平台。

(2) 基于用户服务的移动电子商业模式。指通过移动网络和线上线下融合向用户提供服务的商业模式，其中基于位置的服务（location based service，LBS）在移动电子商务领域发展十分迅速。LBS 可满足用户的多种应用场景需求，如地图导航、外卖配送、手机打车服务等。近年还发展出移动票务业务，能利用移动终端用户身份识别优势，把会员卡、门票、火车票等信息直接发送到用户手机上，用户可将手机作为票证享受相应服务。该模式的典型代表有滴滴出行、饿了么、美团等。

(3) 基于内容提供的移动电子商业模式。指互联网内容提供商（internet content provider，ICP）通过在移动网络上运营数字化内容获取利润的商业模式，如向用户推送各种新闻、广告，销售影音、游戏等数字娱乐内容，以及经营短视频、直播等用户生成内容。内容提供已经成为移动电子商务领域重要的价值创造方式。该模式的典型代表有今日头条、腾讯视频、抖音、快手等。

4.4.8 网络营销

1. 网络营销的概念

网络营销（internet marketing 或 cyber marketing）是企业整体营销战略的一个组成部分，是建立在互联网基础之上，借助于互联网的特性来实现一定营销目标的一种营销手段。它是以现代营销理论为基础，利用互联网的技术和功能，最大限度地满足客户需求，以达到开拓市场、增加盈利目标的经营过程。网络营销的实质是利用互联网对产品的售前、售中、售后各环节进行跟踪服务，它自始至终贯穿于企业经营的全过程。

网络营销

网络营销不一定包括完整的商业交易过程（例如，它可以不考虑网上支付等环节），但它是电子商务的重要组成部分。网络营销的主要内容包括网上市场调查、网上消费行为分析、网络营销策略制定、网络营销价格策略制定、网上营销渠道选择以及网络营销管理与控制等。

2. 网络营销的策略

尽管网络营销具有很强的竞争优势，但并不是每个企业都适合进行网络营销，企业应根据自己的业务需求、目标规模、顾客购买状况、技术支持等情况来决定是否开展网络营销。传统的市场营销理论4Ps，仍然适用于网络营销。4P即产品（product）、价格（price）、渠道（place）和宣传（promotion）是市场营销过程中可以控制的因素，也是企业进行市场营销活动的主要手段，对它们的具体运用，形成了企业的市场营销战略。1986年，菲利普·科特勒提出了"大市场营销"概念，即在原来的4P组合的基础上，增加两个P："政治力量"（political power）、"公共关系"（public relations），他认为21世纪的公司还必须掌握另外两种技能，一是政治力量，就是说，公司必须懂得怎样与其他国家打交道，必须了解其他国家的政治状况，才能有效地向其他国家推销产品；二是公共关系，营销人员必须懂得公共关系，知道如何在公众中树立产品的良好形象。

（1）产品策略。对网络营销的产品和服务进行定位，通过网络市场调研充分了解消费者的需求，让顾客全程地参与产品的开发过程，充分利用互联网的双向沟通特性，进行定制营销，使顾客通过互联网在企业的引导下对产品和服务进行选择。

（2）定价策略。电子商务产品定价的基本原则有以下三点：

①以企业战略为导向。电子商务定价的目的是更好地赢得市场竞争，实现企业的发展目标，因此电子商务产品的定价要服务于企业发展的总体战略目标。

②和行业发展情况相符。行业发展初期，由于行业内企业竞争不激烈，可根据供需情况采取加成定价方法（单位产品的成本加上一定比例的利润构成销售价格）；行业发展成熟期，由于竞争激烈，相比初期，定价下降，进行价格竞争。

③要根据市场变化不断调整。电子商务行业的特点是变化快，必须根据市场的最新情况适时调整企业自身的定价策略，以取得市场的主动权。

常见的电子商务定价模式有以下四种：

①免费模式。免费模式主要用于促销和推广产品，这种策略一般是短暂和临时的。电子商务采用免费模式的目的，一是先让用户免费使用，当这种使用习惯养成以后再开始收费；二是通过免费来吸引用

户，占领市场，形成垄断，然后再在市场中获取收益。

②低价位模式。企业制定较低的价格，来获得较高的销售额和最大的市场占有率，从而取得市场支配地位，以低价阻断竞争对手进入市场，保持垄断优势。低价位是电子商务企业吸引消费者的一大利器。

③高价位模式。对于市场供给量有限的产品可以采用高价位模式。另外，为了树立自身品牌形象，企业可以用价格高但高品质的服务吸引部分对价格并不敏感的客户。

④差别定价模式。差别定价也称为歧视性定价，是对企业生产的同一种产品根据市场的不同、顾客的不同而采用不同的价格。在电子商务中，企业可以根据消费者通互联网发送过来的需求，由信息系统根据自身的定价模型进行匹配以提供不同的服务，收取不同的价格。在一些网络平台中存在的"大数据杀熟"现象，就是采用了差别定价模式。

（3）渠道策略。网络营销最大的革命在渠道上面，其中包括网上销售渠道和物流渠道的改革和建设，前者如采用网上直销和虚拟市场等，后者如组建物流联盟或采用整体化的物流管理系统等。

（4）宣传策略。在网络促销策略中最具创造力的方式是网络广告，它不同于报纸、杂志、电视这类传统的广告媒体，它将商品的特点、功能、价格等信息放在网络上，由消费者在自己需要或愿意时进行查询。网络广告信息呈现立体化和多维化，丰富多彩。网络广告改变了传播者与接收者之间的关系，由原来单向信息传播转为双向互动的信息交流。另外，传统的促销策略如打折、优惠、推行会员制等，也可用于网络促销，通过建立链接、发送电子邮件、发布新闻等，来宣传网络营销站点，树立企业网上品牌形象，实现网络营销目标。

3. 网络营销的方法

网络营销的方法有许多，常见的有以下几种：

（1）信息发布。在网上发布信息可以说是网络营销最简单的方式。一般情况是将有价值的信息以网页的形式及时发布在自己的网站上，以充分发挥网站的功能，如新产品信息、优惠促销信息等，也可将信息发布在比较有影响力的第三方网站上，效果也不错。

（2）电子邮件营销。电子邮件是最常用的网络服务，对人们的生活和工作产生了巨大的影响。一些国际著名咨询公司的研究报告表明，电子邮件同时也是廉价高效的网络营销工具，电子邮件营销将成为网络营销的主流形式。

电子邮件营销（E-mail 营销）是在用户事先许可的前提下，通过电子邮件的方式向目标用户传递有价值信息的一种网络营销手段。电子邮件营销有三个基本因素：基于用户许可、通过电子邮件传递信息、信息对用户是有价值的。三个因素缺少任何一个都不能称之为有效的电子邮件营销。

（3）网络广告。网络广告又被称作在线广告、互联网广告等，它是指利用互联网作为广告媒体，以数字代码作为载体，将企业的宣传信息通过网络广泛传播的广告形式。

网络广告具有以下优势：①传播范围广、覆盖面大、信息发布及时。②针对性强，目标受众明确，并可提供不同内容。③灵活，成本低，能及时变更广告内容，收费低。④利用多媒体技术带来视听震撼效果，还可锁定目标用户进行广告投放。⑤强大的可交互性，从而使消费者能亲身"体验"产品、服务与品牌。⑥统计准确，传统媒体广告很难统计看到的人数，而利用一些软件可精确统计访问量，并对受众来源进行分析。正因为如此，网络广告的市场正在以惊人的速度增长，网络广告发挥的效用越来越显得重要，以致广告界甚至认为互联网络将超越路牌，成为传统四大媒体（电视、广播、报纸、杂志）之后的第五大媒体。因而众多国际级的广告公司都成立了专门的"网络媒体分部"，以开拓网络广告的巨大市场。

电子商务中常用的网络广告有：横幅广告（banner Ad.，也称旗帜广告）、按钮广告（button Ad.）、弹出式广告（interstitial Ad.）、漂浮广告、主页型广告、巨型广告、分类广告、植入式广告等。

（4）SNS 营销。社会性网络服务（social networking services，SNS），也被称为社交网站或社交网（social network site），它是一种新兴的网络应用，是指人和人之间通过朋友、理想、交易、兴趣、爱好等一定关系建立起来的社交化网络结构，它是基于现实六度关系理论发展起来的社会网络关系系统网络形态。具有代表性的如博客、微博、人人网、微信、Facebook、Twitter 等，它们拥有大量的用户群体，对很多人特别是年轻群体有着深刻的影响，由于有高昂的人气而蕴含着巨大商机。SNS 营销是指企业借助这些社交媒体，通过信息的发布与分享、与消费者的互动等活动，对企业品牌或产品用病毒式的传播手段进行广泛宣传的一种网络营销手段。社交网络营销战略已经成为企业网络营销战略的一个重要组成部分。

商务部 2020 年 7 月发布的《2019 年中国电子商务报告》显示，目前，社交媒体和电子商务平台相互融合，社交电商成为全球电子商务发展的新动力。一方面，社交平台不再是单一的交流平台，正在逐步演变成电子商务平台。GWI（Global Web Index）发布的2019年第一季度《社交媒体最新趋势旗舰报告》显示，全球数字消费者在社交媒体和消息软件上的日均时长为2小时23分，且大部分国家社交媒体在线时间保持持续增长的趋势，同时，有31%的人使用社交媒体的动机是寻找和购买商品。例如，脸书（Facebook）拥有全球2/3的社交媒体市场，是全球90%以上经济体排名第一的社交媒体平台，其电子商务转化率达到25%。在亚洲，微信和Line等平台已经成功接入电商，并将业务拓展到约车、购物结账、酒店住宿、火车票机票等领域，社交购物已经成为社交媒体除广告之外的主要收入来源。另一方面，电子商务平台也开通了社交功能，以增加购物转化率和购物黏性。例如，亚马逊在全球线上零售活动中占有近40%的份额，通过在社交媒体上发布促销信息，促使消费者从Facebook、Twitter、Pinterest等社交媒体上转入亚马逊平台进行购物，转化率达3.67%，社交电商有效提升了流量转化率，推动全球电子商务的发展。

（5）搜索引擎营销。搜索引擎营销（search engine marketing，SEM）就是根据用户使用搜索引擎的方式，利用用户检索信息的机会尽可能将营销信息传递给目标用户。搜索引擎营销的基本思想是让用户发现信息，并通过（搜索引擎）搜索点击进入网站或网页，进一步了解所需要的信息。企业通过搜索引擎付费推广，可以让用户直接与公司客服进行交流、了解，实现交易。国内主流的竞价推广平台有：百度推广、360好搜推广、神马UC推广、搜狗推广。

（6）增强现实营销。增强现实（augmented reality，AR）是借助专用设备，将虚拟世界信息通过计算机仿真、多媒体、传感器等技术，融合到现实世界的场景中，使人获得视觉、听觉、触觉、体感等多层次感官体验。

传统网络营销只能向顾客展示产品的二维平面效果，而通过增强现实技术，可以增加顾客的产品预览深度，甚至模拟产品使用感受，仿真顾客在真实商店中选购的情景。顾客可以用手机扫描商家的线下广告、实体产品，或者直接在线上搜索来触发广告中的AR功能，获得身临其境的购物体验。例如，2017年9月，瑞典家居零售商宜家（IKEA）推出了一款增强现实手机应用程序IKEA Place，它利用苹果的ARKit增强现实平台，能高度还原所有商品的尺寸、细节设计，甚至连产品的面料质感，亮度和阴影都能呈现。消费者仅需智能手机便可呈现2 200款可验证尺寸的宜家家具，比如沙发、茶几和餐桌等客厅中的大件家具在家中不同位置摆放的效果，还能根据用户的居住空间大小，自动调整产品规格，精准度高达98%，将消费者的购物体验提升至全新的水平。

（7）网络直播营销。根据2020年6月艾瑞咨询发布的《2020年5月中国移动互联网流量月度分析报告》显示，新冠肺炎疫情加速直播行业探索进程，各大平台借助直播突破时间和空间桎梏大力发展各项垂直领域，扩大内容生产力，截至2020年3月，网络直播用户规模超5.6亿，电商直接用户达2.65亿，"直播+"成为企业平台带动业务和服务的重要方式："电商+直播"，突破空间和时间限制，增加购物体验；"社交+直播"，扩展公域流量，丰富内容版块；"短视频+直播"，丰富营销服务场景和模式；"视频+直播"，扩展用户规模，丰富商业模式；"音频+直播"，丰富知识付费内容生态，增强互动性；"教育+直播"，互动教学，支持多场景多模式，满足多样化学习需求。

（8）精准营销。精准营销（precision marketing）是通过定量和定性相结合的方法对目标市场的不同消费者进行细致分析，并根据他们不同的消费心理和行为特征，采用有针对性的现代技术、方法和指向明确的策略，从而实现对目标市场不同消费者群体强有效性、高投资回报的营销沟通。

精准营销与传统营销在沟通对象、沟通工具、受众接触方式和实施效果评估方面都具有更大优势。传统营销的沟通对象基本上是企业所有的顾客，而精准营销则是细分的客户群体；传统营销的沟通工具主要是电视、报刊、户外等大众媒体，而精准营销则以搜索引擎、社交平台等分众媒体为主；传统营销的受众接触方式是由商家向受众的单向传播，而精准营销则是商家与受众可沟通、互动的方式，更直观、高效。从实施效果上来看，传统营销的效果差，难以评估；而精准营销的实施效果则是可衡量，更精准。

大数据技术的快速发展为精准营销提供了广阔的平台，大数据记录了关于消费者购买行为的各种数据，如搜索关键词、购买产品、购买频率、售后评价等。企业通过分析这些数据背后的顾客行为规律，可以制定针对不同目标顾客的营销策略，也就是进行精准营销。

精准营销的实施过程可分为以下三个阶段：

①数据收集阶段。企业收集其与顾客沟通、交易中产生的大量关于顾客购买行为和购买心理的数据，包括企业微博、微信公众号、产品论坛、交易信息、评论信息等。

②数据分析阶段。企业对收集的数据进行分析。例如，根据顾客的消费金额、消费频率，运用分类算法将顾客分为不同购买力的群

体;利用文本情感分析算法对顾客的评论进行分析,更精准地把握顾客的情绪。在数据分析阶段企业能够运用数据挖掘技术提取顾客消费行为的具体特征。

③营销策略实施阶段。企业根据分析得到的顾客消费行为特征,制定差异化的、有针对性的营销策略,并对不同营销策略对于不同目标顾客的实施效果进行评估,根据评估结果实时调整营销策略。[1]

4.5 企业信息系统集成管理

随着经济全球化及市场竞争的日益激烈,企业要想增强对市场的响应能力和市场竞争力,必须将 SCM、ERP、CRM 等信息系统及其管理思想、管理方法、管理经验以及企业的内部和外部资源,有机集成于企业电子商务运营中,以整合资源,实现同相关企业的有效沟通与合作,以及对企业客户进行有效管理,最终实现企业的经营战略与竞争优势。具体来说,包括以下几个方面:

(1) 通过 ERP 对企业内部各设备、流程、组织部门、人员、业务等资源进行数据统计和综合分析处理,并提供存储和传输交流功能,实现企业内部资源的最优化利用,为企业决策和战略管理提供精确服务和坚实基础。

(2) 通过 SCM 与各类供应商的信息系统实现对接,从而实现各种原材料和零部件的即时供应(just in time,JIT)或保质供应,实现与供应商的 B2B 电子商务经营。

(3) 通过 CRM 与各类渠道商(包括批发商和零售商、经销商和代理商等)的信息系统实现对接,实现企业产成品的定制化生产,实现与渠道商的 B2B 电子商务经营。

(4) 通过网站和互联网实现与公众、社会团体、社会和环境的互动,实现企业内外部信息资源的有效交流和集成。

(5) 通过与合作伙伴的信息系统实现对接,建立动态的企业联盟,发展基于竞争合作机制的虚拟企业,重塑企业的战略模式,提高企业的竞争实力。[2]

---

[1] 黄梯云、李一军:《管理信息系统》(第七版),高等教育出版社 2019 年版,第 258~261 页。

[2] 王伟军、刘蕤:《电子商务概论》(第二版),华中师范大学出版社 2015 年版,第 172 页。

本 章 小 结

1. 企业资源计划（ERP）是一种主要面向制造行业的能够对企业内部及外部供应链上的物质资源、资金资源和信息资源进行集成一体化管理的管理信息系统。它能够消除企业内部因部门分割造成的各种信息隔阂与信息孤岛，从而达到最佳资源组织。使用 ERP 系统，能够改善企业业务流程，提高企业核心竞争力。ERP 的发展大致经历了 4 个阶段：MRP、闭环 MRP、MRP II 以及 ERP 形成阶段。在提出 ERP 十年之后，Gartner Croup 又提出了一个新的概念 ERP II，进一步扩大了 ERP 的管理范围。

2. ERP 所包含的管理思想是非常广泛和深刻的。ERP 体现了对整个供应链资源进行管理的思想，体现精益生产、同步工程和敏捷制造的思想，体现事先计划与事中控制的思想。

3. 就信息集成来说，ERP 从企业内部和外部两个方面进行了集成。在企业内部，ERP 主要由生产控制管理模块、财务管理模块、物流管理模块、人力资源管理模块组成。从外部集成的角度，SCM、CRM 均可作为 ERP 整体解决方案的组成套件，集成度比单独的 SCM、CRM 软件更高。

4. CRM 可概括为：借助先进的信息技术和管理思想，整合客户信息资源，并在企业内部实现客户信息和资源的共享，为客户提供更经济、快捷、周到的产品和服务，提高客户价值、满意度、盈利能力以及客户的忠诚度，保持和吸引更多的客户，最终实现企业利润的最大化。

5. 供应链管理包括管理供应与需求，原材料、备品备件的采购、制造与装配，物件的存放及库存查询，订单的录入与管理，渠道分销及最终交付用户。供应链管理是对整个供应链系统进行计划、协调、操作、控制和优化的各种活动和过程，是从原材料一直到最终用户的关键业务过程的集成管理。其目标是要将满足客户需求的产品在正确的时间，按照正确的数量、正确的质量和正确的状态送到正确的地点，并使总成本最小或总收益最大。

6. 电子商务的概念有狭义和广义之分。狭义的电子商务（EC）主要指利用网络环境在网上进行电子交易，包括网上广告、电子订购、网上洽谈、电子支付、产品电子传送和售后的网络跟踪服务等。广义的电子商务（EB）是指利用网络环境进行的各类商务活动，除了电子交易外，还包括商品管理、客户管理、市场分析、商务决策和组建虚拟企业等方面。在大多数情况下，我们一般所说的电子商务概念是指狭义的电子商务。

7. 按照参与交易主体的不同，可把电子商务分为企业与消费者的电子商务、企业对企业电子商务、消费者对消费者电子商务、企业对政府电子商务、消费者对政府的电子商务、线上线下融合的电子商务等形式。

8. 电子商务的体系架构是指实现电子商务从技术到各种服务所应具备的各类相互关联的资源和应用环境。电子商务体系架构从宏观角度指出了开展电子商务活动需要的各种支持条件，它由两大支柱和五个层面组成。

9. 电子支付是指电子交易的当事人，包括消费者、商家和金融机构，通过计算机网络系统以电子信息传递的形式实现的货币支付或资金结算。电子支付是电子商务系统的重要组成部分。常用的电子支付方式主要有银行卡在线转账支付、电子现金、电子支票、电子钱包等。

10. 电子商务物流就是在电子商务环境下，依靠计算机技术、互联网技术、电子商务技术等信息技术所进行的物流活动。电子商务物流是现代物流的重要组成部分，与其他物流不同的是，它更强调物流的电子化、第三方物流、第四方物流以及物流配送。

11. 移动电子商务是指通过智能手机、平板电脑等手持移动终端进行的电子商务活动。移动电子商务可以分为基于商品交易、基于用户服务、基于内容提供三种商业模式。

12. 网络营销是企业整体营销战略的一个组成部分，是建立在互联网基础之上，借助于互联网的特性来实现一定营销目标的一种营销手段。网络营销的主要内容包括网上市场调查、网上消费行为分析、网络营销策略制定、网络营销价格策略制定、网上营销渠道选择以及网络营销管理与控制等。

延伸阅读

复习思考题

1. 简述 ERP 的发展历程。
2. 简述 ERP 的管理思想。
3. 简述 ERP 的结构。
4. 简述 CRM 的概念和主要功能。
5. 简述 SCM 的定义及框架。
6. 简述电子商务的定义。
7. 简要介绍电子商务的分类标准及主要的电子商务模式。
8. 简述电子商务的体系架构。

9. 电子商务中常用的电子支付方式有哪些？
10. 简述电子商务物流的组织模式。
11. 简述移动电子商务的定义及商业模式。
12. 简述网络营销的策略。

第 5 章
管理信息系统的战略规划和开发方法

本章要点

✧ 管理信息系统战略规划的内容
✧ 信息系统发展的阶段模型
✧ 管理信息系统战略规划的常用方法及步骤
✧ 管理信息系统的开发策略及开发方式
✧ 管理信息系统的生命周期
✧ 结构化系统开发方法、原型法、面向对象开发方法、计算机辅助软件工程方法的基本思想和比较
✧ 初步调查的内容及方法
✧ 可行性分析的内容及可行性分析报告

引导案例

某集团公司管理信息系统的战略规划

某集团型企业,是一家从事家电、信息、通信、电工等产品研发、生产及销售,集技、工、贸为一体的,拥有多个子公司的特大型国有控股企业。

目前集团的组织结构采用典型的事业部制,人、财、物归属各个事业部,事业部根据具体产品的不同又把人、财、物权分别下划到各个职能科室。大体分设资产、规划、财务、销售、法律、科研、质管、文化、设备、检验等职能处室。同时集团又下设财务、人力、营销、法律、技术、规划、文化、保卫等职能中心,它们与事业部下属

的职能处室是传统的隶属关系；产品本部和事业部也是行政隶属关系。在这种组织机构下，集团是投资决策中心，事业部是利润中心，分厂是成本中心，班组是质量中心。这样形成的业务流程是纵向一体化结构，虽然在初期容易控制整个集团的商务运作，解决了决策混乱的局面，但随着集团规模的扩大，其机构重复设置造成的信息沟通速度慢、商务运作成本高、系统反应迟缓的问题就暴露出来了。集团董事会认为集团公司的主要功能除对投资决策、战略规划等方面进行统一运作外，还需对采购、销售、库存、财务等进行统一管理，其目标是追求功能和业务领域的优化和协同性，以降低采购、仓储和运输成本，提高资金周转率与利用效率，实现市场份额的不断增长。该集团已经制定的企业发展战略目标是，建立标准规范、统一平台的集约化财务管理，建立集中采购和统一配送的物流和销售管理模式，建立集团化的战略决策支持系统。

集团的首席信息官（CIO）综合运用业务系统规划法（BSP）和关键成功因素法（CSF）将企业发展战略目标转换为IT/IS战略目标。

通过分析事业部（子公司）的各项独立的业务活动，进行业务流程重组，将分属于每个事业部的财务、采购、销售业务分离开来，把各个产品事业部的采购职能、仓储职能、运输职能整合为一个部门——物流推进部，由物流推进部统一行使各产品事业部的上述三种职能；将各产品的国内营销功能整合为一个部门——商流推进部；将国外营销部门整合为海外流（海外推进本部）；将财务部门整合为财务中心和资金结算中心；又把人力资源、技术质量、设备管理等部门分离出来，重新设计相关的人力资源、技术质量管理、设备管理等支持流程体系。

为了支持上述业务流程，提出了集团信息系统的应用目标，即构造一个支持集团化管理和跨地域的信息化管理平台，并在此平台上建立"四个中心"：数据中心、文件中心、结算中心、财务中心；"三个快速反应体系"：快速营销体系、快速供应体系、快速生产体系；"三个JIT"：定时、定量、定点采购，定时、定量、定点送料，定时、定量、定点配送。

在充分考虑集团的信息化系统未来发展的需要和分步实施的要求的基础上，根据目前集团企业信息化情况，将集团信息化建设分为三个阶段。

第一阶段的应用目标可制定为完善基于Internet/Intranet制造系统的总体信息构架平台，建成覆盖和各有关子公司通信的综合管理信息网络和信息系统。逐步实现以下4个目标：①与各子公司局域网挂接，进行信息集成。②和子公司企业信息系统进行信息交互。③与驻外分销机构进行信息集成。④和配套企业针对生产计划和库存情况等方面的信息进行交换，达到在最大限量减少库存的前提下，保证外购配套件的适时、适量、成套供应。

第二阶段的建设内容主要是建立统一的数据中心。①尽可能利用公司计算机系统的原有数据，在对原有数据加工整理的基础上，规范公司的数据管理，统一数据标准，解决企业内部信息源头多、信息重复不一致的问题。②建立集团统一标准的数据库平台，开发专用接口包、通用接口工具，实现各子公司原有系统和新建系统的信息集成。③在此基础上，逐步开发出基于数据仓库的 OLAP 系统，支持全面的多维分析。④建立统一的文件中心。建立集团公司和下属公司之间的自动办公化系统。实现自动地管理和控制信息流及行政事务工作流，实现集团和下属公司行政事务办公的自动化、集团化、无纸化、远程化。⑤统一结算和财务中心。按照集团化管理的要求，整合和完善现有的财务系统，实现集团资金从各子公司分散运作改为由集团公司统一调度、统贷统还，以避免决策的疏漏和使用上的浪费，更主要的是可以利用各控股子公司资金使用上的时间差，从而提高资金运作效率。此外，实现分销机构的成品销售与总部门结算财务的在线管理。

第三阶段按照供应链的思想，建立动态快速供应体系。通过电子商务网站的升级与完善和实施电子化供应链系统，实现供应商的优化管理和网上电子采购及定时、定量、定点采购供应。

（资料来源：http://www.it86.cc/cio/2007/0412/627.shtml，转载自张新：《管理信息系统》，机械工业出版社 2016 年版，第 167~168 页）

管理信息系统的建设是一项投资大、周期长、技术复杂且涉及面广的系统工程。系统规划直接关系到信息系统建设的成败，因此，在 MIS 正式开发之前，必须要制定尽可能详细的战略规划（或称总体规划），对系统的功能、总体结构、建设目标、资金投入、信息资源分布以及各子系统的开发顺序进行总体的安排，形成战略规划报告，作为系统开发的依据，然后再按照规划有步骤地进行系统开发。

5.1 管理信息系统战略规划概述

5.1.1 管理信息系统战略规划的概念与作用

1. 管理信息系统战略规划的概念

管理信息系统战略规划

管理信息系统战略规划是关于组织 MIS 长远发展的规划，是组织的战略规划的重要组成部分。它从组织的宗旨、目标和发展战略出发，分析组织的信息管理需求和流程，规划出组织管理信息系统的体系结构，进而规划出组织的信息资源的采集、存储、传递、利用的框架，期望能通过组织信息资源分析组织运作状况，辅助决策，帮助组织实现战略目标，最终为组织获得竞争优势，实现组织的长远发展。

2. 管理信息系统战略规划的作用

MIS 战略规划的作用主要有以下三方面。

（1）明确 MIS 发展的目标、任务、方法、步骤和原则，从而指导 MIS 的建设工作。

（2）合理分配和利用信息资源，以节省信息系统的投资。

（3）通过制定战略规划发现组织存在的问题，明确为实现组织目标 MIS 所必须完成的任务，推动组织信息化进程，提高组织管理水平和产品竞争力，为组织带来更多的经济效益和社会效益。

5.1.2 管理信息系统战略规划的内容

MIS 战略规划一般包括三年或更长期的计划，它明确未来一段时期内总的发展方向。同时还包含一年的短期计划。其内容包括：

（1）MIS 的目标、约束与总体结构。根据企业的整体目标和内外部约束条件，确定 MIS 的目标和总体结构。MIS 的目标为信息系统的发展制定方向并提出衡量各项具体工作是否完成的标准，总体结构包括 MIS 的子系统构成和开发进程等。

（2）企业现状分析。包括企业计算机硬件及硬件情况、应用系统及开发人员情况、开发费用的投入情况、企业信息系统应用现状和应用环境等。

（3）业务流程的现状、存在的问题和流程在新技术条件下的重组。根据现代化管理手段和管理方法对现有业务流程重组。

（4）对相关信息技术发展的预测。信息系统规划要受到当前和未来信息技术发展的影响。对计算机软硬件技术、网络技术、数据处理技术的发展变化及对信息系统的影响做出预测。战略规划中合理地采用新技术能使开发出的 MIS 具有更强的生命力。

（5）近期计划。在战略规划中，应对即将到来的一段时间（比如一年）做出相当具体的安排，主要包括硬件设备的采购时间表、应用项目开发时间表、软件维护与转换工作时间表、人力资源的需求以及人员培训时间安排、财务资金需求等。

管理信息系统的规划应根据企业内外部的变化情况不断地进行修改。企业内部自身的变化如人员的变化等都可能影响到整个规划，革命性技术的出现也会对原规划造成影响。企业外部环境的变化，例如财务限制、政府的规章制度、竞争对手采取的行动等也会对原规划造成影响。

5.1.3 管理信息系统战略规划的组织与制定步骤

管理信息系统战略规划涉及组织全局，需要成立相应的组织机构，按照一定的原则和步骤完成战略规划制定任务。

1. MIS 战略规划的组织

MIS 战略规划成败的关键因素就是是否有一个良好的规划组织。制定 MIS 战略规划，需要一个领导小组，并对有关人员进行培训，同时明确战略规划工作的进度。

（1）成立规划领导小组。规划领导小组应由单位（企业、部门）的主要决策者和本单位各部门中的业务骨干组成，任务是完成有关数据及业务的调研和分析工作。详细的分析工作在系统分析阶段完成。

（2）进行人员培训。对高层管理人员、分析员和规划领导小组成员进行培训，使他们掌握制定 MIS 战略规划的方法。

（3）规定进度。为规划工作的各个阶段给出一个大体上的时间限定，保证规划的顺利进行。

2. 制定战略规划的步骤

（1）确定规划的性质，明确系统建设的年限及规划的方法。

（2）收集与规划相关的信息。

（3）进行战略分析。对 MIS 的目标、开发方法、功能结构、计划活动、信息部门的情况、财务情况、风险情况等进行分析。

（4）定义约束条件。依据企业财务资源、人力与物力等方面的限制，定义 MIS 的约束条件。

（5）确定战略规划的目标。通过分析，确定 MIS 的总目标，包括 MIS 的功能、服务范围和质量等。

（6）提出未来规划。给出 MIS 的初步框架，包括各子系统的划分等。

（7）选择开发方案。确定优先开发的项目，确定总体开发顺序、开发策略、开发方法。

（8）提出实施进度，估算实施成本和所需要的人员情况。

（9）讨论通过战略规划。将战略规划形成文档，由单位领导讨论批准后生效。

5.2 信息系统发展的阶段模型

信息系统发展的阶段模型

把计算机应用到一个单位（企业、部门）的管理中去，一般要经历从初期到成熟的发展过程。美国的信息管理专家诺兰（Nolan）经过对美国 80 多家组织的跟踪调查，总结了这一发展规划，于 1973 年提出了信息系统发展的阶段理论，被称为诺兰阶段模型。1980 年，诺兰进一步完善了该模型，把信息系统的成长过程分成如图 5-1 所示的 6 个阶段。

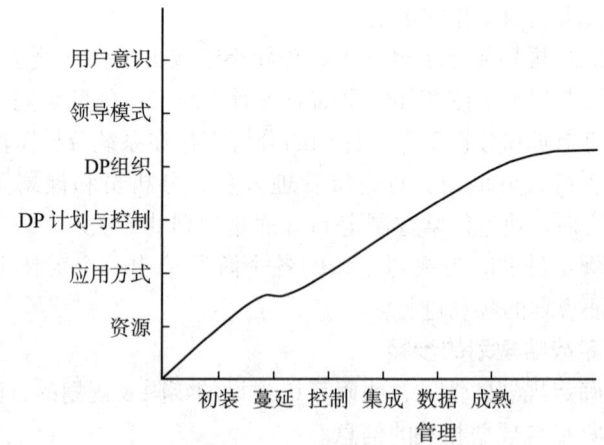

图 5-1 诺兰阶段模型

资料来源：王玉珍：《管理信息系统理论与实践》，清华大学出版社 2014 年版，第 101 页。

图 5-1 中的横轴列出了 6 个发展阶段，曲线表示各个阶段的信息系统预算。该曲线基本上呈 S 形，即在第一阶段和第二阶段预算上升很快，在第三阶段较为平缓，第四阶段又逐渐上升，第五阶段和第六阶段又变得平缓。

第一阶段：初装。企业购置第一台计算机并初步应用管理程序，表明了信息系统开发初装阶段的开始。初装阶段的计算机一般应用在企业的财务、人事等数据处理量大的部门。该阶段的特点是人们初步认识到计算机的作用，少数人具有了初步使用计算机的能力，计算机是分散控制的，没有统一的规划。

第二阶段：蔓延。随着计算机的应用初见成效，信息系统（管理应用程序）从少数部门扩散到多个部门，并开发了大量的应用程序，使单位的事务处理效率有了提高。但由于缺乏综合系统开发，出现数据冗余、代码不一致性、信息难以共享等问题。在 20 世纪 60 年代，美国多数公司经历了这个阶段，当时由于无控制的技术刺激和管理松弛，使计算机应用猛增，但只有小部分收到了实际的效益。

第三阶段：控制。随着计算机应用的进一步发展，预算每年以 30%～40% 或更高的比例增长，而投资的回报率却不理想。同时随着应用经验的逐渐丰富，应用项目不断积累，客观上也要求加强组织协调，于是，就出现了由企业领导和职能部门负责人组成的领导小组，对整个企业的系统建设进行统筹规划，特别是利用数据库技术解决数据共享问题。这时，严格的控制阶段代替了蔓延阶段。诺兰认为，第三阶段是实现从以计算机管理为主向以数据管理为主转换的关键，一般发展的较慢。

第四阶段：集成。在控制的基础上，对子系统中的硬件进行重新连接，建立集中式的数据库及能够充分利用和管理各种信息的系统，从而使整个企业能够做到资源共享，提高管理效率。该阶段需要重新装备大量设备，预算费用又一次迅速增长，但开发速度加快了。

第五阶段：数据管理。在集成阶段之后才会真正进入数据管理阶段。这时，数据真正成为企业的重要资源。鉴于 20 世纪 80 年代美国多数企业还处在第四阶段，诺兰对数据管理阶段未做详细的描述。

第六阶段：成熟。一般认为，一个成熟的信息系统可以满足企业中各个管理层次（高层、中层、基层）的要求，从操作层的事务处理（EDP），到中间层的控制管理（信息系统），再到高层的决策支持（DSS），真正实现信息资源的管理。

诺兰阶段模型还指明了信息系统发展过程中的 6 种增长要素：

（1）资源：主要指计算机的软硬件资源。

(2) 应用方式：如批处理方式和联机方式。

(3) 数据处理计划控制：从开始的随机、短期的计划到长期的、战略的计划。

(4) 数据处理组织：确切地说，是信息系统功能在组织中所占的地位。在早期，电子信息处理功能常属于财务部门，计算机被看成是和计算器一样的附属品，到第三、第四阶段后，信息系统才发展成独立的活动部分。

(5) 领导模式：在第一、第二阶段，技术领导是主要的，随着用户和上层管理人员越来越了解 MIS，在第五、第六阶段，上层管理部门开始与信息管理部门一起决定发展战略。

(6) 用户意识：即从作业管理级的用户发展到中、上层管理级。

诺兰认为，这 6 个阶段是一个客观发展规律，各个阶段都是不能超越。从这个模型中可以得出以下结论。

(1) 信息系统建设是一项长期的、复杂的、投入高的社会化系统工程，其发展过程呈波浪式，受各种综合条件的影响和制约，并不是一蹴而就的，而应遵循一定的客观规律。

(2) 信息系统是伴随着计算机应用的发展而实施的，其发展的各阶段是人类对于其应用的认识逐步提高的过程，各阶段是不能逾越的，但我们可以尽可能压缩蔓延和控制阶段的时间，对其进行规划和改造，使其按照正确的方向前进，并推动它从低层向高层发展。

(3) 诺兰阶段模型揭示了信息系统建设的客观规律，无论是国家、地区、行业或是企业在进行信息建设时，都应首先明确自己当前处于哪一阶段，根据自己的实际情况和该阶段的特征来规划出一套切实可行的信息系统建设方案。

5.3 管理信息系统战略规划的常用方法

制定管理信息系统战略规划的方法很多，比较常用的有企业系统规划法（business system planning，BSP）和关键成功因素法（critical success factors，CSF），其他还有战略目标集转法（strategy set transformation，SST）、企业信息分析与集成技术（BIAIT）、投资收益率（ROI）法、零线预算法等。

5.3.1 企业系统规划法

1. 企业系统规划法的概念

企业系统规划法（BSP）是美国的 IBM 公司在 20 世纪 70 年代提出的一种对企业管理信息系统进行规划和设计的结构化方法。BSP 法主要基于用信息支持企业运行的思想，首先是自上而下识别系统目标、企业过程与数据，再自下而上地设计系统目标，最后把企业目标转化为信息系统战略规划的目标。

2. BSP 法的作用

BSP 法能够帮助规划人员根据企业目标制定出 MIS 战略规划的结构化方法，其作用主要有：①确定出未来信息系统的总体结构，明确系统的子系统组成和开发子系统的先后顺序；②对数据进行统一规划、管理和控制，明确各子系统之间的数据交换关系，保证信息的一致性。

BSP 法的优点在于它能保证信息系统独立于企业的组织机构，即使企业的组织机构和管理体制发生变化，信息系统的结构体系也不至于受到太大的冲击，这就保证了信息系统具有对环境变化的适应性。

3. BSP 法的工作步骤

（1）准备工作。准备工作主要有两项，一是成立由最高领导牵头的委员会，下设一个专门的规划研究组，研究组不仅有信息技术人员，还包括各部门业务骨干；二是明确规划目标和范围，制订进度计划，并进行必要的人员培训。

（2）调研。深入各级管理层进行调查，搜集有关材料，了解企业有关决策过程、组织职能、部门的主要活动以及企业存在的主要问题。

（3）定义业务过程。业务过程是指在企业资源管理中所需要的、逻辑上相关的一组决策和活动。定义业务过程是 BSP 法的核心。

（4）业务过程重组。在定义业务过程的基础上，对过程进行以下分析：分析哪些过程是正确的，需要保留；哪些过程是低效的，需要在信息技术条件下优化；哪些过程不适合计算机处理的特点或者是冗余的，应当取消；哪些过程需要合并；需要新增哪些过程。

（5）定义数据类。数据类是支持业务过程所必需的逻辑上相关的数据。分析各业务过程使用的数据（即输入数据）和产生的数据（即输出数据），按逻辑相关性归纳分类。

（6）定义信息系统的总体结构。确定系统的总体结构也就是划分子系统构成，过程/数据类矩阵（也称 U/C 矩阵）是确定总体结构的主要分析工具。

（7）确定总体结构中的优先顺序。即对信息系统总体结构中的子系统按先后顺序排出开发计划。

（8）完成 BSP 研究报告，提出建议书和开发计划。

4. U/C 矩阵的应用

BSP 法将过程和数据类作为定义企业管理信息系统总体结构的基础，利用企业 U/C 矩阵来表达两者之间的关系。U/C 矩阵中的行表示过程，列表示数据类，行与列交叉点上的字母 U（use）和 C（create）分别表示此过程是使用还是产生该数据类，如表 5-1 所示。使用 U/C 矩阵的步骤如下：

表 5-1　　过程/数据类关系

过程	客户	订单	产品	工艺路线	材料表	供应商	成本	物料清单	原材料库存	成品库存	职工	销售区域	财务	计划	设备负荷	材料供应	工序
经营计划							U						U	C			
财务规划							U				U		U	U			
产品预测	U	U										U	U				
设计开发	U		C	U				C									
产品工艺		U		C				U	U								
采购						C											
库存控制								C	C						U	U	
调度		U						U							U	C	
能力计划				U				U							C	U	
材料需求			U		U			U								C	

续表

过程	数据类												
	客户	订单	产品	工艺路线	材料表	供应商	成本	物料清单	原材料库存	成品库存	职工	销售区域	财务	计划	设备负荷	材料供应	工序
生产流程				C											U	U	U
区域管理	C	U	U														
销售	U	U	U									C					
订货服务	U	C	U														
运输		U	U							U							
会计总账	U		U				U						U				
成本核算		U					U	C									
人员计划											C						
招聘考核											U						

(1) 建立 U/C 矩阵。分别填入过程、数据类，并在行与列交叉点上根据过程与数据类的关系标注 "U" "C"，形成初步的 U/C 矩阵，如表 5-1 所示。U、C 在矩阵中的排列也是分散的。例如，经营计划过程需要使用财务和成本数据，则在这些数据下面的经营计划一行上画 U；该过程产生计划数据，则画上 C。

(2) U/C 矩阵的求解。U/C 矩阵的求解过程就是系统结构进行优化的过程，同时为子系统的划分奠定基础。U/C 矩阵的求解过程是通过表上作业来完成的，其具体操作方法是，左右调整表中的数据类列，上下调整功能过程行，使矩阵中所有 "C" 尽量朝主对角线靠近（注意：这里只能是尽量朝对角线靠近，但不可能全在对角线上）。

(3) 子系统功能的划分。沿 U/C 矩阵对角线，以 "C" 元素为中心一个接一个地画方框，既不能重叠，也不能漏掉任何一个数据和功能。方框的划分是任意的，但方框所在的行和列必须将所有的

"C"元素都包含在小方框内。形成的每个方框就是一个子系统，如表5-2所示，全部子系统产生所有的数据类，并实现所有的功能，从而构成完整的系统。U/C矩阵的调整，或者说小方框（子系统）的划分不是唯一的，具体如何划分应征询有关信息系统专家和管理专家根据组织具体情况来确定。按照这种划分，整个系统被划分为经营计划、技术准备、生产制造、销售、财会和人事6个子系统。

表5-2　　　　　　　　调整后的过程/数据类关系

过程	数据类																
	计划	财务	产品	物料清单	材料表	供应商	原材料库存	成品库存	工序	设备负荷	材料供应	工艺路线	客户	销售区域	订单	成本	职工
经营计划	C	U														U	
财务规划	U	U														U	U
产品预测	U		U										U	U			
设计开发			C	C	U								U				
产品工艺			U	U	C												
采购						C	U										
库存控制							C	C	U		U						
调度				U					C	U							
能力计划									U	C	U	U					
材料需求				U					U			C					
生产流程								U	U	U	C						
区域管理					U									C	U		
销售					U								U	C	U		

续表

过程	数据类																	
	计划	财务	产品	物料清单	材料表	供应商	原材料库存	成品库存	工序	设备负荷	材料供应	工艺路线	客户	销售区域	订单	成本	职工
订货服务			U										U		C		
运输			U			U									U		
会计总账			U		U								U			U	
成本核算					U										U	C	
人员计划																	C
招聘考核																	U

使用 U/C 矩阵不仅可以获得系统的总体结构，而且根据产生和使用数据的情况，再参考需求急迫程度、开发难易程度和对企业的重要程度等因素，还可以确定各子系统的开发顺序。

（4）数据资源的分布。从表 5-2 中可以看出，所有数据被方框分隔成两类：一类在方框，另一类在方框外。方框（子系统）内所产生和使用的数据，今后主要放在本系统计算机设备上处理；方框外的数据联系（即图中方框外的"U"），则表示子系统之间的数据联系，这些数据资源今后应考虑放在网络服务器上供各子系统共享或通过网络相互传递。

在求解 U/C 矩阵的过程中要注意正确性和完整性，通常情况下，一个数据类只能由一个子系统产生，每行需要有 C 或 U，不能有空行或空列。[①]

5.3.2 关键成功因素法

关键成功因素法（CSF）是根据企业成功的关键因素来确定系统信息需求的一种重要的管理信息系统战略规划方法。1970 年，哈佛

---

① 于本海：《管理信息系统》，高等教育出版社 2009 年版，第 118~120 页。

大学教授威廉·泽尼（William Zani）在 MIS 模型中使用了关键成功变量，这些变量是决定 MIS 成败的因素。10 年后，麻省理工学院教授约翰·罗卡特（Jone Rockart）将 CSF 提高为 MIS 的战略。在现行系统中，总存在着多个变量影响系统目标的实现，其中若干个因素是关键的和主要的（即成功变量）。CSF 通过分析找出企业成功的关键因素，然后再围绕这些关键因素来确定系统的需求，并进行规划。CSF 法的实施步骤如下：

（1）识别企业（或 MIS）战略目标。

（2）识别所有的成功因素。可以使用树枝因果图，采用逐层分解的方法引出影响企业或 MIS 目标的各种因素以及这些因素的子因素。例如，某企业有一个目标是提高产品竞争力，图 5-2 中的树枝因果图画出了影响它的各种因素及其子因素。

德尔菲法也称专家调查法，1946年由美国兰德公司创始实行，其本质上是一种反馈匿名函询法，其大致流程是在对所要预测的问题征得专家的意见之后，进行整理、归纳、统计，再匿名反馈给各专家，再次征求意见，再集中，再反馈，直至得到一致的意见。

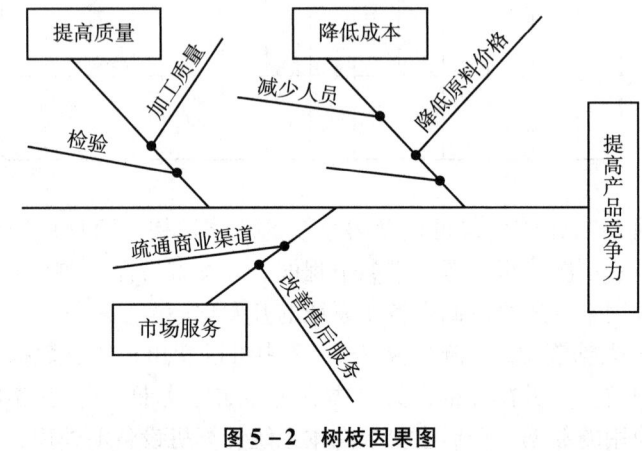

图 5-2 树枝因果图

资料来源：薛华成：《管理信息系统》（第 6 版），清华大学出版社 2012 年版，第 319 页。

（3）确定关键成功因素。不同行业的关键成功因素各不相同，即使同一个行业，由于各自所处的外部环境不同和内部条件的差异，其关键成功因素也不尽相同。不同的企业可能采用不同的评价方法来确定关键成功因素。对于习惯于高层人员个人决策的企业，主要由高层人员个人在树枝因果图中选择；对于习惯于群体决策的企业，可以用德尔菲法、模糊综合评价法等其他方法把不同人设想的关键因素综合起来。

（4）明确各关键成功因素的性能指标与标准。关键成功因素的性能指标可以用来确定管理信息系统的需求，当这些需求确定之后，可以分析现有的信息系统已确定所需的信息是否已经存在或是否能够由现有的数据库生成。如果现有的信息系统不能提供这些信息需求，管理者就可以明确这一新的信息需求，并通过将要开发的系统来满足。

关键成功因素法的优点是所开发的系统具有较强的针对性，能够较快地取得收益。应用关键成功因素法需要注意的是，当关键成功因素解决后，由于企业的需求具有不确定性，又会出现新的关键成功因素，就必须再重新开发系统。关键成功因素法在高层应用一般效果较好，但对于中层领导来说一般不大适合，因为中层领导所面临的决策问题结构化较强，其自由度较小。

5.4 管理信息系统的开发策略与方式

5.4.1 管理信息系统的开发策略

管理信息系统的开发是一项艰巨而复杂的工程，应首先确定基本的开发策略，然后再进行开发。管理信息系统的基本开发策略有以下三种。

1．"自下而上"的开发策略

"自下而上"的开发策略是从现行系统的业务状况出发，先实现一个个具体的功能，逐步地由低级到高级建立 MIS。因为任何一个 MIS 的基本功能都是数据处理，所以"自下而上"策略首先从研制各项数据处理应用开始，然后根据需要逐步增加有关管理控制方面的功能。一些企事业单位在建立 MIS 的初期阶段，各种条件（设备、资金、人力）尚不完备，常常采用这种开发策略。其优点是可以避免大规模系统可能出现运行不协调的危险，但缺点是尽管可根据资源的情况逐步满足用户要求，边实施边见效，但由于缺乏整体目标和协调性，可能导致功能及数据的矛盾、冗余，造成返工。

2．"自上而下"的开发策略

"自上而下"的开发策略强调从整体上协调和规划，由全面到局部，由长远到近期，从探索合理的信息流出发来设计信息系统。由于这种开发策略要求很强的逻辑性，因而难度较大，但这是一种更重要的策略，是信息系统的发展走向集成和成熟的要求。整体性是系统的基本特性，虽然一个系统由许多子系统构成，但它们又是一个不可分割的整体。"自上而下"的开发策略具有较强的整体性和逻辑性，但采用这种策略开发系统存在工程量大、工期长、开发费用高等问题。

3. "上下结合"的开发策略

"上下结合"的开发策略综合了"自上而下"和"自下而上"的优点，在 MIS 建设前期，即战略规划、系统分析、系统设计阶段使用"自上而下"的开发策略，做到从整体上协调和规划。在 MIS 建设后期，即系统实施阶段使用"自下而上"的开发策略，以子系统为单位实施，充分体现时间短见效快的特点。

通常，"自下而上"的策略用于小型系统的设计，适用于对开发工作缺乏经验的情况。"自上而下"和"上下结合"的策略用于大型系统的设计，适用于对开发工作有丰富经验的情况。在实践中，对于大型系统的开发，"上下结合"的策略更具有优势，是建设 MIS 的正确策略。

5.4.2 管理信息系统的开发方式

常用的管理信息系统开发方式有自行开发、委托开发、合作开发和全面购置商品软件四种，它们各具优点和缺点，需要根据单位的技术力量、资金情况、外部环境等各种因素进行综合考虑和选择。无论哪一种开发方式都需要本单位的领导和业务人员参加，并在管理信息系统的整个开发过程中培养自己的技术人员。

1. 自行开发

自行开发是指由本单位的工作人员独立完成 MIS 开发的各项任务。这种开发方式适合于自身拥有较强的开发队伍（包括系统分析人员、系统设计人员、程序设计人员、系统维护人员等）的组织或机构，如高校、大型企业、计算机公司等单位。

自行开发方式的优点是所需的开发费用较少，容易开发出适合本单位需要的系统，便于对系统进行维护和扩展，有利于培养自己的系统开发人员。其缺点是开发周期一般较长；难于摆脱长期形成的本企业习惯的管理方式的影响，不易开发出一个高水平的系统。

2. 委托开发

委托开发是指由使用单位（甲方）委托具有丰富开发经验的机构（乙方）按照使用单位的需求承担系统开发的任务。这种开发方式适合于使用单位不具备自行开发的人力资源，或开发队伍力量较弱但资金较为充足的单位。甲乙双方应签订 MIS 开发项目协议，明确新系统的目标与功能、开发时间与费用、系统验收方式、人员培训等。采用这种开发方式，关键是选好委托单位，最好是对本行业的业务比较熟悉的、有成功经验的开发单位，并且用户的业务骨干要参与系统的论证工作。开发过程中需要开发单位和用户双方及时沟通，进行协调和检查。

委托开发的优点是，开发周期较短；企业不必组织本单位的开发队伍；若选择了好的开发单位，可开发出水平较高的系统。其主要缺点是费用高、系统维护与扩展需要开发单位的长期支持，不利于本单位的人才培养。

3. 合作开发

合作开发是指由使用单位和具有丰富开发经验的机构共同完成开发任务，双方共享开发成果，这实际上是一种半委托性质的开发方式。合作开发适合于使用单位虽有部分开发人员，但开发队伍力量较弱，希望通过 MIS 的开发建立完善和提高自己的技术队伍，便于系统维护工作的单位。

合作开发的优点是，相对于委托开发方式开发费用较低；可发挥开发单位技术力量强，本单位人员对管理业务熟悉的优势，共同开发出较高水平且适用性强的系统；有利于企业计算机队伍的培养与提高。其缺点是这种开发方式必须做好协调配合，方能使开发工作顺利进行，否则会使开发工作带来困难或开发不出好的系统。

4. 购买现成商品软件

目前，软件的开发正在向专业化方向发展，一些专门从事 MIS 开发的公司已经开发出一批使用方便、功能强大的 MIS 软件。为了避免重复劳动，提高系统开发的经济效益，可以购买现成的适合于本单位业务模式的 MIS 软件。例如，目前较流行的 SaaS 云计算服务模式下，平台供应商将应用软件（如 ERP、CRM 等）统一部署在云端，用户可以根据工作实际需求向厂商定购所需的应用软件服务，按定购的服务多少和时间长短向厂商支付费用，并通过互联网获得 Saas 平台供应商提供的服务。用户无须对软件进行维护，服务提供商会全权管理和维护软件。

购买现成商品软件的优点是节省时间、费用低、系统技术水平高。其缺点是通用软件专用性差，跟本单位的实际工作需要可能有一定的差距，难以满足特殊要求，有时要根据使用者的要求做二次开发。因此，在选择通用软件时，要多方考察后再作决定。

5.5 管理信息系统的开发方法

管理信息系统的开发方法

管理信息系统的开发与实施是一个复杂的系统工程，比较常用的开发方法主要有结构化系统开发方法、原型法、面向对象的开发方法、计算机辅助软件工程（CASE）开发方法。但是无论哪种方法，都必须遵循管理信息系统的生命周期理论和相应的开发策略。

5.5.1 管理信息系统的生命周期

任何系统都会经历一个产生、发展、成熟、衰退直至消亡的更新换代过程，这个过程称为系统的生命周期。管理信息系统也不例外，其生命周期包括系统规划、系统分析、系统设计、系统实施、系统运行维护和评价阶段。MIS 在使用过程中，随着环境的变化和技术进步，需要不断维护和更新，新的目标和要求不断被提出，从而要求设计新系统，替代旧系统。这种周而复始、循环不息的过程称作管理信息系统的生命周期，如图 5-3 所示。

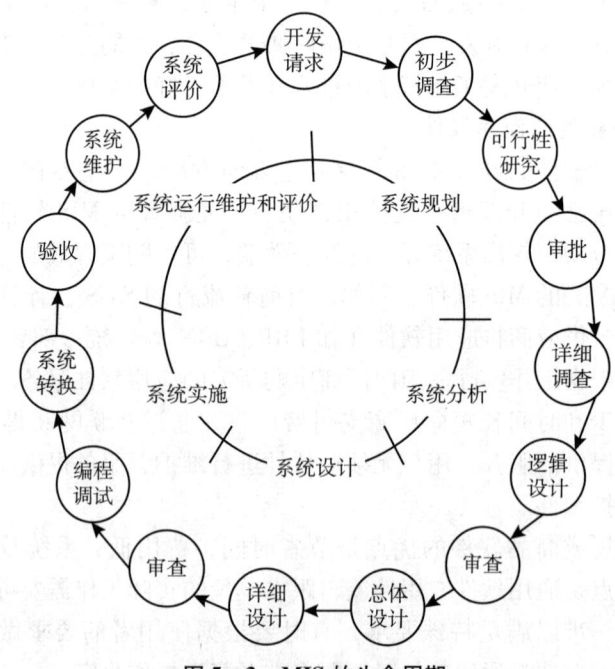

图 5-3 MIS 的生命周期

资料来源：王玉珍：《管理信息系统理论与实践》，清华大学出版社 2014 年版，第 88 页。

MIS 的生命周期各阶段的主要工作有：

（1）系统规划阶段。系统规划的主要任务是根据用户的系统开发请求，进行初步调查，明确问题，确定系统目标和总体结构，确定分阶段实施进度，然后进行可行性研究，撰写可行性报告。

（2）系统分析阶段。系统分析阶段的任务是解决系统"做什么"的问题。根据系统规划报告，对现行系统进行详细调查，提出新系统的逻辑模型。

（3）系统设计阶段。系统设计阶段的任务是解决系统"怎么做"的问题。这个阶段的主要任务就是根据系统分析阶段确定的方案，设计新系统的物理模型。

（4）系统实施阶段。系统实施阶段主要进行系统的具体实施，包括计算机等设备的购置、安装和调试，程序编制、系统调试与转换以及人员的培训等。

（5）系统运行、维护与评价阶段。系统运行、维护与评价阶段的主要任务是对运行系统进行维护和质量效益评价。

5.5.2 结构化系统开发方法

结构化系统开发方法（structured system development methodology），亦称结构化生命周期法、瀑布法，其基本思想是，用系统的思想和系统工程的方法，遵循用户至上的原则，结构化、模块化、自顶向下地先对系统进行分析与设计，然后再自底向上地逐步实施。结构化系统开发方法是一种传统的信息系统开发方法，在 20 世纪 70 年代，该方法非常盛行，在信息系统的开发上取得了较好的效果。尽管当今系统开发工具有了长足的进步，但该方法在系统的需求分析和逻辑设计方面仍不失为一种有效的方法。

1. 结构化系统开发方法各阶段的任务

结构化系统开发方法将 MIS 的开发过程划分为系统分析、系统设计和系统实施这几个相对独立的阶段，各阶段的主要任务如下：

（1）系统分析。系统分析是结构化系统开发方法的一个重要阶段。当企业确定要进行新系统的开发时，开发人员首先进行详细调查，包括组织机构调查、管理功能调查、业务流程调查和数据流程调查，详细了解旧系统和用户需求，进行结构化分析，与企业协商确定新系统的功能需求和性能需求，提出新系统的逻辑模型，最后编写系统分析报告。系统分析报告是系统分析阶段的阶段性成果，经审查批准后，进入下一个开发阶段。

（2）系统设计。系统设计阶段的主要任务是在系统分析阶段提出的逻辑模型基础上设计系统的物理模型。系统设计的主要内容有总体结构设计、代码设计、数据存储设计、输入输出设计、处理流程设计等，最后编写程序设计说明书和编制系统设计报告。系统设计报告是系统设计阶段的阶段性成果，是下一阶段系统实施的依据。

（3）系统实施。系统实施阶段的主要任务是计算机及网络系统的购置及安装调试、根据程序设计说明书进行程序开发与调试、数据的准备与输入、人员培训与系统切换等。系统实施的主要依据是系统设计报告，一般还需要制订详细的实施计划。最后的结果除了能最终实现的 MIS 外，还应包括系统维护手册、系统使用说明书等技术文档。

2. 结构化系统开发方法的特点

（1）坚持以用户为中心的原则。结构化系统开发方法强调用户是整个 MIS 开发的起源和最终归宿，用户的参与度和满意程度是系统成功的关键。因此，在整个开发过程中，要面向用户，加强与用户的沟通，充分了解用户的需求与愿望。

（2）严格区分工作阶段。把系统开发的整个过程划分为若干工作阶段，每一个阶段都有明确的任务和目标，前一阶段的工作成果是下一阶段的工作依据，有利于整个开发进度的把控。

（3）结构化、模块化、自顶向下进行分析与设计和自底向上逐步实施相结合。能使开发者把握全局，致力于总体目标和总体功能的实现，有利于各部分的分工、协调和正确配置。

（4）工作文档的标准化、规范化。结构化系统开发方法非常重视文档工作，要求每个阶段的工作完成以后，都要按工程标准完成相应的文档报告和图表。文档的标准化、规范化可以避免混乱；保证不同阶段的工作能够很好地衔接，保证不同角色的开发者相互协作；可以使开发人员及时发现问题，总结经验，也为今后系统维护带来方便。

3. 结构化系统开发方法的优点与缺点

结构化系统开发方法的优点主要有：①采用自顶向下、逐步求精的方法符合系统的原则，有利于系统的实现；②注重开发过程的整体性和全局性，适合大型信息系统的开发。

结构化系统开发方法的缺点主要有：开发过程复杂烦琐，周期长，系统难以适应环境的变化。

5.5.3 原型法

原型法（prototyping approach）是20世纪80年代随着计算机软件技术的发展，特别是在关系数据库系统、第4代程序语言和各种功能强大的系统辅助开发工具产生的基础上发展起来的一种系统开发方法。与结构化系统开发方法相比，原型法不需要对现行系统进行全面、详细的调查与分析，而是由系统开发人员根据对用户需求的理解，在强有力的软件环境支持下，快速开发出一个能运行的系统原型提供给用户，然后与用户协商，反复修改原型，直到用户满意。

1. 原型法的开发过程

原型法的开发过程如图5-4所示。

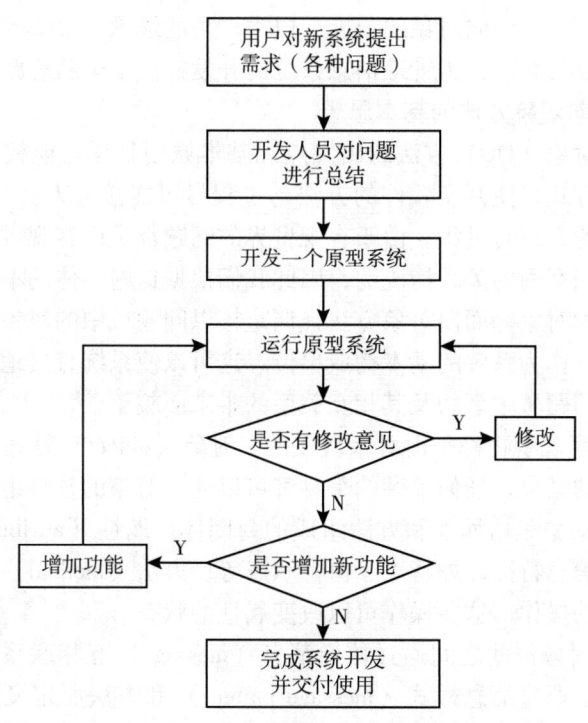

图5-4 原型法的开发过程

资料来源：黄梯云、李一军：《管理信息系统》（第七版），高等教育出版社2019年版，第83页。

2. 原型法的优点与缺点

原型法适用于小型 MIS 的开发，其优点为：开发过程是一个循环往复的反馈过程，符合用户对计算机应用的逐步认识规律；给用户的原型很具体，使用户能很快接触和使用系统，易为用户接受；提高了系统开发效率，缩短了系统的开发周期，降低了开发成本；原型法是在迭代中完善的，应变能力强。

原型法的缺点是，原型法对开发工具要求高；大型系统或复杂性高的系统不适用；对用户的管理水平要求高，对于管理不善、信息处理混乱的用户，不能直接用原型法。

5.5.4 面向对象方法

面向对象方法（object-oriented method，OOM）是从 20 世纪 80 年代各种面向对象的编程语言如 Smalltalk、C++等的基础上逐步发展起来的。它从面向对象的角度，以类、类的继承、聚集等概念描述客观事物及其联系，为管理信息系统的开发提供了全新思路。

1. 面向对象方法的基本思想

面向对象（OO）方法的出发点和基本原则是尽可能模拟人类习惯的思维方式，使开发软件的方法与过程尽可能接近人类认识世界、解决问题的方法与过程。由于客观世界的问题都是由客观世界中的实体及实体相互间的关系构成的，因此我们根据这些实体的本质特征把它们抽象为对象。面向对象方法强调直接以问题域中的对象为中心来思考问题，作为系统的基本构成单位。这可以使系统直接地映射问题域，保持问题域中事物及其相互关系的本来面貌。

（1）客观事物都是由对象组成的。对象（object）是在原事物基础上抽象的结果，任何复杂的事物都可以通过对象的某种组合构成。

（2）对象是由属性和方法组成的封闭体。属性（attribute）反映了对象的信息特征，如特点、值、状态等；方法（method）则是对象所能执行的操作，这些操作可以改变属性的状态。

（3）对象彼此之间通过传递消息（message）互相联系。传递消息的方式是通过消息模式（message pattern）和方法所定义的操作过程来完成的。

（4）对象可以按属性进行归类。类（class）有一定的结构，有父类、子类之分。父类是高层次的类，表达共性；子类是低层次的类，表达个性。子类通过继承机制获得父类的属性和方法。按照子类与父类的关系，若干个对象类组成一个层次结构的体系。

(5) 对象是被封装的实体。所谓封装（encapsulation），即指严格的模块化，这种封装的对象满足软件工程的一切要求，而且可以直接被面向对象的程序设计语言所接受。

2. 面向对象方法的开发过程

按照生命周期理论，面向对象方法的系统开发过程包括以下几个阶段：

（1）系统调查和需求分析。对系统将要面临的具体管理问题及用户对系统开发的需求进行调查研究，确定系统目标和功能。

（2）面向对象的分析（OOA）。根据系统目标分析问题和求解问题，其关键是在复杂的问题域中抽象识别出对象及其行为、结构、属性和方法，并分析它们相互间的关系，最终建立起问题域的正确模型。

（3）面向对象的设计（OOD）。面向对象的设计是把分析阶段得到的需求转变成符合成本和质量要求的、抽象的系统实现方案的过程。在这个过程中，对分析的结果进一步抽象、归类整理，最终以范式的形式确定下来。

（4）面向对象的编程（OOP）。面向对象的编程的任务就是使用一种面向对象的程序设计语言（OOPL）将其范式直接映射为应用程序软件，并且调试程序。

（5）面向对象的测试（OOT）。继续运用面向对象技术，进行以对象为中心的系统测试。面向对象方法使用独特的概念和工具完成软件开发工作，因此，在测试面向对象程序的时候，除了继承传统的测试技术之外，还必须研究与面向对象程序特点相适应的新的测试技术。

（6）面向对象的维护（OOSM）。面向对象方法为系统维护提供了有效的途径。由于程序与问题域是一致的，各个阶段的表示是一致的，从而大大减少了理解的难度。无论是发现了程序中的错误而逆向追溯到问题域，还是需求发生了变化而从问题域正向跟踪到程序，维护工作都比较容易进行。

3. 面向对象方法的优缺点

面向对象方法更接近于现实世界，可以很好地限制由于不同的人对系统的不同理解所造成的偏差；以对象为中心，利用特定的软件工具直接完成从对象客体的描述到软件结构间的转换，解决了从分析和设计到软件模块结构之间多次转换的繁杂过程，缩短了开发周期，是一种很有发展潜力的系统开发方法。

但是，面向对象方法需要一定的软件基础支持才可以应用，并且在大型 MIS 开发中不进行自顶向下的整体划分，而直接采用自底向上的开发,很难得出系统的全貌,会造成系统结构不合理、各部分关系失调等问题。

5.5.5 计算机辅助软件工程开发方法

计算机辅助软件工程方法(computer aided software engineering,CASE),原来是指用来支持 MIS 开发的、由各种计算机辅助软件和工具组成的大型综合性软件开发环境。随着各种工具和软件技术的产生、发展、完善和不断集成,逐步由单纯的辅助开发工具环境转化为一种相对独立的方法论。

CASE 是一种工具,集成了图形处理技术、程序生成技术、关系数据库技术和各类开发工具于一身。它是一种除系统调查外,全面支持系统开发过程,是一种自动化或半自动化的系统开发方法。高度自动化是此方法的主要特点。CASE 方法不是独立意义上的系统开发方法,它是计算机辅助开发平台。

CASE 工具主要包括:绘图工具、报告生成工具、数据词典、数据库管理系统和规格说明检查工具、代码生成工具及文档资料生成工具等。这些工具集成在统一的 CASE 环境中,可以通过一个公共接口,实现工具之间数据的可传递性,连接系统开发和维护过程中各个步骤。在统一的软硬件平台上实现系统的全部开发工作。

在 MIS 的实际开发工作中,往往是将 CASE 与其他开发方法一起使用。结构化系统开发方法与 CASE 组合使用,可以利用 CASE 强大的环境为结构化系统开发各阶段提供全程的自动化支持,使结构化系统开发方法更实用。原型法与 CASE 组合使用,可以利用 CASE 强大的软件开发集成环境,作为原型构造的支持工具,发挥快速开发的优势。

5.5.6 不同开发方法的比较

通过以上介绍可以看出,结构化系统开发方法、原型法、面向对象方法和计算机辅助开发方法各有特色。

结构化系统开发方法是经典的开发方法,强调从系统出发,自顶向下、逐步求精的开发系统。开发过程中始终贯穿着这个思想,开发过程规范、思路清楚。但是在总体思路上比较保守,是以不变应万变来适应环境的变化。

原型法强调开发方与用户的交流,是从动态的角度来看待系统变化，采用的是以变应变的思路，从思路上看比结构化的系统开发方法要先进。原型法在计算机开发工具上要求比较高，对于中小型的信息系统开发应该说效果很好，但对于大型的、复杂的系统在原型的制作上有相当的困难，在实际应用中，通常是与结构化方法结合起来使用。

面向对象方法是从一个全新的角度来看问题。也就是从系统的基本构成入手，从现实世界中抽象出系统组成的基本实体（对象）。对象是构成要开发的基本要素。如果把这些对象描述清楚了，就能够以比较大的自由度来构建信息系统，当外界环境发生变化后，可以通过重新组合对象来应对环境的变化。面向对象方法的局限性在于对计算机工具要求高，在没有进行全面的系统性调查分析之前，把握这个系统的结构有困难。因此，目前该方法的应用也是需要与其他方法相结合的。

计算机辅助软件工程开发方法是一种除系统调查外全面支持开发过程的方法，同时也是一种自动化（准确说应该是半自动化）的系统开发方法，具有高度自动化的特点，但值得注意的是在这个方法的应用以及计算机辅助开发的工具自身设计中，自上而下、模块化、结构化却是贯穿始终的。

综上所述，只有结构化系统开发方法能真正较全面地支持整个系统开发过程，其他几种方法尽管有很多优点，但只能作为结构化系统开发方法在局部开发环节上的补充，暂时还不能替代其在系统开发过程中的主导地位。

5.6 初步调查与可行性分析

初步调查是系统规划阶段最重要和最基础的一项工作，它决定未来 MIS 的总目标、总框架的确定，它的调查成果是 MIS 进行可行性分析的依据。在系统开发之前对项目进行初步调查与可行性分析论证是非常必要的。

初步调查与可行性分析

5.6.1 初步调查

初步调查的重点是了解用户对新系统的要求，了解现行系统的功能、用户对现行系统的满意度及现行系统尚待解决的问题，以此为依据分析确定建立信息系统的必要性。初步调查的内容主要有如下几方面。

1. 用户企业概况

企业概况包括企业的规模、性质、组织结构、产、供、销的概貌，人员、设备与资金状况等。除此之外，还必须调查清楚企业近期发生变化的可能性，这些可能的变化包括企业兼并、产品转向、厂址迁移、周围环境的变化等。

2. 现有信息系统运行状况

对现行系统不满意是企业要求开发新系统的原因之一。在决定是否开发新系统之前，必须了解现有系统（不论它是手工系统还是正在运行的计算机系统）的运行状况、特点、所存在的问题、可利用的信息资源、可利用的技术力量以及可利用的信息处理设备等。

3. 用户需求调查

初步调查的第一步就要从用户提出新系统开发的原因，以及从用户对新系统的要求入手，考查用户对新系统的需求，预期新系统将来要达到的目的。

4. 管理方式和基础数据管理状况

企业现有的管理方式和基础数据管理状况是整个系统调查工作的重点，它与将要开发的系统密切相关。但是，在初步调查阶段我们只需要对这些进行大致的了解，并定性了解对今后系统开发能否支持即可。

初步调查的方法有：个别访问、召开座谈会、发放调查表调查等。初步调查应在较短时间内弄清系统现有的条件和存在的问题，并以此作为可行性分析的资料和依据。

5.6.2 可行性分析

可行性分析也称可行性研究，是系统战略规划阶段中最关键的工作之一，它决定了新系统是否具有开发的必要性和可行性，是任何一项大型工程正式投入开发之前必须进行的一项工作，也是项目能够顺利进行的必要保证。

1. 可行性分析的任务

可行性分析的任务包括明确开发应用项目的必要性和可行性。必要性来自实现开发任务的迫切性。一是直接明显的必要性，是用户提出建立管理信息系统的要求是根据一些明显的、直接的、迫切需要的原因。二是预见性的必要性，是用户根据本单位的业务发展情况，信息处理新技术的状况，本单位信息需求的发展，预见未来，提出在不久的将来，信息处理的手段必须更新，才能适应信息社会化的要求，为此而建立新的管理信息系统。可行性则取决于实现应用系统的资源和条件。

2. 可行性分析的内容

（1）技术上的可行性。主要分析当前的软硬件技术能否满足用户对系统所提出的要求，例如通信设备性能、软硬件配置能否达到系统目标要求，能否满足系统在管理模型、处理精度、定量化分析方法方面的要求等。此外，还要考虑开发人员的技术水平，因为管理信息系统的开发属于知识密集型工作，对技术的要求较高，如果缺乏足够的技术力量，或者单纯依靠外部力量进行开发，是很难成功的。

（2）经济上的可行性。主要是对开发项目的成本和效益进行评估，分析新建项目从经济上是否合理。如果不能提供研制系统所需的经费，或者不能提高企业的利润，或在一定时期内不能收回投资，就不应该开发此项目。新系统的投资包括设备费用、开发费用、运行费用、培训费用、维护费用等。效益评估应从两个方面综合考虑：一是直接效益，是指系统交付使用后，在某一时期能产生的明显经济效益，例如，加快库存管理减少流动资金占用，加强财务核算减少成本开支，优化调度提高生产效率增加产值等；二是间接效益，许多 MIS 所产生的效益主要是间接效益，主要有提高工作效率从而提高了企业管理水平，促进了企业的体制和组织机构的改革以及业务流程的重组和优化，及时给高层提供决策信息，提高了企业员工素质，改变企业形象等。

（3）管理上的可行性。主要指管理人员对开发应用项目的态度和管理方面的条件。用户领导和管理人员对新系统开发的态度是 MIS 开发成败的关键因素之一，主管领导对项目不支持或管理人员的抵触情绪很大，会使系统开发工作举步维艰。管理方面的条件主要指管理方法是否科学，相应管理制度改革的时机是否成熟，规章制度是否健全以及原始数据的来源与正确性和及时性等。

5.6.3 可行性分析报告

根据初步调查了解的情况，系统分析员对建立管理信息系统的必要性和可行性进行全面分析，将分析的结果以书面形式表达出来，这就是可行性分析报告。

可行性分析报告目前尚无统一的格式，报告的内容通常包括引言、初步调查与分析、可行性分析结论,其核心内容应是:提出设想的新系统初步方案(一般应有几套),从各方面进行可行性分析,比较各种方案的利弊得失,并应提出倾向性的意见及理由,供用户在可行性审核时进行抉择。可行性分析报告需要提交到正式会议上进行认真讨论和审查,可行性分析的结论可能是可以立即开发,改进原系统,目前不可行或推迟到某些条件具备以后再进行等。

可行性分析报告要尽量取得有关管理人员的一致认识,并经主管领导批准,才可付诸实施。同时,也意味着系统规划阶段的结束,而进入系统分析阶段。

本 章 小 结

1. 管理信息系统战略规划是关于组织 MIS 长远发展的规划,是组织的战略规划的重要组成部分。它从组织的宗旨、目标和发展战略出发,分析组织的信息管理需求和流程,规划出组织管理信息系统的体系结构,进而规划出组织的信息资源的采集、存储、传递、利用的框架,期望能通过组织信息资源分析组织运作状况,辅助决策,帮助组织实现战略目标,最终为组织获得竞争优势,实现组织的长远发展。

2. MIS 战略规划一般包括三年或更长期的计划,它明确未来一段时期内总的发展方向。同时还包含一年的短期计划。其内容包括:MIS 的目标、约束与总体结构;企业现状分析;业务流程的现状、存在的问题和流程在新技术条件下的重组;对相关信息技术发展的预测;近期计划。管理信息系统的规划应根据企业内外部的变化情况不断地进行修改。

3. 诺兰阶段模型把信息系统的成长过程分成初装、蔓延、控制、集成、数据管理和成熟 6 个阶段。

4. BSP 法是一种对企业管理信息系统进行规划和设计的结构化方法。BSP 法主要基于用信息支持企业运行的思想,首先是自上而下识别系统目标、企业过程与数据,再自下而上地设计系统目标,最后把企业目标转化为信息系统战略规划的目标。

5. 关键成功因素法是根据企业成功的关键因素来确定系统信息需求的一种重要的管理信息系统战略规划方法。

6. 管理信息系统的基本开发策略有三种:"自下而上"的开发策略、"自上而下"的开发策略、"上下结合"的开发策略。

7. 常用的管理信息系统开发方式有自行开发、委托开发、合作开发和全面购置商品软件四种。

8. 管理信息系统的生命周期包括系统规划、系统分析、系统设计、系统实施、系统运行维护和评价阶段。

9. 结构化系统开发方法将 MIS 的开发过程划分为系统分析、系统设计和系统实施这几个相对独立的阶段。其优点主要有：（1）采用自顶向下、逐步求精的方法符合系统的原则，有利于系统的实现；（2）注重开发过程的整体性和全局性，适合于大型信息系统的开发。其缺点主要有：开发过程复杂烦琐，周期长，系统难以适应环境的变化。

10. 原型法是由系统开发人员根据对用户需求的理解，在强有力的软件环境支持下，快速开发出一个能运行的系统原型提供给用户，然后与用户协商，反复修改原型，直到用户满意。原型法适用于小型 MIS 的开发。

11. 面向对象开发方法是从面向对象的角度，以类、类的继承、聚集等概念描述客观事物及其联系，为管理信息系统的开发提供了全新思路。

12. 初步调查是系统规划阶段最重要和最基础的一项工作，它决定未来 MIS 的总目标、总框架的确定，它的调查成果是 MIS 进行可行性分析的依据。在系统开发之前对项目进行初步调查与可行性分析论证是非常必要的。初步调查的重点是了解用户对新系统的要求，了解现行系统的功能、用户对现行系统的满意度及现行系统尚待解决的问题，以此为依据分析确定建立信息系统的必要性。

13. 可行性分析也称可行性研究，是系统战略规划阶段中最关键的工作之一，它决定了新系统是否具有开发的必要性和可行性，是任何一项大型工程正式投入开发之前必须进行的一项工作，也是项目能够顺利进行的必要保证。可行性分析的内容包括技术上的可行性、经济上的可行性和管理上的可行性。

14. 可行性分析报告要尽量取得有关管理人员的一致认识，并经主管领导批准，才可付诸实施。同时，也意味着系统规划阶段的结束，而进入系统分析阶段。

复习思考题

1. 什么是 MIS 战略规划？其作用是什么？
2. 试述 MIS 战略规划的内容。
3. 诺兰阶段模型把信息系统的成长过程分为哪几个阶段？
4. 简述 BSP 法的工作步骤。
5. 简述使用 U/C 矩阵的步骤。

延伸阅读

6. 简述 CSF 方法的概念与实施步骤。
7. 简述管理信息系统的开发策略。
8. 简述管理信息系统的开发方式。
9. 简述管理信息系统的生命周期各阶段的主要工作。
10. 试述结构化系统开发方法、原型法、面向对象方法和计算机辅助开发方法的优缺点和使用场合。
11. 初步调查的内容有哪些方面?
12. 简述可行性分析的任务与内容。

第 6 章
管理信息系统的系统分析

本章要点

- ✧ 系统分析的任务
- ✧ 详细调查的目的与内容
- ✧ 组织结构分析和业务流程分析的内容及描述工具
- ✧ 数据分析与数据流程分析的内容及描述工具
- ✧ 新系统的逻辑模型的内容
- ✧ 系统分析报告的内容

引导案例

吐哈油田公司打造新一代调度指挥管理系统

吐哈油田公司隶属于中国石油天然气股份有限公司，是在20世纪80年代末，国家提出"稳定东部、发展西部"石油发展战略大背景下，按照"新体制、新技术，高水平、高效益"的"两新两高"体制，开发建设起来的集油气勘探与生产、工程技术服务于一体的现代化油田。油田主要生产生活区域横跨丝绸古道重镇吐鲁番、哈密两地。

吐哈油田公司企业调度指挥管理系统是一套集数据分析、展示、视频会议、视频监控和调度指挥为一体的综合管理信息系统。企业调度指挥管理系统的建设目的是建立一个生产信息展示、生产调度指挥、环境监控和远程协助的综合系统。

在设计建设方案时要尽量使用目前先进且成熟的技术。例如，在设备选型时，要考虑采用当前流行或者适当超前的先进技术，选用广泛使用且得到验证的产品，以保证系统的高可靠性。并考虑最优的性价比，保证系统建设的经济合理性。尽量避免任何部分的单点故障，具有自动均衡能力和备份，以保证系统的高可用性。保证系统的高扩展能力，以确保新功能、新业务在原有的系统中得以扩展和实现，并为新旧系统集成、数据共享奠定基础，从而避免数据孤岛、系统孤岛的形成。采用标准的技术以保证系统兼容性。建设方案在保证系统性能、数据安全、系统安全的同时，充分考虑了现有系统的情况，从而提高了系统数据集成能力，并提供了系统之间共享信息的通道和机制。

为了达到上述目标，建设者十分重视系统的需求分析。企业调度指挥对管理系统的需求是风格一致，融合视频会议系统、大屏显示系统、数据交互系统、视频监控系统，为企业总部和各分公司的生产指挥和应急指挥提供信息集成平台，实现各业务板块信息的综合展示，支持总部和各分公司调度指挥及辅助决策，提升远程监控能力和应急指挥处理能力，实现主营业务决策指挥信息的标准化和常态化管理。建立从数据源头到总部的上游生产数据管理体系，打造一体化的生产管理集成平台，满足总部、分公司两级主营业务管理的需求，实现互联互通与综合应用、全局远程沟通与指挥调度、实时高效的安全生产监控与预警。

首先，进行全面的现状调研，重点包括目前生产信息系统所使用的模式、开发工具、数据库管理系统、操作系统、数据总量、年递增量、数据内容、备份方式等。同时，要清楚现有视频会议系统的硬件状况、使用与管理状况、会议室设施状况等。制作详尽的调查摸底表，避免所收集的信息不符合要求，给统计分析带来困难。

其次，对需求进行全面分析，与业务相关部门进行交流和沟通；对整个需求进行分析和归类初步形成需求分析报告，并报送相关部门再次确认。在此基础上，组织相关会议进行交流、沟通、通报，最终形成需求分析报告。

最后，对照需求分析报告逐条分析，确定企业调度指挥管理系统包含的功能，其主要包括视频会议、视频监控、远程交互、显示系统、电话会议、移动指挥系统、会议室管理软件、调度指挥管理软件以及指挥室装修改造等。根据需求和功能选择两种以上的设备编制方案，并将方案提交给相关业务部门进行评审，根据意见和建议对建设方案进行修改和完善。

在需求分析的基础上，建设了一个集视频会议、视频监控、远程交互、移动监控和生产调度为一体的综合管理信息系统。吐哈油田公司企业调度指挥管理系统建设完成后,实现了生产信息的综合展示,可以保障总部、分公司的管理者在第一时间掌握生产信息,实现了生产现场的远程管理,生产的统一调度和指挥;实现了重点区域、敏感场所的全方位、全天候高清晰度监控,移动监控系统可以及时延伸到企业生产的各个位置,提高了处理应急和突发事件的能力;通过视频会议系统和远程交互系统,实现了远程方案讨论、技术交流、学习培训和会议等交互功能,大大降低了工作成本,提高了企业的工作效率和经济效益。

(资料来源:张冬萍、杨荣军:《吐哈油田公司打造新一代调度指挥管理系统》,载于《中国信息化》2013年第23期,第66~67页。文字略有改动)

经过可行性分析,确定要进行新系统的开发时,便进入到系统分析阶段。系统分析也称需求分析,目的是建立新系统的逻辑模型。系统分析是管理信息系统开发生命周期中最重要的环节之一,它主要解决新系统能"做什么"的问题,系统分析确定的内容是系统设计和系统实施的基础。系统分析的工作质量是决定系统开发工作成败的关键。系统分析工作量大、涉及面广,它不仅涉及组织、管理、具体业务等活动,而且涉及各类管理人员,所以系统分析人员要考虑如何用科学的管理方法,高质量地完成系统分析的任务。系统分析的阶段性成果是系统分析报告,它主要由数据流程图和数据字典组成。

6.1 系统分析的任务

系统分析的任务是在总体规划的指导下,首先对现行系统进行详细调查,充分了解系统的运行现状、存在的不足和用户的需求,然后进行系统分析,建立新系统的逻辑模型,最后编制系统分析报告。新系统的逻辑模型描述了新系统应该具有的功能,而不涉及具体的物理细节,即系统分析只解决新系统应该"做什么"的问题,而不涉及"怎么做"的问题。

1. 现行系统详细调查

详细调查是在初步调查的基础上对现行系统进行全面深入、细致、详尽的调查,弄清现行系统的边界,组织机构,人员分工,业务流程,各种计划、单据和报表的格式、种类及处理过程,企业资源及约束情况等,为系统开发做好原始资料的准备工作。

2. 现行系统分析

在详细调查的基础上，根据计算机信息处理的特点，对现行系统进行分析，其主要内容包括组织结构分析、业务流程分析、数据流程分析、用户需求分析等。

3. 建立新系统的逻辑模型

在对现行系统分析的基础上，根据用户提出的新系统应具有的全部功能和特征，建立新系统的逻辑模型。新系统的逻辑模型是指新系统拟采用的管理模型和信息处理方法，因其不同于计算机配置方案和软件结构模型方案等实体结构方案，故称其为逻辑方案。

4. 编制系统分析报告

系统分析报告描述了新系统的逻辑模型，是系统分析阶段的主要成果。系统分析报告既是系统设计与实施的依据，也是最后交接验收的依据，是整个开发过程中最重要的文档之一。

6.2 现行系统的详细调查

6.2.1 详细调查的目的

现行系统的详细调查

新系统产生的基础是现行系统，现行系统既可能是人工的，还可能是计算机化的，或是部分计算机化的。现行系统是一个已经在实际运行中受考验的、可行的系统，其工作流程、信息需求将成为新系统开发的依据；现行系统存在的缺点及不足正是新系统进行改进、变革和提高的依据，因此对现行系统的了解程度直接影响新系统逻辑方案的质量。

详细调查是在初步调查的基础上对现行系统进行全面、深入、详尽、细致的调查，其主要内容包括组织结构、业务流程、数据流程、用户需求等。通过调查，弄清用户对新系统的功能及信息要求，其目的是设计出新系统的功能和逻辑模型。

6.2.2 详细调查的原则

详细调查应遵循用户参与的原则，即由使用部门的业务人员、主管人员和设计部门的系统分析人员、系统设计人员共同进行。调查时采用"自顶向下"的策略,即从企业组织的管理层开始,逐层向下调查,确保对整个企业的管理工作全面了解。除此之外,在调查中还应遵循以下原则。

(1) 真实性:所谓真实性是指系统调查资料能够真实、准确地反映现行系统状况。在调查中要仔细甄别材料的真伪,保证调查所得资料的真实性。虚假的调查资料会影响系统分析与设计人员的判断,为系统的开发留下隐患。

(2) 全面性:系统由若干子系统构成,详细调查时应涵盖系统的各个方面,保证调查资料的完整性。如果在详细调查时遗漏了某些内容,等系统实现后再补充进去,不光所付出的成本会成倍增长,而且有些疏漏是以后无法弥补的。

(3) 规范性:规范性是指调查过程的规范性和对结果描述方法的规范性。调查步骤要循序渐进、逐步深入,在调查过程中使用一系列规范、直观的图表工具,如组织结构图、业务流程图、数据流程图等,把调查结果用一套规范的逻辑模型描述方法全面、详细地描述出来,既可以提高调查质量,又可以建立一套完整的调查文档。

(4) 启发性:由于业务人员对计算机处理信息的特点不甚了解,往往不能准确地表达新系统的功能需求和性能要求,这就需要调查人员的逐步引导,不断启发,尤其在考虑计算机处理的特殊性而进行的专门调查中,更应该善于按使用者能够理解的方式提出问题,打开使用者的思路。

6.2.3 详细调查的方法

对现行系统的详细调查是一项繁杂而艰巨的任务,为了能使调查工作顺利进行并收到预期的效果,需要运用有效的方法来进行。常用的调查方法主要有:

(1) 收集资料。收集各部门、科室和车间日常业务中所用的计划、原始凭据、单据和报表等资料。

(2) 问卷调查。把要调查的问题设计成调查表,让被调查者填写,适用于一些有共性的问题和较大范围的调查。

(3) 召开座谈会。这是一种集中调查的方法,适合对系统做定性调查。可以分为两种方法:一种是按职能部门召开座谈会,了解各部门的业务范围、工作内容、业务特点及对新系统的想法和建议;另一种是召集各类人员联合座谈,着重听取使用单位对目前作业方式存在的问题的建议及对新系统的要求。

（4）访谈。对特殊问题、个别细节的调查需要对有关人员做专题访谈。

（5）参加业务实践。系统开发人员亲自参加业务实践既能使自己对于企业中一些较复杂的处理过程做到了然于心，又有助于发现问题，还可以在业务实践中与用户广泛接触和交流，使开发人员更加了解用户，也使用户更了解新系统。

6.2.4　详细调查的内容

详细调查的内容应该是围绕着组织内部信息流所涉及领域内的各个方面，包括企业的生产、经营、管理等各个方面。具体来说，详细调查包括如下几个方面：

1. 组织结构调查

组织结构是指一个组织（部门、企业、车间、科室等）的组成以及这些组成部分之间的隶属关系或管理与被管理的关系。组织机构调查包括对原系统的组织机构、领导关系、人员构成情况的调查，同时还要了解各部门的职责、业务范围及相应的规章制度以及工作人员的分工情况，每位人员的业务、职责等情况。

2. 业务功能调查

业务功能相对于组织是独立的。把业务功能抽象出来，按功能设计系统和子系统可以使信息系统具有较强的生命力和良好的柔性。

3. 业务流程调查

业务流程指为了实现组织目标而进行的一系列逻辑相关的业务活动。调查业务流程应顺着原系统信息流动的过程逐步地进行，内容包括：各环节的处理业务、信息来源、处理方法、计算方法、信息流经去向、提供信息的时间和形态（报告、单据、屏幕显示等）。分析人员需要全面细致地了解整个系统各方面的业务流程，注意发现和消除业务流程中不合理的环节，并为数据流程的处理做准备。

4. 用户需求调查

在业务流程调查的同时，调查用户提出的新系统应具有的全部功能和特征。主要包括：功能要求、性能要求、可靠性要求、安全保密要求、开发费用、时间以及资源上的限制等。

5. 数据与数据流程调查

数据与数据流程调查的内容包括：收集原系统全部输入单据（如入库单、收据、凭证）、输出报表和数据存储介质（如账本、清单）的典型格式；弄清各环节上的处理方法和计算方法；在上述各种单据、报表、账本的典型样品上或用附页注明制作单位、报送单位、存放地点、发生频度（如每月制作几张）、发生的高峰时间及发生量等；在上述各种单据、报表、账册的典型样品上注明各项数据的类型（数字、字符）、长度、取值范围（指最大值和最小值）。对收集的数据和处理数据的过程进行分析整理，在业务流程的基础上舍去具体的物质要素，只考虑数据的流向、处理和存储等，绘制原系统的数据流程图，编制数据字典，为进一步的分析做准备。

6. 处理逻辑调查

数据与数据流程的调查结果只强调了流程，而没有对每个信息处理的细节进行说明，所以还需要对每个处理的逻辑做详细的调查。

7. 查询和决策需求调查

用户查询需求是隐形需求，功能调查时容易忽视。如日常的查单据、账簿、报表，用户在提出要求时会遗漏，开发人员应提醒、启发用户提出各种查询要求。使用信息系统辅助管理人员进行决策是信息系统开发的主要目标，因此在详细调查时，要认真听取中高层管理人员的要求，如决策的内容、信息需求、决策模型等。

8. 其他内容

详细调查还包括可用资源和限制条件的调查、现存问题和改进意见的调查、系统环境调查等。①

6.3 组织结构与业务流程分析

6.3.1 组织结构分析

现行系统中的信息流动是以组织结构为基础的，从组织结构入手可以全面了解信息系统的工作过程。组织结构分析主要是根据组织结构调查的情况，绘制企业的组织结构图，如图6-1所示，描述现行系统组织机构的层次和隶属关系。分析人员根据组织结构图，分析各部门间的内在联系，判断各部门的职能是否明确，是否能够真正发挥作用。根据国内和国际上同类型企业的先进管理经验，对组织结构设置的合理性进行分析，找出存在的问题。根据计算机管理的要求，为

组织结构与业务流程分析

---

① 戚桂杰：《管理信息系统》，经济科学出版社2011年版，第229~230页。

决策者提供机构设置调整的参考意见。

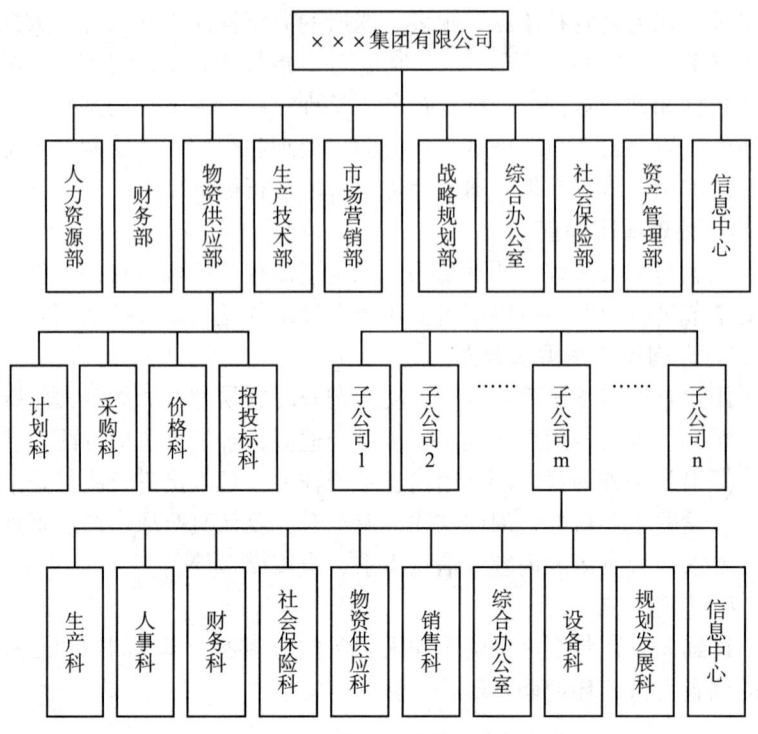

图6-1 某公司的组织结构

资料来源：于本海：《管理信息系统》，高等教育出版社2009年版，第204页。

6.3.2 管理功能分析

为了实现系统的目标，系统必须具有各种功能。所谓功能，是指完成某项工作的能力。在以组织结构图为线索调查清楚各部门的功能后，要分层次将其归纳、整理，形成以系统目标为核心的整个系统的功能结构图。现行系统的的功能设置往往存在一些不合理的地方，在归纳整理过程中，要把这些不合理的流程取消，把功能相似或工作顺序相近的处理功能尽量合并；还要分析出现系统当前缺少的功能和比较薄弱的功能。经分析后的系统功能结构一般是多层次的树型结构，一般最后一级功能是不可再分割的。图6-2为某企业的销售系统功能结构图。

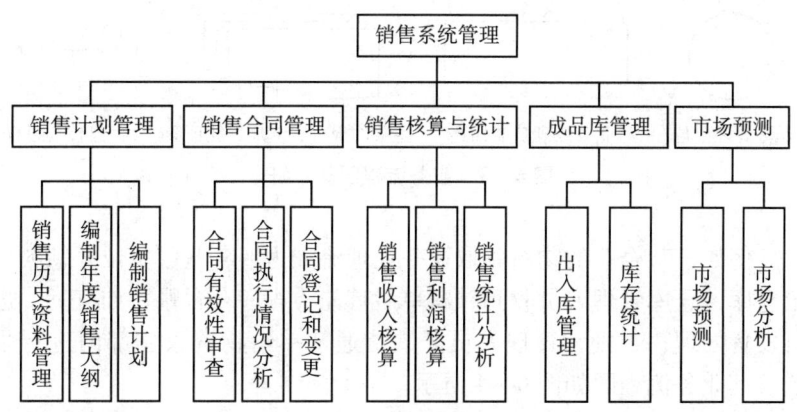

图 6-2　某企业销售系统功能结构

资料来源：黄梯云、李一军：《管理信息系统》（第七版），高等教育出版社 2019 年版，第 93 页。

6.3.3　业务流程分析

1. 业务流程分析的任务与过程

业务流程分析的主要任务是分析各环节的管理业务活动，掌握管理业务内容、作用及信息的输入、输出、数据存储和信息的处理方法及过程，找出原系统业务流程中的不合理部分，并提出优化方案。业务流程分析的过程包括以下内容：

（1）对原有流程进行分析。确定哪些过程需要保留，哪些过程可以删除或合并，哪些过程不尽合理，需要进行改进或优化。

（2）优化业务流程。原有业务流程中哪些过程存在冗余信息处理，可以按计算机信息处理的要求进行优化。

（3）确定新的业务流程。绘制新系统业务流程图。

（4）确定新系统的人机界面。确定新的业务流程中人与计算机的分工。

2. 业务流程图

业务流程图（transaction flow diagram，TFD）是一种描述系统内各单位之间、人员之间业务关系、作业顺序和管理信息流向的图表，利用它可以帮助分析人员了解业务的具体处理过程，发现业务流程中的不合理流向，以便进行优化改造。图 6-3 是绘制业务流程图的基本符号。

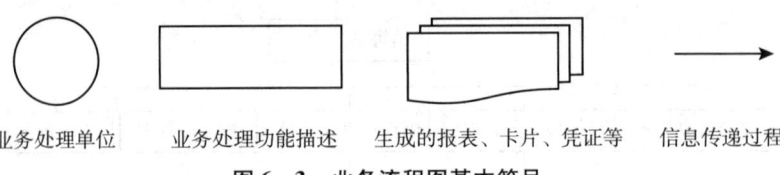

图 6-3　业务流程图基本符号

例如，某企业的物料领取业务处理流程为：各基层单位开领料单给仓库，仓库管理人员收到领料单后首先检查库存台账，如有货，进行发货处理；否则，管理人员开缺货通知单给物资采购部门进行采购。其业务流程图如图 6-4 所示。

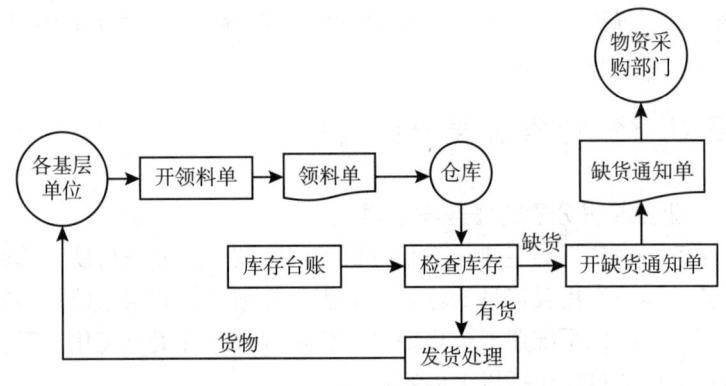

图 6-4　物料领取业务流程图

资料来源：戚桂杰：《管理信息系统》，经济科学出版社 2011 年版，第 235 页。

6.4　数据与数据流程分析

数据分析与数据流程分析

6.4.1　数据分析

数据与数据流程调查时所收集的资料种类繁多，必须进行汇总和分析，以使这些各式各样的信息资料，转换成能被计算机所容易识别的数据，以便处理。

1. 数据分类

调查数据分为以下三类：

（1）输入类数据。即原始数据或基础数据，它是新系统中各子系统需要用到的或网络传输的内容。对输入类数据，需要了解数据名称、使用目的、收集方式、发生周期、信息量、编码方式、保存期、相关业务、使用文字等内容。

（2）过程类数据。主要指系统在处理过程中产生的数据，如各种台账、账单和记录文件等，即新系统要存储的、相互连接、调用和传递的主要内容。

（3）输出类数据。主要指管理者想要得到的数据，如系统运行生成的报表、统计分析结果与决策方案等，即新系统运行输出和网络传输的主要内容。对输出类数据，需要了解其名称、使用单位、使用目的、发行份数、发送方法、使用文字、输出时间、输出方式等内容。

对各类数据，还需要了解其存储方式和处理要求等。数据分类不仅有助于数据分析，还对后面的输入/输出设计起指导作用。

2. 数据分析

（1）数据的正确性分析。可使用第5.3.1节中的U/C矩阵对数据的正确性进行分析。U/C矩阵的列表示各数据类，行表示各业务过程类。因一个数据类只能由一个子系统产生，因此在U/C矩阵的每一列中，只应出现一个C，否则就是发生了错误。出错的原因既可能是数据整理错误，也可能是数据类划分得太粗，需要进一步细分。此外，列中没有一个C是错误的。在U/C矩阵中每行需要有C或U，不能有空行或空列，否则说明是在建立U/C矩阵的过程中丢失了某些数据联系，或者是划分了多余的业务过程或数据类。

（2）数据的属性分析。数据属性分析分为静态特性分析和动态特性分析。

①数据的静态特性分析。数据的静态特性分析包括：

数据的类型及长度：确定数据类型（字符型、数据型、日期型等）、数据的长度（定长、变长、位数、小数位数等）以及其他特殊要求（如精度、正负号）等。

取值范围：如最大值、最小值等，这是对输入的数据进行校验审核时的依据。

数据流量：单位时间内的业务量（平均数量、最低数量、最高数量）、使用频率、存储量、保留时间等。

数据重要程度和保密程度。

数据所属业务。

②数据动态特性分析。数据动态特性分析的目的主要是确定数据

所属的数据文件的类别。数据的属性按动态特性可以分为：

固定值属性：具有固定值属性的数据，其值基本上固定不变。例如：成本系统中的定额材料消耗量，工资系统中的职工姓名和基本工资。

固定个体变动属性：这类数据项，对总体来说具有相对固定的个体集，但其值是变动的属性。例如，工资系统中的电费扣款一项，被扣款人员变动不大，但每人被扣电费则每月都在变化。

随机变动属性：这种数据项，其个体是随机出现的，其值也是变动的。例如：工资系统中的事假和病假扣款。

再如，学籍管理系统中学号就属于固定值属性，实行学分制的学费扣款就属于固定个体变动属性，奖学金获奖名单就属于随机变动属性。

通常把具有固定属性的数据存放在主文件中，把具有固定个体变动属性的数据存放在周转文件中，把随机变动属性的数据存放在处理文件中。

6.4.2 数据流程分析

1. 数据流程图的概念

数据流程图（data flow diagram，DFD），又称数据流图，是一种能全面地描述信息系统逻辑模型的主要工具，它可以用少数几种符号综合地反映出数据在系统中的流动、处理和存储情况。数据流程图具有抽象性和概括性。抽象性表现在它完全舍去具体的物质，只剩下数据的流动、加工处理和存储。概括性表现在它把系统中各种不同业务的信息处理过程联系起来形成一个整体。DFD既可以用来表示新系统的逻辑模型，又可以表示原系统的逻辑模型。

数据流程图由四种基本符号组成。即外部实体、数据流、处理（加工）、数据存储，其符号表示如图6-5所示。其含义如下：

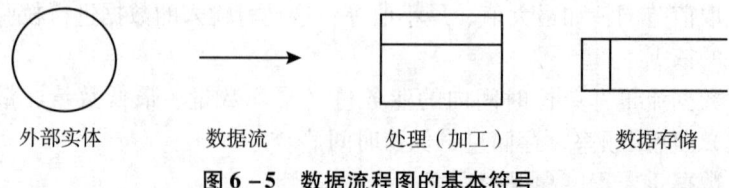

图6-5 数据流程图的基本符号

（1）外部实体：指系统以外与系统有联系的人或事物。它是数据的外部来源和去处。原则上讲，外部实体不属于 DFD 的核心部分，只是 DFD 的外围环境部分。它通常是人员、部门或外系统等。外部实体用圆圈表示，其名字需在圆圈中用文字注明。

（2）数据流：数据流由一组确定的数据组成。例如"发票"数据流由品名、规格、单位、单价、数量等数据组成。数据流用带有名字的箭头表示，名字表示流经的数据，箭头则表示流向。数据流可以在外部实体、处理和数据存储之间流动。

对数据流的表示有以下约定：

①对流进或流出文件的数据流不需标注名字，因为文件名本身就足以说明数据流。而其他的数据流则必须标出名字，名字应能反映数据流的含义。

②数据流不允许重名。

③两个数据流在结构上相同是允许的，但必须体现我们对数据流的不同理解。例如合理领料单与领料单两个数据流，它们的结构相同，但前者增加了合理性这一信息。

④两个处理之间可以有几股不同的数据流，这是由于它们的用途不同，或它们之间没有联系，或它们的流动时间不同。

（3）处理：又称加工，它把流入的数据流转换为流出的数据流。对数据加工转换的方式有两种：一是改变数据的结构，例如将数据库中各数据重新排序；二是产生新的数据，例如将现金、银行存款、其他货币资金三个科目的数据求和，得到资产负债表上"货币资金"项目的数值。处理的名字一般用一个动词加一个作动词宾语的名词表示，例如"计算工资"。处理用矩形表示，矩形上部填写处理的名字，上部填写处理的编号。

（4）数据存储：逻辑意义上的数据存储环节，即系统信息处理功能需要的、不考虑存储的物理介质和技术手段的数据存储环节。它用一个右边开口的长方形表示，长方形的左边填写该数据存储的编号，右侧填写存储的数据和数据集的名字。

2. 数据流程图的绘制步骤

对于不同的问题，数据流程图可以有不同的画法。一般情况下，应该遵守"由外向里"的原则。即先确定系统的边界或范围，再考虑系统的内部，先画加工（处理）的输入和输出，再画加工内部。具体步骤如下：

（1）识别系统的输入和输出，画出顶层 DFD。首先确定系统的边界。在系统分析初期，系统的功能需求等还不很明确，为了防止遗漏，不妨先将范围定得大一些。系统边界确定后，那么越过边界的数据流就是系统的输入或输出。将输入与输出用加工连接起来，并加上输入数据来源和输出数据去向就形成了顶层 DFD。顶层 DFD 反映系统的最基本功能，图 6-6 为某学籍管理系统的顶层 DFD。

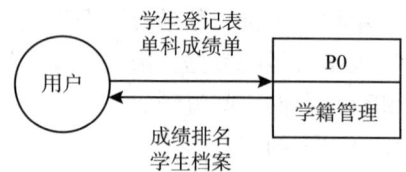

图 6-6　学籍管理系统的顶层 DFD

（2）画系统内部的数据流、加工与文件，画出第一层 DFD。从系统输入端到输出端，反之亦可，逐步用数据流和加工连接起来，当数据流的组成或值发生变化时，就在该处画一个加工（处理）。首先集中精力画出主要的数据流，然后再补上出错处理等。画数据流程图时还应同时画上文件，以反映各种数据的存储之处，并表明数据流是流入还是流出文件。最后，检查系统的边界，补上遗漏但有用的输入或输出数据流，删去那些没被系统使用的数据流。图 6-7 为某学籍管理系统的第一层 DFD。

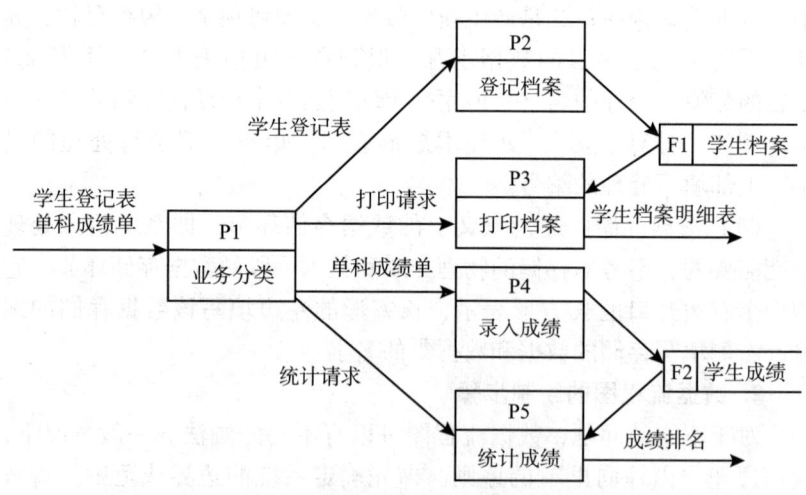

图 6-7　学籍管理系统的第一层 DFD

（3）自顶向下逐层分解，绘出分层数据 DFD。同样运用"由外向里"方式对加工进行分解。如果在加工内部还有数据流，则可将该加工分成若干个子加工，用这些数据流把子加工连接起来，即可画出第二层 DFD。如果第二层 DFD 仍很复杂，则需继续进行分解，画出第三层 DFD。按上述步骤继续分解画出各层 DFD，一直分解到每个加工的处理逻辑足够简单，即都是基本加工为止。

（4）对草图进行检查，看是否有遗漏、重复和冲突，并调整布局。

（5）装配数据流程图总图。

3. 数据流程图的分解原则

（1）分解的程度。对于规模较大的系统的分层数据流程图，如果一下子把一个加工直接分解成基本加工单元，一张图上画出过多的加工将使人难以理解，也增加了分解时的复杂度。然而，如果每次分解产生的子加工太少，会使分解层过多而增加了作图的工作量。阅读也不方便。经验表明，一般说来一个加工每次分解最多不要超过 7 个为宜。同时，分解时应遵循以下原则：

①分解应自然，概念上要合理、清晰。

②上层可分解得快些（即分解成的子加工个数多些），这是因为上层是综合性描述，对可读性的影响小，而下层应分解得慢些。

③在不影响可读性的前提下，应适当增加每层分解数量，以减少分解层数。

④一般说来，当加工只有单一输入/输出数据流时，就应停止对该加工的分解。另外，对数据流程图中不再作分解的加工（即功能单元），必须作出详细的加工说明，并且每个加工说明的编号必须与功能单元的编号一致。

（2）编号原则。分层数据流程图的顶层称为 0 层，称它是第 1 层的父图，而第 1 层既是 0 层图的子图，又是第 2 层图的父图，依此类推。由于父图中有的加工可能就是功能单元，不能再分解，因此父图拥有的子图数少于或等于父图中的加工个数。

为了便于管理，按下列规则为数据流程图和其中的加工编号：①子图的编号就是父图中相应加工的编号。②子图中加工的编号由子图号、小数点和加工顺序号组成。

为简单起见，约定第 1 层图的编号为 0，其中加工的编号为 1，2，3，…，下面各层由父图号加上子加工的编号组成，如 1.1、1.2、1.3 等。按上述规则，图的编号即能反映出它所属的层次以及在系统中的具体位置，如图 6-8 所示。

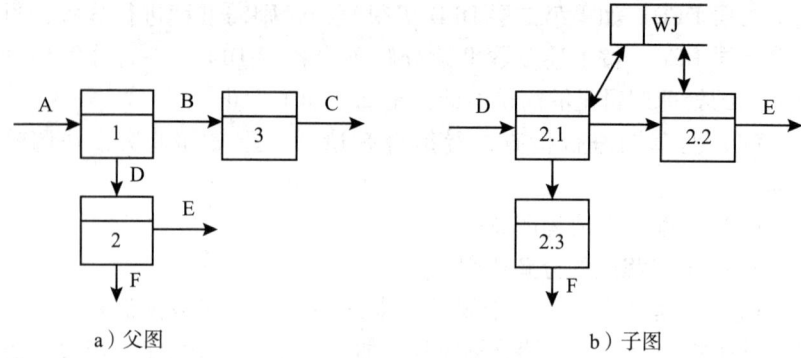

图6-8 局部数据存储

(3) 子图与父图的平衡。子图与父图的数据流必须平衡,这里的平衡指的是子图的输入、输出数据流必须与父图中对应加工的输入、输出数据流相同。但下列两种情况是允许的:一是子图的输入/输出数据流比父图中相应加工的输入/输出数据流表达得更细。在实际中,检查该类情况的平衡,需借助于数据字典进行。二是考虑平衡时,可以忽略枝节性的数据流。

(4) 局部文件。图6-8中的父图和子图是平衡的,但子图中的文件WJ并没在父图中出现。这是由于对文件WJ的读写完全局限在加工2之内,不是父图中各个加工之间的交界面,该文件是子图局部文件。

如果一个文件被用作某层数据流程图中的某些加工之间的交界面,则在该层数据流程图中就必须画出这个文件。一旦文件被单独画出,那么也须画出这个文件同其他成分之间的联系。

4. 数据流程图的修改

对于一个大型系统来说,由于在系统分析初期人们对于问题理解的深度不够,在数据流程图上也不可避免地会存在某些缺陷或错误。因此还需要进行修改,才能得到完善的数据流程图。这里介绍如何从正确性和可读性方面对数据流程图进行改进。

(1) 正确性。数据流程图的正确性,可以从以下几个方面来检查:

①数据守恒。一个加工的输出数据流仅由它的输入数据流确定,这个规则绝不能违背。数据不守恒的错误有两种,一是漏掉某些输入数据流,二是某些输入数据流在加工内部没有被使用。虽然有时后者并不一定是个错误,但也应认真考虑,对于确实无用的数据就应该删去,以简化加工之间的联系。

②文件使用。在数据流程图中，文件与加工之间数据流的方向应按规定认真标注，这样也有利于对文件使用正确性的检查。

③子、父图平衡。造成子图与父图不平衡的一个常见原因是在增加或删除一个加工时，忽视了对相应父图或子图的修改。在检查数据流程图时应注意这一点。

④加工与数据流的命名。加工和数据流的名字必须体现被命名对象的全部内容而不是一部分。对于加工的名字，应检查它的含义与被加工的输入/输出数据流是否匹配。

在检查数据流程图时，应注意消除控制流。

（2）可读性。数据流程图的可读性，可以从下面几个方面来提高。

①简化加工之间的联系。各加工之间的数据流越少，各加工的独立性就越高。因此应当尽量减少加工之间数据流的数目，有必要时可对数据流程图进行重新分解。

②分解应当均匀。在同一张数据流程图上，应避免出现某些加工已是功能单元，而另一些加工却还待继续分解好几层的情况出现。否则应考虑重新分解。

③命名应当恰当。理想的加工名由一个具体的动词和一个具体的宾语（名词）组成。数据流和文件的名字也应具体、明确。

6.4.3 数据字典

数据字典（data dictionary，DD）是对数据流程图中的数据项、数据结构、数据流、处理逻辑、数据存储、外部实体的内容和特征所作的具体的定义和说明。数据字典是数据流程图的重要补充，两者配合，就可以从图形和文字两个方面对系统的逻辑模型进行完整的描述。

数据字典与处理逻辑描述工具

1. 数据项的定义

数据项又称数据元素，是不可再分的最小数据单位。数据特性应从静态和动态两个方面去进行分析。在数据字典中，仅定义数据的静态特性，具体包括：数据项的名称、编号、别名和简述；数据项的长度；数据项的取值范围等。

【例6-1】数据项的定义。

数据项编号：E01-01

数据项名称：学号

别名：学生编码

简述：学生的代号

类型及宽度：字符型、10 位

取值范围："2000010001" ~ "9999999999"

2. 数据结构的定义

数据结构用来定义数据项之间的组合关系。一个数据结构可以是若干个数据项的组合，也可以是若干个数据结构的组合，还可以是若干个数据项和数据结构的混合组合。数据结构的定义包括：数据结构的名称和编号、简述、数据结构的组成。

【例 6 – 2】数据结构的定义。

数据结构编号：D01 – 01

数据结构名称：学生

简述：定义学生的有关信息

数据结构组成：学号 + 姓名 + 性别 + 所在系

3. 数据流的定义

数据流由一个或一组固定的数据项或数据结构组成。数据流的定义包括数据流的编号、名称、简述、组成、来源、去向及数据流量等内容。

【例 6 – 3】数据流的定义。

数据流编号：L01

数据流名称：单科成绩单

简述：某班某课程成绩单

数据流组成；班级 + 课程号 + ｛学号 + 成绩｝

来源：任课教师

去向："录入成绩"加工

流通量：50 份/天

高峰流量：10 份/时（上午 9：00 – 11：00）

注：数据流组成中出现的 ｛｝ 表示重复出现。即该课程若干学生取得的成绩。

4. 处理逻辑的定义

处理逻辑的定义仅对数据流程图中的基本加工的处理过程进行说明。处理逻辑定义的内容包括处理逻辑的编号、名称、功能的简要说明，有关的输入、输出。对功能的描述要明确，详细的说明还要用其他工具进一步描述。

【例 6 – 4】处理逻辑的定义。

处理逻辑编号：P3

处理逻辑名称：录入成绩

简述：根据单科成绩单，录入学生某课程成绩到学生成绩库

输入数据流：单科成绩单

输出数据流：学生成绩库

处理：检查课程号、班级号合法性，若合法调出该班学生名单，录入学生成绩填写到学生成绩库。

处理频率：每学期处理3～4次

5. 数据存储的定义

数据存储在数据字典中只描述数据的逻辑存储结构，及有关的数据流、查询要求，而不涉及它的物理组织。

【例6-5】 数据存储的定义。

数据存储编号：F01

数据存储名称：学生成绩库

简述：记录全校学生各科成绩

数据存储组成：学号＋课程号＋成绩＋学分

关键字：学号＋课程号

相关联的处理：录入成绩、查询成绩、成绩统计

6. 外部实体定义

外部实体是数据的来源和去向，因此外部实体定义应主要说明它产生的数据和输入的数据以及外部实体的数量，具体包括：外部实体编号、名称、简述及有关数据流的输入和输出。

【例6-6】 外部实体的定义。

外部实体编号：S1

外部实体名称：图书供应商

简述：图书供应部门

输入数据流：D2，D5

输出数据流：D6，D8

编写数据字典是系统开发的一项重要的基础工作。一旦建立，并按编号排序之后，就是一本可供查阅的关于数据的字典，从系统分析一直到系统设计和实施都要使用它。在数据字典的建立、修正和补充过程中，始终要注意保证数据的一致性和完整性。数据字典可以用人工建立卡片的办法来管理，也可存储在计算中用数据字典软件来管理。

6.4.4 处理逻辑描述工具

数据流程图中比较简单的处理逻辑可以在数据字典中作出定义，

但对于逻辑上比较复杂的处理，用自然语言表达不直观，需使用专门的描述工具判断树、判断表、结构化语言进行描述。

1. 判断树

判断树也称决策树（decision tree），它采用树形结构表示不同条件下的不同处理，判断树的左边表示决策序列的条件，右边表示采取的行动（处理方案）。若一个动作的执行不只是依赖一个条件，而是取决于多个条件的组合，采用判断树进行描述会更直观易懂。

【例 6-7】某厂用户订单处理方案如下：用户欠款时间不足 30 天、库存量能满足用户需求量的立即发货，库存不足的先按库存量发货，进货后再补发；欠款时间在 30 天至 100 天之间、库存量能满足需求量的先付款后发货，库存不足的不发货；欠款在 100 天以上的，通知先付欠款。用判断树表达该处理逻辑如图 6-9 所示。

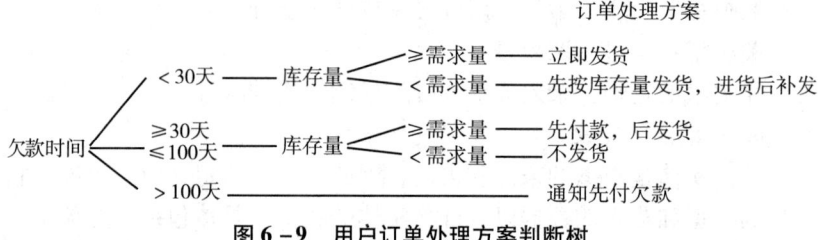

图 6-9 用户订单处理方案判断树

2. 判断表

判断表（decision table）又称决策表，是一种采用表格方式来描述处理逻辑的工具。它适用于描述处理判断条件较多、每个条件的取值有若干个、相应的动作也很多的判定问题，决策表能将多个独立的条件和多个动作直接的联系清晰表示出来。

判断表分成四个区域，如表 6-1 所示，左上角为条件说明；左下角为决策方案；右上角为各种条件的组合说明；右下角为各条件组合下相应的行动。

表 6-1　　　　　　　　　判断表的组成

条件	条件组合
决策方案	相应的行动

【例 6-8】请用判断表描述〖例 6-7〗中的某厂用户订单处理方案。用户订单处理方案判断表，如表 6-2 所示。

表6-2　　　　　　　　用户订单处理方案判断表

	决策规则号	1	2	3	4	5	6
条件	欠款时间＜30天	Y	Y	N	N	N	N
	欠款时间＞100天	N	N	Y	Y	N	N
	库存量≥需求量	Y	N	Y	N	Y	N
应采取的行动	立即发货	√					
	先按库存量发货，进货后补发		√				
	先付款，后发货					√	
	不发货						√
	通知先付欠款			√	√		

3. 结构化语言

人们日常生活中使用的自然语言语义丰富，语法灵活，可以描述非常广泛和复杂的问题，但由于缺乏严格的规范，理解上容易产生歧义。计算机语言是一种形式化的语言，各种词汇均有严格定义，语法严格规范，但由于使用的词汇限制在很小的范围内，叙述方式烦琐，难以清晰、简洁地描述问题。结构化语言（structured language）则是介于自然语言与计算机语言之间的一种语言，它是带有一定结构的自然语言。

结构化语言描述问题时只允许使用三种基本逻辑结构：顺序结构、选择结构和循环结构。配合这三种结构所使用的词汇主要有三类：陈述句中的动词；在数据字典中定义的名词；某些逻辑表达式中的保留字、运算符、关系符等。下面是三种结构的格式。

（1）顺序结构：简单的陈述句。
（2）选择结构：
IF　＜条件＞THEN
　　＜执行A＞
ELSE
　　＜执行B＞
（3）循环结构。
＜循环对象＞（例：对每个学生）
　　＜执行C＞

【例6-9】请用结构化语言描述〖例6-7〗中的某厂用户订单处理方案。

```
IF 欠款时间<30 天 THEN
    IF 库存量≥需求量 THEN
        立即发货
    ELSE
        先按库存量发货,进货后补发
ELSE
    IF 欠款时间≤100 天 THEN
        IF 库存量≥需求量 THEN
            先付款,后发货
        ELSE
            不发货
    ELSE
        通知先付欠款
```

6.5 建立新系统逻辑模型

建立新系统逻辑模型

通过详细调查，对现行系统的业务流程、数据流程、处理逻辑等进行深入的分析后，就应该提出新系统的逻辑模型（或称逻辑方案）。建立新系统逻辑模型是系统分析中的重要任务之一，它是系统分析阶段的最终成果，也是下一步系统设计和系统实现的依据。

新系统的逻辑模型主要包括：对新系统业务流程分析整理的结果、对数据及数据流程分析整理的结果、新系统的总体功能和子系统的划分、各个具体的业务处理过程，以及根据实际情况应建立的管理模型和管理方法等。

1. 新系统信息处理方案

新系统拟采用的信息处理方案是对原系统进行分析优化后的结果。包括如下内容：

（1）确定合理的业务流程。将业务流程分析的结果表现出来，主要说明对业务流程所作的更改及原因，特别指出哪些部分由计算机系统自动完成，哪些需要用户配合完成。

（2）确定合理的数据和数据流程。列出数据流程分析的结果并加以说明，由用户最终确认，包括数据分析结果、数据流程图、数据字典等。说明对数据流程进行了哪些更改和优化（删除、合并、增加）及其原因，确定数据流程图中新系统可完成的部分，即人机界面。

(3) 确定新系统的功能结构和数据分布。仍可采用前面介绍的U/C矩阵方法确定新系统的功能结构及子系统划分，确定各子系统之间的数据交换关系，确定新系统的数据资源分布方案，即哪些数据存储在本系统设备内部，哪些是在网络服务器或主机上。

2. 确定新系统中的管理模型

确定新系统的管理模型就是要确定今后系统在每一个具体的管理环节上的处理方法。一般应根据系统分析的结果和管理科学方面的知识来定，包括综合计划模型、生产计划管理模型、库存管理模型、财务管理模型、成本管理模型、统计分析与预测模型等，要结合具体情况确定。

6.6 编制系统分析报告

系统分析阶段的成果就是系统分析报告。系统分析报告不仅能够展示系统调查的结果，而且还能反映系统分析的结果——新系统逻辑方案。系统分析报告形成后必须组织各方面人员（包括用户企业的领导、管理人员、专业技术人员、系统分析人员等）一起对已经形成的逻辑方案进行论证，尽可能地发现其中的问题、误解和疏漏。对于误解、疏漏要及时纠正，对于有争论的问题要重新核实当初的原始调查资料或进一步地深入调查研究，对于重大的问题甚至可能需要调整或修改系统目标，重新进行系统分析。系统分析报告一经确认由用户认可接受后，就成为具有约束力的指导性文件，成为下一阶段系统设计工作的依据和今后验收目标系统的检验标准。因此，系统分析报告是系统开发过程中的一份重要文档，该文档的编写应该完整、一致、精确且简明易懂，易于维护。

系统分析报告应该包括下述内容：

1. 系统概述

（1）目标系统的名称、目标和主要功能。

（2）背景：系统的用户、开发者以及本系统与其他系统或机构的关系和联系。

（3）参考资料和专门术语说明。

2. 现行系统概况

（1）现行系统的调查情况。通过现行系统的组织结构图、业务流程图、数据流程图等图表及说明，说明现行系统的目标、规模、主要功能、组织机构、业务流程、数据存储和数据流,以及存在的薄弱环节。

(2)系统需求说明。说明用户需求以及现行系统存在的主要问题等。

3. 新系统逻辑模型

(1)系统功能及分析:提出明确的功能目标、并与现行系统进行比较分析,重点要突出计算机处理的优越性。

(2)系统逻辑模型:包括各个层次的数据流程图、数据字典和加工处理。说明新系统与现行系统在界限、处理功能、数据流和数据存储等方面有哪些主要变化,重点是计算机处理和数据存储部分。

(3)数据库的概念结构。

(4)输入/输出的要求。这部分是系统与环境的接口。对输入/输出的种类,形式和要求等做一般说明。

(5)与新系统相配套的管理制度和运行体制。

4. 系统设计与实施的初步计划

(1)工作任务的分解。根据资源及其他条件确定各子系统开发的先后次序,在此基础上分解工作任务,指定专人分工负责。

(2)时间进度安排。给出各项工作的预定开始日期和结束日期,规定任务完成的先后顺序及完成的界面。可用 PERT 图或甘特图表示进度。

(3)预算。逐项列出本项目所需的劳务以及经费的预算,包括各项工作所需人力及办公费、差旅费、资料费、设备费等。

5. 用户领导审批意见

在系统分析报告中,数据流程图、数据字典和处理说明这三部分是主体,是必不可少的组成部分。而其他各部分内容,则应根据所开发目标系统的规模、性质等具体情况酌情选用,不必生搬硬套。总之,系统分析报告必须简明扼要,抓住本质,反映出新系统的全貌和开发人员的设想。

本 章 小 结

1.系统分析的任务是在总体规划的指导下,首先对现行系统进行详细调查,充分了解系统的运行现状、存在的不足和用户的需求,然后进行系统分析,建立新系统的逻辑模型,最后编制系统分析报告。新系统的逻辑模型描述了新系统应该具有的功能,而不涉及具体的物理细节,即系统分析只解决新系统应该"做什么"的问题,而不涉及"怎么做"的问题。

2. 详细调查是在初步调查的基础上对现行系统进行全面、深入、详尽、细致的调查，其主要内容包括组织结构、业务流程、数据流程、用户需求等。通过调查，弄清用户对新系统的功能及信息要求，其目的是设计出新系统的功能和逻辑模型。

3. 组织结构分析主要是根据组织结构调查的情况，绘制企业的组织结构图，根据国内和国际上同类型企业的先进管理经验，对组织结构设置的合理性进行分析，找出存在的问题。根据计算机管理的要求，为决策者提供机构设置调整的参考意见。

4. 业务流程分析的主要任务是分析各环节的管理业务活动，掌握管理业务内容、作用及信息的输入、输出、数据存储和信息的处理方法及过程，找出原系统业务流程中的不合理部分，并提出优化方案。

5. 数据分析包括数据的正确性分析和数据的属性分析。

6. 数据流程图，又称数据流图，是一种能全面地描述信息系统逻辑模型的主要工具，它主要由外部实体、数据流、处理（加工）、数据存储四种基本符号组成。

7. 数据字典是对数据流程图中的数据项、数据结构、数据流、处理逻辑、数据存储、外部实体的内容和特征所作的具体的定义和说明。

8. 处理逻辑描述工具主要有判断树、判断表、结构化语言。

9. 新系统的逻辑模型主要包括：对新系统业务流程分析整理的结果、对数据及数据流程分析整理的结果、新系统的总体功能和子系统的划分、各个具体的业务处理过程，以及根据实际情况应建立的管理模型和管理方法等。

10. 系统分析阶段的成果就是系统分析报告。系统分析报告不仅能够展示系统调查的结果，而且还能反映系统分析的结果——新系统逻辑方案。

复习思考题

1. 简述系统分析的任务。
2. 简述详细调查的方法与内容。
3. 某工厂的成品管理业务过程如下：成品库保管员按车间送来的入库单登记库存台账；发货时，发货员根据销售科送来的发货通知单将成品出库，并发货，同时填写三份出库单，其中一份交给成品库保管员，他按此出库单登记库存台账，出库单的另外两联分别送销售科和会计科。试按以上业务过程画出业务流程图。

延伸阅读

4. 简述数据分析的内容。

5. 某超市对每一批购入的商品根据入库单登记在购入流水账中，对每一批销售的商品根据出库单登记在销售流水账中。商品每天入库或出库后，要根据购入流水账和销售流水账修改库存台账，超市每月将根据库存台账制作各种报表。请绘制该超市的数据流程图。

6. 什么是数据字典？

7. 某公司对客户的销售折扣政策如下：当每年的交易额在10万元以上时，客户最近6个月无欠款，则给予客户15%的折扣率；若最近6个月有欠款，则看客户是否是老客户，如果客户与本公司的交易时间在10年以上，则给10%的折扣率，否则给5%的折扣率。当客户每年的交易额在10万元以下时，没有折扣。请绘制该公司销售策略的决策树和判断表。

8. 简述新系统的逻辑模型的内容。

第 7 章
管理信息系统的系统设计

> **本章要点**
>
> ◆ 系统设计的主要工作
> ◆ 结构化设计方法的基本思想与特点
> ◆ 模块的概念、模块结构图、模块结构设计的原则
> ◆ 系统物理配置方案的设计
> ◆ 代码设计的原则、代码的分类、代码的校验
> ◆ 数据库设计的方法与步骤
> ◆ 输出设计的内容
> ◆ 输入设计的内容与原则
> ◆ 处理流程设计
> ◆ 系统设计报告的内容

引导案例

X 集团财务信息系统的建设

1. 背景介绍

X 集团是一家省属大型国有企业集团,近年重组了另一家省属大型国有企业集团后,拥有 10 多家二级子公司(其中包含 2 个大型子集团),下属子公司近 300 家。X 集团内部使用的财务信息系统不统一,拥有用友 NC 6.5 和用友 NC 5.7 两个大型财务信息平台,并且用友 U8+、用友 U8、金蝶、天算多套财务系统并存,各财务信息平台及财务系统相互独立,无法对接财务数据。部分财务系统已属于市场淘汰产品,无法进行升级维护。没有统一的财务信息系统,X 集团总部无法及时掌握子公司财务信息,财务数据对接滞后,难以满足当前

财务工作需要。根据集团管控和战略发展需要,以及财务信息披露要求,建立统一的财务信息系统已是集团发展的必然选择。

2. 实施方案及关键要求

(1) 实施方案。X 集团经过相关内部程序,确定实施用友 NCC 财务信息系统。具体实施过程分为两个阶段:第一阶段,搭建集团总部及部分子公司的财务系统平台,除原使用用友 NC 5.7 及用友 NC 6.5 两个系统(这两个系统可与 NCC 系统实现自动对接)的公司外,其他公司统一使用 NCC 财务系统;第二阶段,用友 NCC 系统与用友 NC 5.7 及用友 NC 6.5 系统进行自动对接,用友 NCC 系统自动抓取这两套系统的财务报表数据,进行自动关联对账对照核对,并自动生成集团合并财务报表及合并附注。

(2) 深入调研外部监管报表及内部管理要求。X 集团需定期向监管部门报送各类财务、税务等相关报表,向内部管理层提供各类财务经营分析报告。在财务信息系统部署实施初期,X 集团财务部协同软件实施单位,调研总部及下属公司需报送的外部监管报表及内部管理报表,作为搭建统一财务信息平台的重要实施目标,运用于会计科目体系设置、制定财务核算规则及系统逻辑审核条件等多个方面,以减少后期更正会计科目及核算规则的可能性,保证系统设置的相对稳定,实现通过财务信息系统自动抓取或计算数据生成各项财务报表的目标。

(3) 统一制定并管理会计科目体系。X 集团财务部调研统计子公司原有会计科目体系,收集了下属近 300 家公司的会计科目体系,共 2 500 多个会计科目。经过与子公司财务人员多次沟通确认,进行分类、整理及对照,形成 1 500 多个科目的 NCC 系统会计科目体系。在制定统一会计科目体系过程中,部分子公司财务人员习惯将会计科目设置到非常明细的级次,例如末级为六级会计科目,较少使用辅助核算项目;部分子公司财务人员习惯将会计科目设置得比较概括,例如末级为二级会计科目,大量使用辅助核算项目。X 集团以外部报表监管要求及内部管理需要为基础,综合考虑各公司的实际经营情况及财务核算需要,对具体会计科目具体分析,有些会计科目设置到较为明细的四级,有些会计科目仅设置到二级。会计科目的增加或更改等均可能涉及期初数据的调整,耗费大量时间及精力,影响数据准确性和可比性。为保持会计科目体系的规范性和一致性,X 集团总部管控 NCC 系统会计科目设置及更改的权限,子公司无法自行增加或修改会计科目,需按程序向总部申请。

(4) 规范并整理客商档案。X 集团财务部统筹部署下属公司对原系统的客户和供应商档案进行梳理,各公司财务部整理客商档案,删除重复的客商并规范补充完整的客商档案信息,以社会统一信用代码和身份证号码作为企业类客商和个体类客商的唯一标识,客商名称全称设为必输项,对 X 集团内部客商及外部客商设置统一标识。历时半个月,X 集团总部及下属公司顺利完成用友 NCC 系统的客商档案规范整理工作。为保证客商档案的规范性和一致性,X 集团将客商档案的新建、修改及删除等权限保留在总部,子公司变动客商档案需按程序向总部申请。

(5) 创新系统设置及核算规则。X 集团财务信息系统将无形资产、长期待摊费用、投资性房地产采取类似固定资产的管理模式,通过建立台账,录入卡片信息,实现系统自动计提无形资产和长期待摊费用的摊销、投资性房地产累计折旧,生成资产管理报表。X 集团要求对内部单位的关联交易使用辅助核算项目,通过查询辅助项目,可方便查询关联交易数据,进行关联交易对账。

3. 财务信息系统的实施成果

顺利完成第一阶段的财务信息系统实施,X 集团总部及下属共 10 多家子公司上线使用用友 NCC 系统;完成搭建内部管理报表,实现用友 NCC 系统内的各公司自动生成管理报表数据,集团总部自动汇总管理报表数据。NCC 系统自下而上分级汇总及自上而下追溯查询各公司或账套的会计核算信息,统一财务核算流程、资产调拨和预算管理;实现跨组织的财务审批、财务分析和财务预警;实现财务报表凭证跨组织和跨期间的透视联查,满足集团财务及时处理和查询的要求。各公司通过 1~3 个月的新旧系统的并行测试,完成第一阶段的项目验收。

第二阶段财务信息系统实施已基本完成,实现了跨系统的数据对接,用友 NCC 系统自动抓取用友 NC 5.7、用友 6.5 系统数据,财务报表及关联对账数据实现系统对接。关联对账由系统自动对照,对账有差异的由相关单位核查处理,对账无差异后,系统自动生成合并财务报表和合并附注。

X 集团通过实施用友 NCC 系统,实现了整个集团均使用用友 NCC 系列软件产品,实现跨系统对接财务数据、自动关联对账、生成合并报表和合并附注,大大减少了财务人员工作量和人工失误可能性,提高了财务工作效率,提升了财务数据的及时性和准确性。

(资料来源:廖海蓉,《大型国有企业集团财务信息系统建设的思考》,载于《现代营销》(创富信息版)2020 年第 6 期,第 56~57 页,本案例对原文略有改动)

系统分析阶段建立了系统的逻辑模型，明确了系统的功能，解决了系统"做什么"的问题。而系统设计则是利用系统分析的成果，以系统分析报告为依据，科学合理地进行物理模型的设计，解决"怎样做"的问题。系统设计阶段的主要成果是系统设计报告。

7.1 系统设计概述

系统设计概述

从系统分析阶段的逻辑模型到系统设计阶段的物理模型设计是一个由抽象到具体的过程，有时并没有明确的界限，甚至有可能会反复。经过系统设计，设计人员应能为程序开发人员提供完整、清楚的设计文档，并对设计规范中不清楚的地方做出解释。

7.1.1 系统设计的主要工作

系统设计阶段遵循自顶向下的设计原则，首先进行总体设计，逐层深入，直至完成系统每一模块的详细设计和描述工作。系统设计的主要工作可分为总体设计和详细设计。

1. 总体设计

总体设计又称概要设计，其主要任务就是回答"概括地说，系统应该如何实现?"这个问题，总体设计所完成的主要工作如下：

（1）系统功能模块设计。其任务是划分子系统，然后确定子系统的模块结构，并画出模块结构图。

（2）系统物理配置方案设计，包括硬件设备配置、网络选型、系统软件的选择等。

（3）数据库总体设计。

2. 详细设计

详细设计阶段的根本目标是确定应该怎样具体地实现所要求的系统，包括以下内容：

（1）代码设计和设计规范的制定。

（2）数据库的详细设计。

（3）输出设计。

（4）输入设计。

（5）人机界面设计。

（6）计算机处理过程设计。

(7) 系统安全保密设计等。

最后，编写出系统设计报告，作为系统设计阶段的文档资料。

7.1.2 系统设计的原则

1. 系统性

从整个系统的角度考虑，系统的代码要统一，设计规范要标准，传递语言要尽可能一致，对系统的数据采集要做到数出一处、全局共享，使一次输入得到多次使用。

2. 灵活性

可变性是现代企业的特点之一，因此系统应具有较好的开放性和结构的可变性，以便适应外部环境的不断变化，使系统具有较长的生命力。因此，在系统设计中，尽量采用模块化结构，提高模块的独立性，尽量降低模块间的耦合程度，使各子系统间的数据依赖降至最低限度。这样，既便于模块的修改，又便于增加新的内容，提高系统适应环境变化的能力。

3. 可靠性

可靠性是指系统抵御外界干扰的能力及受外界干扰时的恢复能力。衡量系统可靠性的指标包括平均故障间隔时间和平均维护时间。前者指前后两次发生故障的平均时间，反映了系统安全运行时间，后者指故障发生后平均所用的修复时间，反映系统可维护性的好坏。一个成功的管理信息系统必须具有较高的可靠性，如安全保密性、检错及纠错能力、抗病毒能力等。

4. 经济性

经济性是指在满足系统需求的前提下，尽可能减少系统开销。一方面，在硬件投资上不能盲目追求技术上的先进性，而应以满足应用需要为前提；另一方面，系统设计中应尽量避免不必要的复杂化，各模块应尽量简洁，以便缩短处理流程，减少处理费用。

7.2 系统的总体设计

系统总体设计阶段需要根据系统分析阶段的成果——数据流程图和数据字典，进行系统模块结构的设计。在详细设计阶段还要给出模块的实施方法的细节，对模块的输入、输出和处理过程作详细描述，从而在程序设计时可以把这个描述直接"翻译"成用某种程序设计语言书写的程序。系统设计的方法有许多，例如结构化设计（structured design，SD）、Jackson 方法、Parnas 方法等，其中应用最广泛的是结构化设计方法。

系统的总体设计

7.2.1　结构化设计方法

结构化设计方法由美国 IBM 公司的史蒂文斯、梅耶斯和康斯坦丁等人（W. Stevens，G. Myers & L. Constantine）提出，使用广泛。它是在结构化思想的基础上发展起来的一种用于复杂系统结构设计的技术。

1. 结构化设计方法的基本思想

结构化设计方法以系统分析阶段的数据流程图和数据字典为基础，借助于一套标准的设计准则和图表工具，使用分解的方法，自上而下地将整个系统逐层划分为若干个大小适当、功能单一、相对独立且易于实现和修改的模块，从而把复杂系统的设计转变为多个简单模块的设计。

2. 结构化设计方法的特点

结构化设计方法具有以下特点：

（1）相对独立、功能单一的模块结构。系统由多个相对独立、功能单一的模块组成。由于模块之间相对独立，每一模块可以单独地被理解、编写、测试、纠错和修改，从而有效地防止错误在模块之间扩散蔓延，提高了系统的质量（可维护性、可靠性等），大大简化了系统研制开发工作。

（2）块内联系大，块间联系小。模块内部联系要大，模块之间联系要小，即"高聚合，低耦合"，这是结构化设计中衡量模块相对独立性的标准。满足这种标准的模块功能简单、实现程序短、接口简单，适合多人合作开发的方式。同时，这也使测试和维护工作容易进行。

（3）采用模块结构图描述系统的子系统结构与分层模块结构，清楚地表示了每个模块的功能，直观地反映了块内联系和块间联系等特性。

3. 模块的基本概念

模块（module）是组成目标系统逻辑模型和物理模型的基本单位，其特点是可以被组合、分解和更换。系统中任何一个处理功能都可以看成是一个模块。根据功能具体化程度的不同，模块可以分为逻辑模块和物理模块。在系统逻辑模型中定义的处理功能可视为逻辑模块。物理模块是逻辑模块的具体化，可以是一个计算机程序、子程序或若干条程序语句，也可以是人工过程的某项具体工作。

一个模块应具备以下四个要素：

(1) 输入和输出：模块的输入、输出是模块与外部的信息交换。模块的输入来源和输出去向都是同一个调用者，即一个模块从调用者那里获取输入，进行处理后再把输出返回调用者。

(2) 处理功能：指模块把输入转换成输出所做的工作。

(3) 内部数据：指仅供模块本身引用的数据。

(4) 程序代码：指用来实现模块功能的程序。

前两个要素是模块的外部特性，反映了模块的外貌。后两个要素是模块的内部特性。在结构化设计中，主要考虑的是模块的外部特性，其内部特性只做必要了解，具体的实现将在系统实施阶段完成。

4. 模块结构图

模块结构图是结构化设计中描述系统模块结构的图形工具，它可由数据流程图按一定的规则转化而来。模块结构图由以下 5 种基本符号组成，如图 7-1 所示。

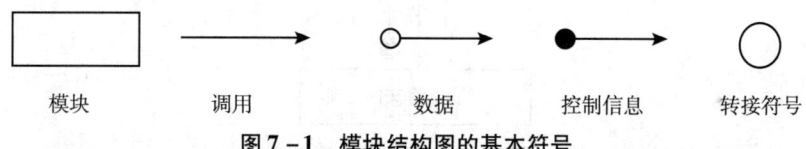

图 7-1　模块结构图的基本符号

(1) 模块。这里所说的模块通常是指用一个名字就可以调用的一段程序语句，为物理模块。在模块结构图中，用长方形框表示一个模块，长方形中间标上能反映模块处理功能的模块名字。模块名通常由一个动词和一个作为宾语的名词组成。

(2) 调用。用从一个模块指向另一个模块的箭头表示前一个模块调用后一个模块。一个模块是否调用一个从属模块，取决于调用模块内部的判断条件，则该调用称为模块间的判断调用，用菱形符号表示；一个模块通过其内部的循环功能来循环调用一个或多个从属模块，则称为循环调用，用弧形箭头表示。各种调用关系如图 7-2 所示。

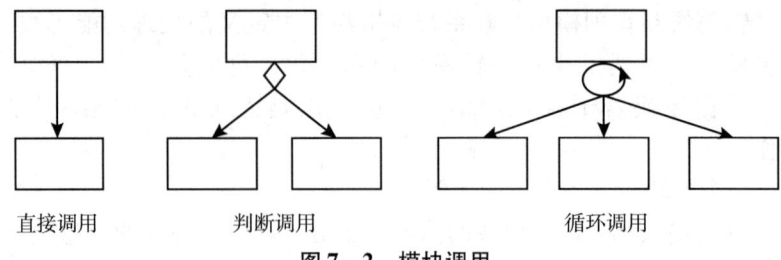

图 7-2 模块调用

（3）数据。数据用与调用箭头平行的带空心圆的箭头表示，并在旁边标上数据名。当一个模块调用另一个模块时，调用模块可以把数据传送到被调用模块处供处理，而被调用模块又可以将处理的结果数据送回到调用模块。例如，图 7-3 中"查学生档案"模块调用"读学籍文件"模块时，需将数据"学号"传送给后者，后者将处理结果"档案数据"返回给前者。

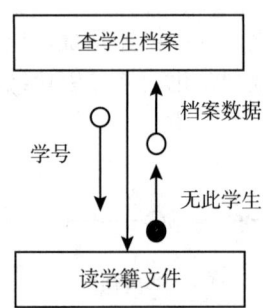

图 7-3 模块间的通信

资料来源：戚桂杰：《管理信息系统》，经济科学出版社 2011 年版，第 263～265 页。

（4）控制信息。控制信息用带实心圆点的箭头表示。为了指导程序下一步的执行，模块间有时还必须传送某些控制信息，例如，数据输入完成后给出的结束标志，文件读到末尾所产生的文件结束标志等。控制信息与数据的主要区别是前者只反映数据的某种状态，不必进行处理。例如，图 7-3 中"无此学生"就是用来表示发送过来的学号有误的控制信息。①

（5）转接符号。当模块结构图在一张图上画不下，需要转接到另外一张纸上，或为了避免图上线条交叉时，都可使用转接符号，在圆圈内加上标号。

---

① 戚桂杰：《管理信息系统》，经济科学出版社 2011 年版，第 263～265 页。

5. 模块结构设计的原则

结构化设计的基本思想就是把系统设计成由相对独立、功能单一的模块组成的层次结构。为了衡量模块的相对独立性，结构化系统设计采用"耦合"和"内聚"这两个概念来度量模块间和模块内部的关系。

耦合（coupling）度量模块之间联系的松散程度，内聚（cohesion）度量模块内部功能之间联系的紧密程度。模块耦合与模块内聚从不同的角度反映了模块的独立性。模块结构设计的原则是尽量降低模块间的耦合度，尽量提高模块内的聚合度。

（1）耦合。模块耦合程度是度量信息系统复杂程度的一个重要因素。例如，我们设计模块 A 时，涉及模块 B 的设计，或者是说 A 与 B 有着调用和被调用的关系，这样称 A、B 之间有联系；如果模块 A 与 B 中的某一个模块发生变动，影响着另一模块的变动，则称 A、B 之间的联系紧密，称为耦合紧密。由于其中一个模块的调整，就不得不调整另外的模块，所以，模块间的耦合程度对系统的可维护性和可靠性有着重要的影响。

影响模块间耦合程度的因素有：模块之间接口的复杂程度、传递信息的作用（是控制信息或是数据）、传递信息的数量。耦合的类型主要有以下 4 种：

①数据耦合（data coupling）：指两个模块之间的联系是通过数据交换而实现的，这是一种理想的耦合，耦合度最低。

②控制耦合（control coupling）：两个模块之间除了传递数据外，还传递控制信息，接收控制信息的模块根据收到的信息进行动作的调整，称为控制耦合。

③公共耦合（common coupling）：当两个或多个模块通过一个公共数据环境相互作用时，称它们之间的耦合为公共耦合。公共耦合中共用的可以是全局变量、内存的公共覆盖区、任何存储介质上的文件等。

④内容耦合（content coupling）：一个模块与另一个模块的内部属性（程序或内部数据）直接发生联系，又称为非法耦合。内容耦合的两个模块间是病态联结，在修改某一个模块时，将直接影响另一个模块，产生波动现象，影响整个系统。因此，在系统设计时，应完全避免内容耦合。

从可通用性、可读性和可修改性上看，数据耦合最好，其他依次减弱；从与其他模块联系看，数据耦合是最弱的，其他依次增加。由此可见，在模块设计时应该尽量多地使用数据耦合，限制使用控制耦合，尽量避免使用公共耦合和内容耦合。

（2）内聚。模块的内聚反映模块内部联系的紧密程度。如果一个模块内部相关性很高，都是为同一个功能，则认为该模块的内聚程度很高；反之，则内聚程度很低。模块的内聚程度越高，其独立性越好。模块的内聚按紧密程度由低到高可分为以下7类：

①偶然内聚（coincidental cohesion）。如果一个模块的构成是由若干个毫无关系的功能偶然组合在一起的，则称为偶然内聚。偶然内聚的聚合度最低，可修改性最差。

②逻辑内聚（logical cohesion）。如果一个模块内部各个组成部分的处理功能彼此无关，但处理逻辑相似，则称该种聚合为逻辑内聚。例如一个模块读取各种不同类型外设的输入。尽管逻辑内聚比偶然内聚合理一些，但逻辑内聚的模块各成分在功能上并无关系，即使局部功能的修改有时也会影响全局，因此这类模块的修改也比较困难。

③时间内聚（temporal cohesion），也称暂时聚合。如果一个模块内各组成部分的处理功能同时间有关，则称这种聚合为时间内聚。例如，系统初始化模块就是典型的时间内聚。时间内聚的聚合度比前两种稍高一些，但这三种都属于低程度的内聚，在设计时应尽量避免使用。

④过程内聚（procedural cohesion）。如果一个模块内部的处理成分是相关的，而且这些处理必须以特定的次序执行，受同一控制流支配它们的执行顺序，则称为过程内聚。

⑤通信内聚（communicational cohesion）。又称数据聚合，是指一个模块的所有成分都操作同一数据集或生成同一数据集，模块内部各组成部分的处理动作都使用相同的输入或产生相同的输出，则称为通信内聚。

⑥顺序内聚（sequential cohesion）。如果一个模块的各个成分和同一个功能密切相关，而且一个成分的输出作为另一个成分的输入，则称为顺序内聚。

⑦功能内聚（functional cohesion）。模块内部各组成部分都是为了完成同一功能而聚合在一起，则称为功能内聚。功能内聚模块的聚合程度是最高的，结构化设计的目标就是获得这种模块。

内聚的好处是使得系统模块容易理解，功能单一，重复利用性好，也会使得后期的程序界面清晰。

内聚和耦合是密切相关的，与其他模块存在强耦合的模块通常意味着弱内聚，而强内聚的模块通常意味着与其他模块之间存在弱耦合。模块设计追求的是高内聚和低耦合。

（3）模块的扇出系数与扇入系数。模块的扇出数是指一个模块拥有的直属下层模块的个数。一般认为，设计得好的系统平均扇出数是3或4，上限不超过7。一个模块的扇出数过大或过小都不理想，过大比过小更不好，过大意味着管理模块过于复杂，需要控制和协调过多的下级。解决的办法是适当增加中间层次。

一个模块的扇入数是指调用它的上级模块的个数。扇入数越大，表示该模块被更多的上级模块共享。这当然是我们所希望的。但是不能为了获得高扇入数牺牲其他属性，例如把彼此无关的功能凑在一起构成一个模块，虽然扇入数高了，但内聚程度必然降低。

设计得好的系统，上层模块有较高的扇出，下层模块有较高的扇入，其结构图像宝塔，上面尖，中间宽，下面小。[①]

7.2.2　物理配置方案设计

系统物理配置方案的设计是指信息系统运行和维护平台的设计。一般而言，在系统开发中期，应建立系统的物理环境，并尽快从软件开发公司的开发平台转到用户的平台，边开发，边测试，以降低系统开发的风险。系统物理配置方案包括确定系统的总体布局、计算机软、硬件系统的选择、计算机网络系统的选择，数据库管理系统的选择等内容。应根据系统的要求和企业实际情况去进行物理配置方案设计。

1. 设计依据

（1）系统的吞吐量。吞吐量是指系统单位时间内执行的作业数。选择具有较高性能的计算机和网络系统可以提高系统的吞吐量。

（2）系统的响应时间。从用户向系统发出一个作业请求开始，经系统处理后，到给出应答结果的时间称为系统的响应时间。如果需要较短响应时间，应当选择CPU运算速度较快的计算机以及具有较高传递速率的通信线路。不同业务、不同用户需求不同，依据具体情况考虑。

（3）系统的可靠性。系统的可靠性可以用连续无故障工作时间表示。选择高性能的计算机和网络系统可以提高系统的可靠性。在设备上可采用双机双工的系统配置，保证系统发生故障时，继续工作不停机；在软件上，设置数据库备份功能，当系统发生故障时，能在较短时间内恢复系统，继续工作。

---

① 王玉珍：《管理信息系统理论与实践》，清华大学出版社2014年版，第161~168页。

(4) 系统的总体布局是采用集中式还是分布式。如果一个系统的处理方式是集中式的，则管理信息系统既可以是主机系统，也可以是网络系统。若系统的处理方式是分布式的，则采用微机网络将更能有效地发挥系统的性能。

(5) 地域范围。对于分布式系统，要根据系统覆盖的范围决定采用广域网还是局域网。

(6) 数据管理方式。根据数据管理方式匹配相应的数据库管理系统。

2. 系统的总体布局

系统的总体布局是指组成整个系统的各个子系统在物理上和逻辑上的相互关系，包括硬件和软件资源以及数据资源的分布特征，通常有以下几种方案可供选择：从信息处理的方式来看主要有批处理方式和实时处理方式；从信息资源管理的集中程度来看主要有集中式系统和分布式系统。企业可以根据系统功能、业务处理特点、性能/价格比等因素，选择自己的计算模式，到底是采用集中式计算模式、分布式计算模式，还是云计算模式，具体内容可参见第 3.4 节内容。

3. 计算机软、硬件的选择

根据系统需要和资源约束，进行计算机软、硬件的选择。计算机软、硬件的选择，对于管理信息系统的功能有很大的影响。大型管理信息系统软、硬件的采购可以采用招标等方式进行。随着计算机科学与技术的飞速发展，计算机软、硬件的升级与更新速度很快，新系统的建设应当尽量避免先买设备，再进行系统设计的情况。

4. 计算机网络系统的选择

计算机网络系统的设计主要包括中小型机方案与微机网络方案的选取，网络互联结构及通信介质的选择，局域网拓扑结构的设计，网络应用模式及网络操作系统的选型，网络协议的选择，网络管理，远程用户等工作。

5. 数据库管理系统的选择

管理信息系统必须有数据库技术的支持。在数据库管理系统的选择上，主要考虑：数据库的性能、数据库管理系统的系统平台、数据库管理系统的安全保密性能、数据的类型。目前，市场上常见的关系型数据库管理系统中，SQL Server、Oracle、Sybase、Informix 适用于大中型管理信息系统，Access 和 Visual FoxPro 用于中小型管理信息系统。

7.3 代码设计

在日常生活中，人们会接触到各式各样的代码，像身份证号、邮政编码、银行卡号、学号等。代码是代表事物（实体）名称、属性或状态的符号。为了便于计算机处理，一般用数字、字母或它们的组合来表示。在管理信息系统中，代码是进行信息分类、校对、统计和检索的依据。代码设计就是要设计出一套能为系统各部分共用的、优化的代码系统。

代码设计

1. 代码功能

（1）代码是为现实世界的事物提供一个概要而唯一的标识，便于数据的存储和检索。

（2）代码提高了数据的全局一致性。对同一事物，即使在不同场合有不同的叫法，但通过编码统一起来，保证了数据的全局一致性和系统的整体性，减少了因数据不一致而造成的错误。

（3）使用代码可以提高处理的效率和精度。按代码进行排序、累计或进行统计分析，既快速又准确。

（4）代码是用户和计算机交换信息的工具。在建立新系统时，必须对整个系统进行代码设计。

2. 代码设计的原则

代码设计是一项重要的工作，合理的编码结构是使管理信息系统具有生命力的重要因素。设计代码的基本原则如下。

（1）唯一性。每个代码都仅代表实体中唯一的元组。例：学号应能唯一确定一名学生。

（2）规范性。代码设计前，首先调查是否有相应的代码标准，尽量采用国际标准、国家标准或行业标准。在实际工作中，一般企业所用大部分编码都有国家或行业标准。我国已颁布了 GB/T 2260－2007 中华人民共和国行政区划代码、GB 1988－80 信息处理交换用的七位编码字符集等一系列国家编码。在进行代码设计时，系统设计人员要认真查阅国家和行业主管部门已经颁布的各类标准（详见国家标准化委员会网站，http：//www.sac.gov.cn/）。

（3）合理性。代码结构要合理，尽量反映编码对象的特征，并与事物分类体系相适应，以便代码具有分类的标示作用，便于理解和交流。例如学号的编码应能满足识别出学生的年级、层次、专业、所在院系等要求。

（4）可扩充性和稳定性。代码应能适应环境的变化，要预留足够的扩充余地，当增加新的实体或属性时，直接利用原代码加以扩充，而不需重新变动代码系统，避免经常修改。随便改变编码结构对设计工作来说是一种严重的浪费。

（5）便于识别和记忆。一般说来，代码越短，分类、准备、存储和传递的开销越低，数据检索及处理就越好。编制代码时还需避免误解，不要使用易混淆的字符，如I、O、L、S、V、Z容易与数字1、0、1、5、U、2混淆，尽量不用；不要把空格作代码；要使用24小时制表示时间等。当代码很长时，为便于记忆可采用分区段编码。

3. 代码的分类

一般说来，代码可按文字种类或结构规则进行分类。按文字种类可分为数字代码、字母代码（英语字母或汉语拼音字母）和数字字母混合码。按结构规则可以分成以下几类：

（1）顺序码：顺序码又称系列码，它采用有序符号的方式来标识事物，它没有实际的含义。顺序码由连续数字或字母组成，优点是结构简单，缺点是没有逻辑含义，不易记忆，新加代码只能排在最后，删除则造成空码。通常顺序码只是作为其他信息编码分类中进一步细分类的一种补充手段。常见的顺序码有流水号和票据编号等。

（2）区间码：把数据项分成若干个区间，每个区间代表一个组，每组中数字的值和位置都代表一定的含义。例如：邮政编码与身份证号都是区间码。身份证号共18位，分3个区间，前6位为地区编码，中间8位为出生日期，后4位为序号、检验位和性别标志。区间码信息处理比较可靠，排序、分类、检索等操作易于进行。缺点是编码位数较多，维护起来比较麻烦。

（3）助忆码：助忆码是将编码对象的名称、规格等作为代码的一部分，以帮助记忆。例如，用TV-C-29代表29英寸彩色电视机，其中C代表彩色。助忆码适用于数据项数目较少情况（一般少于50个），否则可能引起联想出错。

4. 代码的校验

代码作为计算机的重要输入内容之一，其正确性直接影响到整个处理工作的质量，因此，需要对输入的代码进行校验。为了保证输入的正确性，应有意识地在原代码后面附加一位事先按某种计算方法计算的校验位，作为代码的一部分。当代码被输入后，系统将原代码取出按同样的计算方法计算出校验位的值，与输入的校验位比较，以检验输入的正确性。

(1) 校验位能够发现的错误类型。

①抄写错误：能发现一些易混淆的字符，如 1/7，0/O，Z/2，D/O，5/S 等。

②易位错误：如 12345/12435 等。

③双易位错误：如 12345/13254。

④随机错误：包括以上两种或三种综合性错误或其他错误。

(2) 校验位的计算步骤。

①对原代码的每一位乘以一个权数，然后求它们的乘积之和。

设原代码有 n 位：$C_1C_2C_3\cdots C_n$

对应的权数因子：$P_1P_2P_3\cdots P_n$

它们的乘积之和：$S = C_1P_1 + C_2P_2 + C_3P_3 + \cdots + C_nP_n$

其中，权数因子可以取自然数列 1，2，3，…，n；几何级数 2，4，8，…，2^n；或质数等其他数列。

②对乘积之和取模。

R = S mod (M)

其中，R 表示余数，S 为乘积之和，M 为模数，通常选用 11 作为模数。校验位为 R。

(3) 算术级数法。算术级数法指以自然序列倒置为权，求得代码的校验位。

【例 7-1】原码为：12345，用算术级数法，以 11 为模，求该代码的校验位。

原代码： 1 2 3 4 5
各乘以权：5 4 3 2 1
乘积之和：(1×5) + (2×4) + (3×3) + (4×2) + (5×1) = 35
以 11 为模去除乘积之和，把得出的余数作为校验码：
35/11 = 3…2
由此得出代码为：123452

(4) 几何级数法。几何级数法指以 2 的指数序列倒置为权，求得代码的校验位。

【例 7-2】原码为：12345，用几何级数法，以 11 为模，求该代码的校验位。

原代码： 1 2 3 4 5
各乘以权：32 16 8 4 2
乘积之和：(1×32) + (2×16) + (3×8) + (4×4) + (5×2) = 114
以 11 为模去除乘积之和，把得出的余数作为校验码：
114/11 = 10…4

由此得出代码为：123454

（5）质数级数法。质数级数法指以质数序列倒置为权，求得代码的校验位。

【例 7-3】原码为：12345，用质数级数法，以 11 为模，求该代码的校验位。

原代码： 1 2 3 4 5
各乘以权： 17 13 7 5 3
乘积之和：$(1 \times 17) + (2 \times 13) + (3 \times 7) + (4 \times 5) + (5 \times 3) = 99$
以 11 为模去除乘积之和，把得出的余数作为校验码：
$99/11 = 9 \cdots 0$
由此得出代码为：123450
注意：以 11 为模时，若余数是 10，则按 0 处理。

7.4 数据库设计

数据库设计

数据库是管理信息系统的重要组成部分。管理信息系统的主要任务是通过处理大量的数据来获得管理中所需的信息。因此，建立结构合理的数据库，达到迅速、方便、准确地进行数据处理，是数据库设计的主要工作，也是评价管理信息系统质量高低的重要指标之一。

7.4.1 数据库设计的方法

数据库是以系统分析阶段建立的数据流程图和数据字典为依据进行设计的。数据库设计方法比较多，目前公认的比较完整和权威的规范设计法是新奥尔良（New Orleans）方法，该方法将数据库设计分为用户需求分析、概念结构设计、逻辑结构设计和物理结构设计 4 个阶段。其中数据库的用户需求分析和概念结构设计分别在管理信息系统的系统分析阶段中的详细调查和逻辑设计时进行，而数据库的逻辑结构设计和物理结构设计则在系统设计阶段进行。目前，常用的规范化设计方法大多起源于新奥尔良法，并在设计的每一阶段采用一些辅助方法来具体实现。

下面简单介绍几种常用的规范化设计方法。

1. 基于 E-R 模型的数据库设计方法

基于 E-R 模型的数据库设计方法是由美籍华人学者陈平山（P. P. S. Chen）于 1976 年提出的，其基本思想是在需求分析的基础上，用 E-R（实体-联系）图构造一个反映现实世界实体之间联系的企业模式，然后再将此企业模式转换成基于某一特定的 DBMS 的概念模式。

2. 基于第三范式的数据库设计方法

基于第三范式（3NF）的数据库设计方法是一种结构化数据设计方法，其基本思想是在需求分析的基础上，确定数据库模式中的全部属性和属性间的依赖关系，将它们组织在一个单一的关系模式中，然后再分析模式中不符合 3NF 的约束条件，将其进行投影分解，规范成若干个 3NF 关系模式的集合。

3. 对象定义语言方法

对象定义语言（object definition language，ODL）方法是一种基于面向对象技术建立数据库的方法，该方法用面向对象的概念和术语来说明数据库结构。ODL 的主要作用是进行面向对象数据库设计，进而将其直接转换成面向对象数据库管理系统（OODBMS）的说明。

目前，许多计算机辅助软件工程（computer aided software engineering，CASE）工具可以自动帮助设计人员完成数据库设计过程中的很多任务。比如 SYSBASE 公司的 Power Designer 和 Oracle 公司的 Design 2000。

7.4.2 数据库设计的步骤

在结构化系统开发过程中，数据库设计主要包括如下步骤：用户需求分析、概念结构设计、逻辑结构设计和物理结构设计。

1. 用户需求分析

数据库的用户需求分析是整个数据库设计过程中比较费时、比较复杂的一步，也是最重要的一步，是在系统分析的详细调查阶段完成的。需求分析的主要任务是通过详细调查要处理的对象，包括某个组织、某个部门、某个企业的业务管理等，充分了解原手工或原计算机系统的工作概况及工作流程，明确用户的各种需求，产生数据流图和数据字典，然后在此基础上确定新系统的功能，并产生需求说明书。值得注意的是，新系统必须充分考虑今后可能的扩充和改变，不能仅按当前应用需求来设计数据库。

2. 概念结构设计

数据库的概念结构设计是整个数据库设计的关键，它应在系统分析阶段进行。概念结构设计的任务是通过对用户需求进行综合、归纳和抽象，形成一个独立于具体 DBMS 的概念模型，概念模型可用实体联系模型（E-R模型）表示。

3. 逻辑结构设计

数据库的逻辑结构设计是将概念结构设计阶段所完成的概念模型转换成能被选定的数据库管理系统（DBMS）支持的数据模型。数据模型可以由实体联系模型转换而来，并用关系规范化方法使其符合第三范式（3NF）的要求。

通常，不同的数据库管理系统其性能不完全相同，因此，数据库设计者需要深入了解数据库管理系统的性能和要求，以便将一般数据模型转换成所选用的数据库管理系统能支持的数据模型。

逻辑结构设计阶段提出的关系数据模型应符合第三范式（3NF）的要求。如果所选用的数据库管理系统是支持层次模型、网络模型的数据库管理系统，则还需完成从关系模型到层次模型或网络模型的转换。

逻辑结构设计还需要用数据库管理系统提供的数据描述语言（DDL）对数据模型进行准确定义，即所谓模式定义。例如，SQL Server 中的 Create 命令，可以用来定义逻辑数据结构。

4. 物理结构设计

数据库的物理结构设计是为数据模型选取合适的存储结构和方法，以获得数据库的最佳存取效率。它的主要任务是确定数据库的物理结构，包括确定文件的存储结构、选取存取路径、确定数据存放位置和确定存储分配。

物理结构设计和逻辑结构设计是同一问题的两个方面，逻辑结构设计主要面向用户而物理结构设计面向计算机。逻辑结构设计的输出作为物理结构设计的输入，所以逻辑结构设计的好坏直接影响物理结构设计。

7.5 输出设计

输出设计

输出是系统对输入的数据进行加工处理后产生的结果或提供的信息，输出的内容与格式是用户最关心的问题，对于大多数用户来说，输出是系统开发的目的和评价系统开发成功与否的标准。系统设计过程与实施过程正相反，不是从输入设计到输出设计，而是首先进行输出设计，然后再进行输入设计。

1. 输出设计的内容

（1）输出信息使用情况。具体有信息的使用者、使用目的、信息量、使用周期、有效期、安全性要求、保管方法及输出份数等。

（2）输出信息内容的设计。具体有输出项目、精度、信息形式（文字、数字）等内容的设计。

（3）输出格式设计。对输出使用的表格、图形、文件进行具体的设计。

（4）输出设备和介质设计。常用的输出设备有显示器、打印机、绘图仪、影像输出系统、语音输出系统和磁记录设备等，输出介质有磁盘、光盘、纸张（普通纸、专用纸）等。输出设备和介质的选择应根据信息的用途和信息量的大小、软硬件资源的能力和用户的要求来考虑。例如需要上报和保存的报表应该用打印输出；而一些内容不多且不必保存的信息，就可以采用显示输出；对于信息处理过程中产生的"中间输出"，可以采用移动存储设备输出等方式。

2. 输出格式的设计

不同的输出方式，其格式是有区别的。下面是几种常见输出方式的设计。

（1）简单组列。简单组列方式就是把若干组有关的输出数据，按一定的顺序要求，在进行简单的组织之后，显示在屏幕或打印在纸上。这种输出使得输出程序设计简单、输出内容直观、排列简单紧凑，适合数据项不多，而数据量比较大的场合，常作为核对、查阅用的输出格式。例如学生成绩单、各种账单等。

（2）报表。报表通常是指按有关规定或自行设计格式的传统中文报表，可以用作屏幕或打印输出，是目前用得最多的输出格式之一。虽然报表的格式因其受输出内容的多少及屏幕大小的限制而多种多样，但报表的结构都是由表头、表体和表尾三个部分组成。其中，表头由标题、表头线和栏目构成；表体由若干行间线与行构成；而表尾由表底线和表尾说明构成。设计时，必须根据输出数据项目的属性确定每个栏目的长度和每页的行数，同时考虑版面的效果，才能设计出美观实用的报表。

报表设计工作量较大，可使用屏幕格式设计器和报表生成器来完成。

（3）多窗口关联方式。这是屏幕输出中用于在多窗口内同时显示关联数据的输出格式。这种格式能够实现关联数据的实时动态响应，尤其适合于基本信息的查询和更新操作，是目前流行的一种屏幕输出格式。

多窗口关联方式输出的突出优点是关联数据输出的实时性、动态性，操作简便，输出效果形象生动。当然，其实现要比简单组列方式、报表方式复杂得多。

（4）图形方式。最常用的图形方式有直方图、圆饼图、曲线图、地图等。图形方式在显示事物的趋势、多视角的比较等方面有较大的优势，在进行各种类比分析中，起着数据报表所起不到的显著作用。图表表示方式直观，常为决策用户所喜爱。

（5）多媒体输出方式。将图像和声音等元素的输出结合起来的方式，是一种强大的表示信息的方法，如视频游戏正将虚拟现实技术推向包含视觉、声音、触觉和嗅觉输出的前沿。同时，采用多媒体输出对生理上有残疾的用户将是极大的福音。

3. 输出设计的评价标准

输出设计的评价标准主要有以下方面：

（1）能够为用户提供及时、准确、全面的信息服务。

（2）符合用户的习惯，便于其阅读和理解。

（3）充分考虑和利用设备的功能，尽可能提高输出速度。像会计信息系统中，由于会计报表和账簿内容多，打印机速度相对较慢，输出往往成为系统的瓶颈，提高输出速度就成了提高整个系统速度的关键之一。

（4）考虑到以后系统发展的需要，在输出的报表中要留出备用项目，以满足将来新增项目的需要。例如系统可提供通用表格生成功能，由用户自己定义报表的格式及各栏目的数据来源，系统根据用户的定义自动生成报表，这样就可以大大提高系统适应环境变化的能力。

7.6 输入设计

输入设计

输入设计是决定输出乃至整个信息系统质量好坏的重要一环，因为如果输入数据有误，即使计算和处理十分正确，也无法获得可靠的输出信息。同时，输入过程是信息系统与用户之间交互的纽带，输入设计决定人机交互的效率。

1. 输入设计的内容

输入设计的内容包括：

（1）确定输入的内容。输入的内容是根据输出功能的要求来确定的，包括确定输入数据项的名称、数据类型、位数和精度、数据范围及输入处理方式等。

(2) 确定数据的输入方式。数据的输入方式与数据发生地点、发生时间、处理的紧急程度有关。可采用的输入方式有手工/自动化、网络传输、磁盘传输、联机实时/脱机批处理等。

(3) 确定数据的输入格式：数据的输入格式主要与数据的组织方式及具体的介质有关，同时要考虑到录入人员的方便。输入格式设计主要包括屏幕格式和原始单据（输入凭证）的格式设计。

(4) 确定输入设备。常用的输入设备有键盘、鼠标、触摸屏、读卡机、光电阅读器等。

(5) 输入数据的正确性校验。

2. 输入设计的原则

输入设计的目标是：在保证输入信息正确性和满足需要的前提下，使输入方法简单、迅速、经济和方便。为此，输入设计应遵循如下原则：

(1) 满足输出要求，保证数据的完整性。输出的信息是系统对输入信息加工处理的结果，如果输入数据不完整，用户就不能从中获得全部所需要的信息。

(2) 控制输入量。由于输入数据时，系统大多数时间都处于等待状态，系统效率显著下降，同时大量数据的录入往往占用很多人力资源，增加系统的运行成本。因此在输入设计中，应控制数据输入量。在输入时，只输入基本信息，而其他可通过计算、统计、检索得到的信息由系统自动产生。这样不仅可以大大减少数据的输入量，提高录入速度，而且由于输入量减少，错误率会大幅下降。

(3) 减少输入延迟。数据的输入速度往往成为制约信息系统效率提高的瓶颈，可采用周转文件、批量输入等方式减少输入延迟。

(4) 减少输入错误。输入设计中应采取多种输入检验方法和有效性验证技术，尽早对输入数据进行检查（尽量接近原数据发生点），并提供一套方便灵活的编辑、修改手段对错误进行修改。

(5) 容错能力强，输入界面友好。输入时进行了误操作不至于引起系统的异常，能为所有的操作动作提供帮助，用户通过查看帮助可以了解操作方法，避免误操作。

3. 输入方式和输入设备的选择

数据的类型很多，不同类型的数据可以使用不同的输入方式和输入设备。数据的输入方式需依据其产生的地点、时间、周期、数量、特性及处理要求来确定。目前常用的输入设备有以下几种：

(1) 键盘。通过终端键盘输入数据，这是系统最主要的输入方式。在会计信息系统中，大量数据主要是靠键盘输入。

（2）光学阅读设备。光学标记阅读设备（optical mark reader, OMR）用光学扫描的方法来识别按一定格式印刷或书写的标记，如条形码、二维码、信息卡等。光学字符阅读机（optical character reader, OCR）能够自动识别所扫描的纸上的字符和文字。

（3）智能卡。利用读卡器，获取磁条卡、芯片卡中存储的信息作为输入。

（4）多媒体识别及其他设备。利用触摸屏、数字音频设备（如语音自动识别输入设备）、摄像头视频捕捉（多用于交通管理、安保系统）、指纹识别（多用于企业门禁、考勤系统、授权管理）、电子笔和书写板设备、电子密钥（密钥盘）等设备输入信息。

（5）终端文件输入。直接读取其他终端传输的数据文件信息作为输入。

4. 输入格式设计

输入格式应根据输入设备的特点进行设计，大多数数据的输入是通过相应的输入接口软件或通过屏幕界面完成的。若通过键盘输入数据，则可采用以下方式：

（1）简列式。把一组相关的数据项，按顺序排成几列，输入时只要按顺序逐个输入数据，即可完成一组数据的输入。简列式输入格式简单、直观，易于程序实现。适合于输入数据项不多的情况，如一些系统的登录界面就可采用简列式输入方式。

（2）表格式。把一组输入的数据项排列成一张空白表的格式，操作员像填表一样输入数据，这种方式称为表格式输入方式。在企业信息系统中，除了要输入记账凭证外，还有许多来自外单位或由本单位自制的原始凭证需要录入，如收料单、领料单、发货单、报销单等等，这些数据的输入，一般要采用表格式输入。即将这些原始单据的格式尽量按原样呈现在计算机屏幕上，然后由用户逐项输入数据。

（3）全屏幕编辑方式。利用数据库管理系统提供的全屏幕编辑功能，可以在屏幕上构造出一张与数据库文件相一致的二维表，移动记录指针或选择字段，能够实现记录的增加、删除和修改操作。该方式操作方便、实时性高、编程简单，适合于计算机专业人士使用。全屏幕编辑方式下应注意对数据文件的安全性保护。

5. 输入数据的校验和纠错

确保输入数据的正确性是输入设计的关键，但是，要保证输入信息绝对不出错，无论对系统设计和用户操作上都是不可能的。对于操作人员只能用制度去限制，用工作态度去要求。在系统设计方面也只有用各种校验的办法去发现错误，提供编辑、纠错的办法去改正错误,即只有人机结合才能保证输入信息的正确性。

(1) 输入错误的类型。输入错误的类型包括:

①数据内容错误。指由于原始数据抄写错误或录入错误等原因引起的输入数据错误。

②数据多余或不足。在数据收集过程中产生的差错。如数据(单据等)的散失、遗漏或重复等原因引起的数据错误。

③数据的延误。输入数据的内容和数量都正确,但由于时间上的延误而产生的差错。这种差错多由开票、传送等环节的延误而引起,严重时会导致输出信息毫无利用价值。因此,数据的收集与运行必须具有一定的时间性,并事先确定产生数据延迟时的处理对策。

(2) 数据校验方法。数据校验方法主要有人工直接检查、计算机应用程序校验以及人与计算机两者分别处理后再相互查对校验等多种方法。下面是几种常用的方法:

①静态校验。静态校验是将输入的数据显示在屏幕上或打印输出,通过人工目测来检查错误。操作员不仅每输入一个数据项都要检查,而且一张单据输完后在存入文件之前要整个检查一遍,看是否与手工单据一致,发现错误要及时改正。由于长时间工作会引起疲劳,人工静态校验的有效率只能达到75%~85%。

②逻辑校验。逻辑校验也称合法性检查,它依照信息的逻辑关系校验输入数据是否正确。如月份值不得大于12,日期值不得超过31;物资的生产日期、入库日期、出库日期和报废日期,在逻辑上有着一定的制约关系。

③值域校验,也称界限校验,是指数据项输入的值是否在预定的范围之内。界限校验分上下限校验和范围校验两种。例如,规定某项产品的单价下限为2.0元,上限为2 800元;销售价格允许在10%范围内的浮动等。凡在此预定范围之外的数据均属出错。

④控制总数校验。先由人工汇总某些数据项的总量,然后与计算机累计值进行比较以判定是否正确。若数据量大时可分批汇总校验,例如对记账凭证可几十张一批进行汇总,并检查人工与计算机汇总是否一致。不过这种校验比较费时而且手工汇总往往也不可靠,有时会出现输入正确而手工汇总不正确,从而导致两者不一致。

⑤重复校验。重复校验又称两次输入法,即将同一数据重复录入两次,然后进行对比的校验。例如,把一批会计凭证的数据录入两次,分别记入两个数据库中,然后对两个数据库逐笔记录、逐项数据的比较,找出不同之处予以纠错。

⑥记录计数校验。通过计算记录的个数来检查数据记录是否有遗漏和重复。

⑦数据类型校验。检查输入的数据类型是否符合要求。

⑧格式校验。校验数据记录中各数据项的位数和位置是否符合预先规定的格式。

⑨平衡校验。根据数据之间的计算关系来检查输入数据的正确性。比较典型的例子是会计凭证数据必须满足"有借必有贷，借贷必相等"，即会计凭证中的数据必须同时有借方金额和贷方金额，并且借方金额合计和贷方金额合计必须相等。如果不满足该平衡条件，所输入的会计凭证数据一定是错误的。

⑩对照校验。对照校验就是将输入的数据与基本文件的数据相核对，检查两者是否一致。为了检查输入的用户代码是否正确，可将输入的用户代码与计算机中存放的用户代码总表相核对。

⑪校验位校验：即在代码中设置校验位来进行校验。

上述方法可综合采用，以确保输入数据的正确性。

(3) 出错的改正方法。应根据出错的类型和原因选用不同的改正方法。

①原始数据错误。发现原始数据有错时，应将原始单据送交填写单据的原单位修改，不应由输入操作员或原始数据检查员等想当然地予以修改。

②计算机自动检错。对于发现的错误，处理方法主要有两种：一是舍弃出错数据，只处理正确数据，这种方法适用于做动向调查分析的情况，这时不需要太精确的输出数据；二是等待数据全部校验并改正后，再进行下一步处理。

为了保证输入数据正确无误，数据输入过程中需要通过程序对输入的数据进行严格的校验。发现有错时，程序应当自动地打印出出错信息一览表。

7.7 处理流程设计

总体设计用模块结构图描述了系统的子系统结构与分层模块结构，清楚地表示了每个模块的功能和模块的调用关系和数据传递关系。在详细设计阶段还要对每个模块的加工处理逻辑进行分析与设计，它是在功能结构图或模块结构图的基础上具体设计出每个模块内部的功能和处理过程,为在系统实施阶段程序员编写程序实现该功能提供详细的技术资料。下面介绍最常用的 IPO 图。

IPO 图是输入—加工—输出(input-process-output)的简称,它是由美国 IBM 公司发起并逐渐完善起来的一种工具。IPO 图就是用来表述每个模块的输入、输出数据和数据加工的重要工具。目前常用的 IPO 图的结构如图 7-4 所示。

模块编号:		模块名称:		
使用单位:	设计人:		日期:	
数据库文件编号:	编码文件编号:		编程文件号:	
上层调用模块:		下层调用模块:		
输入数据	处理过程描述		输出数据	
局部数据项:		注释:		

图 7-4 IPO 图的结构

IPO 图的主体是算法说明部分,该部分可以用结构化语言、判定表、判定树描述,也可用控制流程图、问题分析图(PAD)、过程设计语言(PDL)等工具进行描述,只要能够准确而简明地描述模块执行细节就可以。

在 IPO 图中,输入、输出数据来源于数据字典。局部数据项是指个别模块内部使用的数据,与系统的其他部分无关,仅由本模块定义、存储和使用。注释是对本模块有关问题做必要说明。

用户和管理人员可利用 IPO 图编写、修改和维护程序。因此,IPO 图是系统设计阶段的一种重要文档资料。

7.8 系统设计报告

系统设计阶段的主要成果是系统设计报告,它既是目标系统的物理模型,也是系统实施的主要依据。系统设计报告通常由下述内容组成,我们在编写时可根据系统的规模和复杂程度等具体情况,选用其中的一部分或全部内容。

1. 引言

（1）摘要：系统的目标、名称和功能等的说明。

（2）背景：项目开发者、用户、本项目和其他系统或机构的关系和联系。

（3）系统环境与限制：硬件、软件和运行环境等方面的限制、保密和安全的限制、有关系统软件文本、有关网络协议标准文本。

（4）参考资料和专门术语说明。

2. 系统设计方案

（1）模块设计。包括系统的模块结构图、各个模块的 IPO 图（包括各模块的名称、功能、调用关系、局部数据项和详细的算法说明等）。

（2）代码设计。说明各类代码的类型、名称、功能、使用范围和使用要求等。

（3）输入设计。说明输入项目、主要功能、输入要求、输入人员、输入校验方法。

（4）输出设计。包括输出项目、主要功能、输出接受者和输出要求（所用设备介质、输出格式、数值范围和精度要求等）。

（5）处理流程设计。

（6）数据库设计。说明数据设计的目标、主要功能、需求规定（精度、有效性、时间要求及其他专门要求）、运行环境要求（设备、支撑软件）、逻辑设计方案和物理设计方案。

（7）网络设计。说明系统的网络结构及功能设计。

（8）安全保密设计。

（9）系统实施方案及说明。主要说明实施方案的计划安排，包括工作任务的分解、进度安排和经费预算。

系统设计报告正式成文之前，要组织专家审核，尽可能避免出现重大问题。系统设计报告审查批准后，整个系统开发工作便进入系统实施阶段。

本 章 小 结

1. 系统设计利用系统分析的成果，以系统分析报告为依据，科学合理地进行物理模型的设计，解决"怎样做"的问题。系统设计阶段的主要成果是系统设计报告。

2. 系统设计阶段遵循自顶向下的设计原则，首先进行总体设计，逐层深入，直至完成系统每一模块的详细设计和描述工作。系统设计的主要工作可分为总体设计和详细设计。

3. 结构化设计方法以系统分析阶段的数据流程图和数据字典为基础，借助于一套标准的设计准则和图表工具，使用分解的方法，自上而下地将整个系统逐层划分为若干个大小适当、功能单一、相对独立且易于实现和修改的模块，从而把复杂系统的设计转变为多个简单模块的设计。

4. 模块结构图是结构化设计中描述系统模块结构的图形工具，它可由数据流程图按一定的规则转化而来。模块结构设计的原则是尽量降低模块间的耦合度，尽量提高模块内的聚合度。

5. 系统物理配置方案包括确定系统的总体布局、计算机软硬件系统的选择、计算机网络系统的选择，数据库管理系统的选择等内容。应根据系统的要求和企业实际情况去进行物理配置方案设计。

6. 代码是进行信息分类、校对、统计和检索的依据。代码设计就是要设计出一套能为系统各部分共用的、优化的代码系统。

7. 数据库设计方法比较多，目前公认的比较完整和权威的规范设计法是新奥尔良方法，该方法将数据库设计分为用户需求分析、概念结构设计、逻辑结构设计和物理结构设计 4 个阶段。

8. 输出设计的内容主要包括输出信息使用情况、输出信息内容的设计、输出格式设计、输出设备和介质设计。

9. 输入设计的内容包括：确定输入的内容、确定数据的输入方式及格式、确定输入设备、输入数据的正确性校验。

10. IPO 图是用来表述每个模块的输入、输出数据和数据加工的重要工具。

延伸阅读

复习思考题

1. 简述系统设计的主要工作。
2. 简述结构化设计方法的基本思想与特点。
3. 简述模块结构设计的原则。
4. 简述系统物理配置方案设计的内容。
5. 简述代码设计的原则。
6. 简述数据库设计的步骤。
7. 输出设计的内容有哪些？
8. 简述输入设计的内容与原则。

第 8 章
管理信息系统的系统实施

本章要点

◇ 系统实施的主要任务
◇ 物理系统的实施内容
◇ 程序设计的目标与方法
◇ 系统测试的目的、原则、方法与过程
◇ 系统切换前的准备工作
◇ 系统切换方式

引导案例

某企业轧钢分厂共有职工2 000余名,3个车间,它将炼钢分厂冶炼的钢坯加热,轧制并且剪切成各种规格的钢材。轧钢厂生产调度系统的主要工作内容有三个方面:收集生产数据;制作生产报表;下达调度指令。在轧钢分厂生产调度系统的调试过程中,运用了黑盒、白盒测试方法,用该分厂1997年12月份的实际生产数据先后进行了模块测试、子系统测试。当该系统完成验收测试后没有马上替代手工作业投入实际运行,而是先做了以下准备工作:建立相应的规章制度、数据准备、系统文档准备、人员培训等。当各种准备工作完成之后,轧钢分厂采用了平行切换的方式进行系统转换,让新老系统共同运行了3个月,对原手工操作方式和新机器系统运行方式进行了充分对比,且对系统个别细节作了调整,然后才使整个系统投入正式运行。

(资料来源:戚桂杰:《管理信息系统》,经济科学出版社2011年版,第287页)

系统实施的目的是把系统设计阶段的成果——物理模型转换成为可在计算机上实际运行的系统。系统实施的主要任务是按照系统设计报告的要求，进行物理系统的实施、程序设计与调试、系统测试、人员培训、数据准备与录入、系统切换等工作。系统实施阶段的主要成果是源程序设计清单和用户手册。

8.1 物理系统的实施

管理信息系统物理系统的实施，主要包括计算机硬件系统、软件系统和网络通信系统设备的订购，以及计算机机房的准备和设备的安装调试等一系列活动。

1. 计算机系统的实施

按照系统设计阶段物理配置方案设计的要求，购买系统所需的硬件设备和软件系统，并安装调试。硬件设备包括主机、外围设备、稳压电源、空调装置、机房的配套设施以及通信设备；软件系统包括操作系统、数据库管理系统、应用软件和工具软件。

计算机硬件选购原则：

（1）在功能、容量和性能上满足所开发的管理信息系统的设计要求。

（2）计算机系统具有合理的性能价格比。因为计算机系统的更新速度快，所以盲目追求价格和盲目追求高性能均不可取。

（3）计算机系统具有良好的可扩充性。

（4）有良好的售后服务和技术支持。

软件系统选购原则：

（1）操作系统、数据库管理系统应选择主流软件产品。

（2）程序设计语言按应用领域、性能要求、可移植性选择软件产品。

（3）商品化软件按功能、适用范围、接口及运行环境选择软件产品。

计算机系统的安装与调试主要由供货方负责完成。系统运行使用的常规诊断校验系统也应由供货方提供，并负责操作人员的培训。

2. 网络系统的实施

按照设计阶段总体布局设计、网络结构设计的要求，选购系统所需的网络设备和网络操作系统，并进行有关的网络通信设备与通信线路的架构与连接、网络操作系统的安装和调试、整个网络系统的性能和安全测试及用户权限的设置等。

8.2 程序设计

8.2.1 程序设计的目标

程序设计

随着计算机应用水平的提高,软件愈来愈复杂,同时硬件价格不断下降,软件费用在整个应用系统中所占的比重急剧上升,从而使人们对程序设计的要求发生了变化。在过去的程序设计中,主要强调程序的正确性和效率,但随着系统开发技术和计算机技术的不断发展,人们则倾向于首先强调程序的可靠性、可维护性和可读性,然后才是效率。

1. 可靠性

程序应具有较好的容错能力,不仅在正常情况下能正确工作,而且在意外情况下,比如输入错误数据或进行了错误操作等不会导致系统发生不可恢复性故障。程序的可靠性体现在多个方面,如程序运行的安全可靠、数据存取的正确性、操作权限的控制等。可靠性在任何时候都是衡量系统质量的首要指标。

2. 可维护性

随着企业面临的内外部环境的变化,企业对系统的需求也会不断发生变化,因此,就必须对系统功能进行完善和调整;此外,计算机软硬件的更新换代也需要对程序进行相应的升级。MIS 寿命一般是 3~10 年时间,因此,程序的维护工作量相当大。这就要求程序设计必须规范、结构清晰、可读性强,具有较好的可维护性,否则会大大增加维护的工作量。

3. 可读性

程序不仅要求能够正确地完成相应功能,而且应该易于理解,层次清晰,便于阅读,有利于他人进行维护。要使程序具有可读性,除了结构清晰之外,还要求程序中使用的变量和临时文件要采用统一规定的规则命名,并且对在程序中容易产生歧义的地方添加必要的注释性语句。程序不易理解将会给程序维护工作带来困难。

4. 效率

程序的效率是指程序能否有效地利用计算机资源。近年来,由于计算机硬件价格越来越低，而其性能却日益增加，程序效率已不像以前那样重要了。相反，程序设计人员的工作效率则日益重要。提高程序设计人员的工作效率，不仅能够降低软件开发成本，而且可明显降低程序的出错率，进而减轻维护人员的工作负担。

程序的效率与可维护性、可读性通常是矛盾的。在实际编写程序时，人们宁可牺牲一定的空间和时间，也要尽量提高系统的可维护性和可读性。片面地追求程序的运行效率反而不利于程序设计质量的全面提高。为了提高程序设计效率，应充分利用各种软件开发工具，如 MIS 生成器等。

8.2.2 程序设计方法

目前程序设计大多是按照结构化程序设计方法、原型方法、面向对象的方法进行。程序设计要充分利用现有软件工具去进行，因为这样不但可以减轻开发的工作量使得系统开发过程规范，功能强，还易于维护和修改。

编程的目的是实现开发者在系统分析和系统设计中提出的管理方法和处理构想，编程不是系统开发的目的。所以在编程的实践中，应尽量借用已有的程序和各种开发工具，尽快尽好地实现对系统设计，而不要在具体的编程和调试工作中花费过多的精力和时间。

1. 结构化程序设计方法

结构化程序设计（structured programming，SP）的基本思想于 20 世纪 70 年代开始形成，其基本原则是：采用自顶向下、逐步求精的设计方法；用单入口、单出口的基本控制结构和反复嵌套来设计程序；用顺序结构、选择结构和循环结构来构造程序。

结构化程序设计方法所设计出来的程序结构清晰、便于阅读，易于用问题分析图（PAD 图）或盒图（N-S 图）描述，也易于写出程序。由于程序的静态描述与执行时的动态走向一致，所以，便于理解程序的动作，易于查错和测试。

在传统的结构化程序中，数据和施加于数据的操作（算法过程）总是分离的，所有程序均由一组被动的数据和一组能动的过程所组成，通常把这类程序设计称为面向过程的程序设计，把支持这类程序设计的语言称为面向过程的语言（procedure-oriented language，POL）。C 语言就是其中的一个代表。传统的结构化程序设计思维方式可以理解为"操作（算法过程）+数据结构=程序"的模式。

2. 面向对象的程序设计方法

自 20 世纪 80 年代以来，以 C++ 为代表的面向对象的程序设计语言出现并得到广泛应用，并逐渐取代了传统的结构化程序设计方法，成为当今软件开发的主要方法。

面向对象的程序设计（object oriented programming，OOP）将数据及对数据的操作作为一个相互依存、不可分割的整体来处理。它采用数据抽象和信息隐蔽技术，将具有相同属性和相同操作的所有对象抽象成一种新的数据类型——对象类（简称类），将属性和操作封装在类定义中。面向对象的程序设计考虑不同对象之间的联系和对象类的重用性，对象之间交互的通信过程通过消息传递来实现。面向对象程序设计的思维方式可以概括为"对象+消息=面向对象的程序"。

面向对象的程序设计方法一般应与面向对象的设计（object-oriented design，OOD）方法所设计的内容相对应。它是一个简单直接的映射过程。即将 OOD 中所定义的范式直接用面向对象的程序，如 C++、Smalltalk、Visual C 等来取代即可。在系统实现阶段，面向对象的程序设计方法具有相当大的潜在优势，也是其他程序设计方法所无法取代的。

3. 提高程序设计速度的方法

为了提高程序设计的速度，可采用以下两种方法：

（1）尽量利用目前已有的软件工具进行编程。其原因在于一是用软件工具编写的程序较为规范，质量和功能都比自己编写的程序好很多；二是使用软件工具编程效率高，并且能够有效降低编程工作量。

（2）采用速成原型式的程序开发方法。具体实施方法是，首先将层次模块结构图中类似带有普遍性的功能模块集中。如菜单模块、报表模块、查询模块、统计分析和图形模块等，这些模块几乎是每个子系统都必不可少的。然后再去寻找有无相应、可用的软件工具，如果没有则可以考虑开发一个能够适合各子系统情况的通用模块，然后用这些工具生成这些程序模型的原型。如果层次模块结构图中有一些特定的处理功能和模型，而这些功能和模型又是现有工具不可能生成出来的，应考虑编制一段程序加进去，则利用现有的工具和原型方法就可以很快地开发出所要的程序。

8.3 系统测试

系统测试是管理信息系统实施中一个十分重要的环节,它是利用测试数据及测试问题对已开发完成的系统进行专门的检验,目的是尽可能多地发现程序和系统中的错误并及时纠正。系统测试是在系统投入运行前,对整个系统开发过程——系统分析、系统设计与系统实现的最终审查,是保证系统质量与可靠性的重要手段。

系统测试

8.3.1 系统测试的目的

在管理信息系统的开发过程中,面对着错综复杂的各种问题,由于人的主观认识不可能完全符合客观现实,开发人员之间的思想交流也不可能十分完善。所以在管理信息系统开发周期的各个阶段都不可避免地会出现差错。开发人员应力求在每个阶段结束之前进行认真、严格的技术审查,尽可能早地发现并纠正错误,否则等到系统投入运行后再回头来改正错误将在人力、物力上造成很大的浪费,有时甚至导致整个系统的瘫痪。然而,经验表明,单凭审查并不能发现全部差错,加之在程序设计阶段也不可避免还会产生新的错误,所以,对系统进行测试是不可缺少的,是保证系统质量的关键步骤。统计资料表明,对于一些较大规模的系统来说,系统调试的工作量往往占系统开发工作总量的40%以上,而对于一些特别重要的系统来说,系统测试的工作量和成本更大。

美国IBM系统研究所前高级研究员梅耶等(Glenford J. Myers et al.)在《软件测试的艺术》中认为测试是为了发现错误而执行程序的过程;好的测试用例是在于它能发现至今未发现的错误;成功的测试是发现了至今未发现的错误的测试。因此,测试的目的是尽可能地发现系统中的错误并及时纠正。测试人员在测试时应精心设计测试数据,想方设法使程序的各个部分都投入运行,以十分挑剔的态度,力图找出所有错误。错误多少与程序质量有关。即使这样,测试通过也不能证明系统绝对无误,只不过说明各模块、各子系统的功能和运行情况正常,相互之间连接无误,在系统交付用户使用之后,在系统的维护阶段仍有可能会发现少量错误并需进行纠正,这也是正常的。

8.3.2 系统测试的原则

系统测试应遵循以下原则：

(1) 测试应贯穿系统开发的整个过程，要尽早并不断地进行软件测试，以便于尽早发现问题或错误，及时加以解决。

(2) 测试用例应包括输入数据和预期的输出结果。也就是说，在程序执行之前应对期望的输出有明确的描述，以便程序执行后可将预期结果与实际结果相比较。

(3) 测试用例不仅要选用合理的输入数据，还应选用不合理的输入数据，以检查系统的容错、纠错能力。

(4) 不仅要检验程序是否执行了规定的操作，还要检查是否做了它不该做的工作。

(5) 测试用例应长期保留，直至该系统被废弃不用为止。在管理信息系统的测试中，测试用例都是经过精心设计的，所花成本较高，在以后需要再次测试有关部分时，可以继续使用它们进行测试。重新设计测试用例不仅需要重复做很多工作，而且所设计出的测试用例质量未必超过原先的测试用例。

(6) 测试工作应避免由原系统开发人员或小组本身来承担。测试的目的是尽可能多地找出源程序中的错误，而从心理学上讲，软件开发人员总会认为自己开发的软件没有错误或错误不大，因而不愿否定自己。另外，如果开发人员对软件的功能有理解错误，由本人去测试，很难找出错误。

8.3.3 系统测试的方法

对软件进行测试的方法主要有人工测试和机器测试两种。一般程序经过编译以后，先进行人工测试，然后再进行机器测试。

1. 人工测试

人工测试又称代码复审，采用人工方式进行，目的是检查程序的静态结构，找出编译不能发现的错误。人工测试主要有以下3种方法：

(1) 个人复查。个人复查是指源程序编写完以后，直接由程序员自己进行检查。

(2) 走查。走查一般由3~5人组成测试小组，测试小组成员应是从未介入该程序设计工作且有经验的程序设计人员。在人工阅读软件文档资料和程序代码的前提下，由测试人员代替计算机沿着程序的逻辑走一遍，以发现程序中的错误。由于人工运行很慢，因此走查只能使用少量简单的测试用例。

（3）会审。会审中测试小组的构成情况与走查相似，要求测试人员在会审前仔细阅读软件的有关资料，根据以往的经验形成一个错误类型清单，填写检测表，列出根据错误类型要提出的问题。会审时由程序作者逐个讲解程序，测试人员逐个审核，提问讨论可能产生的错误。会审对程序的功能、结构及风格等都要进行审定。

2. 机器测试

机器测试是指通过直接在计算机上运行被测试程序，来发现程序中的错误。机器测试的方法主要有两种：黑盒测试和白盒测试。

（1）黑盒测试。黑盒测试又称功能测试或者数据驱动测试，它是将程序看成一个黑盒子，而不考虑程序的内部结构和处理过程，只检查程序功能是否能够按照软件的需求规格说明书的规定正常使用，程序是否能适当地接收输入数据、产生正确的输出信息，并且保持外部信息的完整性。黑盒测试用例是完全根据程序的功能说明进行设计的，但是如果想用黑盒法找出程序的所有错误，则必须用输入所有可能值的数据来检查，这显然是不可能做到的，所以，只能选择一个适当的子集，即选择一个能够发现最多错误概率的最大子集。

（2）白盒测试。白盒测试也称结构测试或者逻辑驱动测试，它是将程序看成一个透明的白盒子，按照程序的内部结构和处理逻辑来选定测试用例，对程序的逻辑路径及过程进行测试，检查程序中的每条通路是否都能按预定的要求正确工作。

8.3.4 系统测试的过程

系统测试一般要经过单元测试、组装测试、确认测试和系统测试这四个步骤。

1. 单元测试

单元测试又称模块测试，是针对软件设计的最小单位——程序模块进行正确性检验的测试工作。其目的在于检查每个程序单元能否正确地实现详细设计说明中的模块功能、性能、接口和设计约束等要求，发现模块内部可能存在的各种错误。单元测试分为语法检查和功能检查。语法检查使用白盒测试，功能检查使用黑盒测试。多个模块可以平行地独立进行单元测试。

2. 组装测试

组装测试也叫集成测试、联合测试、子系统测试或部件测试，它是在完成单元测试以后，将所有模块按照模块结构图组装成为子系统或系统进行测试，主要是测试各模块之间的协调和通信，即重点测试子系统内各模块接口的正确性。组装测试重点关注以下问题：①在把各个模块连接起来时，穿越模块接口的数据是否会丢失；②各个子功能组合起来后能否达到预期的主功能；③一个模块的运行是否会影响另一个模块的运行；④全局数据结构与局部数据结构是否矛盾和协调；⑤单个模块的误差积累起来，是否会放大，从而达到不可接受的程度。组装测试主要以系统详细设计和程序设计为依据，通常采用黑盒测试。

3. 确认测试

确认测试又称有效性测试、合格性测试或验收测试，它是在模拟的环境下，运用黑盒测试方法，验证被测软件是否满足需求规格说明书列出的需求。确认测试的任务是验证软件的功能和性能及其他特性是否与用户的需求一致，对软件的功能和性能要求在软件需求规格说明书中已经明确规定，它包含的信息就是软件确认测试的基础。

确认测试主要包括以下几个部分：①功能测试：检测软件需求规格说明书的内容是否全部实现，是否有功能遗漏；②性能测试：检查软件的可移植性、可靠性、兼容性、错误恢复能力和可维护性等性能指标，以检查软件功能的实现程度；③配置审查：检查被检测软件的全部构成成分是否齐全，质量是否合乎要求，应有维护阶段所需的全部细节，并且是否编好目录。

由于确认测试是面向用户需求的，因此应让用户参与。测试用例应以实际应用数据为基础，不再使用模拟数据。

4. 系统测试

经确认测试后，软件已测试完毕，但软件只是信息系统的一部分，还要与系统中其他部分配套使用。系统测试是将信息系统的所有组成部分包括软件、硬件、用户和环境综合在一起进行的测试，以保证系统的各组成部分协调运行。系统测试包括恢复测试、安全测试和压力测试等。

（1）恢复测试。恢复测试主要关注导致软件运行失败的各种条件，并验证其恢复过程能否正确执行。在特定情况下，系统需具备容错能力。另外，系统失效必须在规定时间段内被更正，否则将会导致严重的经济损失。

（2）安全测试。安全测试用来验证系统内部的保护机制，以防止非法侵入。在安全测试时，测试人员扮演非法入侵系统的角色，采用各种办法试图突破防线。系统安全设计的准则是，使非法侵入的代价超过被保护信息的价值。①

（3）压力测试。压力测试也称强度测试、负载测试。压力测试是模拟实际应用的软硬件环境及用户使用过程的系统负荷，长时间或超大负荷地运行测试软件，来测试被测系统的性能、可靠性、稳定性等。压力测试的目的就是在软件投入使用以前或软件负载达到极限以前，通过执行可重复的负载测试，了解系统可靠性、性能瓶颈等，以提高软件系统的可靠性、稳定性，减少系统的宕机时间和因此带来的损失。

系统测试完成之后，要形成系统测试报告，说明系统测试的情况，指出系统中存在的缺陷和不足，给出对测试结果的评估，得出系统测试的结论，也可以对未来系统的改进提出建议。

系统测试通过后，应编写操作说明书，完成程序框图和打印源程序清单。

8.4 系统切换

系统测试完成以后，系统的实施将进入到新旧系统的切换阶段。系统切换的任务是完成新旧系统的平稳过渡。在系统切换前要做好人员培训和基础数据的整理与录入等准备工作。

系统切换

8.4.1 人员培训

管理信息系统是一个人机系统，人员是系统的重要组成部分，这些人员包括企业的各级管理人员、操作人员以及管理与维护信息系统的专业人员。为了使新系统能够按预期目标正常运行，应对他们进行必要的培训。

管理信息系统的开发与应用是企业管理的变革，新系统能否顺利运行并实现预期目标，与各级管理人员的理解和支持有密切的关系。因此，可以通过讲座、报告会的形式对管理人员进行培训。培训的内容主要有：新系统的目标、功能；系统的结构及运行过程；对企业组

---

① 赵天唯等：《管理信息系统教程》，清华大学出版社2018年版，第245~248页。

织机构、工作方式等产生的影响；采用新系统后，对员工必须学会新技术的要求；今后如何衡量任务完成情况等。

操作人员是信息系统的直接使用者，统计资料表明，在信息系统运行期间发生的故障，大多数是由于操作失误造成的，因此，加强对操作人员的培训有利于提高信息系统的运行效率。一般来说，对操作人员的培训可以与信息系统的程序设计测试工作同时进行。这样，一方面可以确保信息系统按时、正常投入运行，另一方面可以有助于操作人员更好地了解系统的结构、功能和软硬件运行环境，从而更好地使用信息系统。

承担信息系统管理与维护工作的专业人员是信息系统开发的主要力量，对他们的培训在系统开发时就可以进行，让他们一起参与整个开发过程，有助于他们了解整个系统的全貌，为今后的工作打下良好的基础。

8.4.2 数据准备

数据准备就是将原系统中的数据收集、整理、录入，转换成新系统文件的过程。数据的整理指按实际业务需求和系统设计要求进行数据的分类和编码、数据的标准化和规范化、历史数据的格式转换、数据统计方法和统计口径的统一等。数据的录入指进行系统的初始化、输入初始数据、将整理好的数据输入计算机。

数据准备的工作量很大，数据准确性要求很高，而给定的时间又比较短，因此，在数据准备工作中，要做到以下几点：

（1）工作态度认真，各部门协同工作，以集中一定的人力和设备，争取在尽可能短的时间内完成。

（2）工作流程要科学化，数据要标准化、规范化。

（3）在数据录入过程中，要特别注意对变动数据的控制，确保它们在系统切换时保持最新状态。

8.4.3 系统切换

系统切换是指系统开发完成后新老系统之间的转换。系统转换方式有三种：直接切换、并行切换、分段切换。

1. 直接切换

直接切换是指在完成系统测试，确认新系统准确无误后，确定一个时刻，停止原系统的运行，并将新系统取代它投入正常运行。这种方式转换过程简单快捷、费用低,但风险大。一旦新系统发生不可恢复性错误,将造成巨大损失。因此,必须采取一定的预防措施,这种转换方式只适用于小型 MIS 的转换。

2. 并行切换

并行切换是指在完成系统测试后,一方面原系统继续运行,另一方面新系统投入运行,通过一段时间新老系统的并行运行后再停止老系统的运行,切换到新系统上。这种转换方式安全保险,但费用大,转换过程中需要投入两倍的工作量,应事先做好操作人员的思想工作。这种转换方式适用于银行、财务和企业的核心系统的转换。

3. 分段切换

分段切换又称试点过渡切换,它实际上是以上两种切换方式的结合,即新系统分阶段分批逐步代替老系统,最终完全取代老系统。这种转换方式既可以保证新老系统转换的平稳过渡,又可以降低风险、避免高额费用,但是新旧系统同时工作,增加了新旧系统的功能及数据的衔接问题,因此,分段切换对系统的设计和实现都有一定的要求,最根本的要求是模块之间的独立性更强,否则是无法实现分段切换的。

本章小结

1. 系统实施的目的是把系统设计阶段的成果——物理模型转换成为可在计算机上实际运行的系统。系统实施的主要任务是按照系统设计报告的要求,进行物理系统的实施、程序设计与调试、系统测试、人员培训、数据准备与录入、系统切换等工作。系统实施阶段的主要成果是源程序设计清单和用户手册。

2. MIS 物理系统的实施,主要包括计算机硬件系统、软件系统和网络通信系统设备的订购,以及计算机机房的准备和设备的安装调试等一系列活动。

3. 程序设计的目标倾向于首先强调程序的可靠性、可维护性和可读性,然后才是效率。

4. 目前程序设计大多是按照结构化程序设计方法、原型方法、面向对象的方法进行。程序设计要充分利用现有软件工具去进行,因为这样不但可以减轻开发的工作量使得系统开发过程规范、功能增强,还易于维护和修改。

5. 测试的目的是尽可能地发现系统中的错误并及时纠正。测试通过也不能证明系统绝对无误,只不过说明各模块、各子系统的功能和运行情况正常,相互之间连接无误,在系统交付用户使用之后,在系统的维护阶段仍有可能会发现少量错误并需进行纠正，这也是正常的。

6. 系统测试应遵循以下原则：测试应贯穿系统开发的整个过程，要尽早并不断地进行测试，以便于尽早发现问题或错误，及时加以解决；测试用例应包括输入数据和预期的输出结果；测试用例不仅要选用合理的输入数据，还应选用不合理的输入数据，以检查系统的容错、纠错能力；不仅检验程序是否执行了规定的操作，还要检查其是否做了它不该做的工作；测试用例应长期保留，直至该系统被废弃不用为止；测试工作应避免由原系统开发人员或小组本身来承担。

7. 对软件进行测试的方法主要有人工测试和机器测试两种。一般程序经过编译以后，先进行人工测试，然后再进行机器测试。

8. 系统测试一般要经过单元测试、组装测试、确认测试和系统测试这四个步骤。

9. 系统切换的任务是完成新旧系统的平稳过渡。在系统切换前要做好人员培训和基础数据的整理与录入等准备工作。

10. 系统切换方式有三种：直接切换、并行切换、分段切换。

延伸阅读

复习思考题

1. 系统实施的主要任务是什么？
2. 简述物理系统的实施内容。
3. 简述程序设计的目标。
4. 系统测试的目的和原则是什么？
5. 系统测试的方法有哪些？
6. 简述系统测试的过程。
7. 系统切换前应做好哪些准备工作？
8. 系统切换有哪些方式？各有何特点？

第 9 章
信息系统的运行维护与评价

本章要点

✧ 系统运行管理的内容
✧ 系统维护的类型、内容与过程
✧ 信息系统的文档管理
✧ 信息系统安全的概念与内容
✧ 信息系统的安全管理策略
✧ 系统评价的目的与方法

引导案例

青钢集团管理信息系统的运行与维护

青岛钢铁集团（以下简称"青钢集团"）管理信息系统在交付使用后，遵照相应的管理规范，责成相关部门和个人负责具体的日常业务处理，记录系统的运行情况，青钢集团信息中心负责系统的维护，保证系统的正常运行，包括硬件设备的更新与升级、计算机病毒的检测与清除、软件系统的修改与完善、系统故障的排除等。

系统运行至今，系统维护工作一直没有间断，部分硬件设备已经被更新，部分软件功能也已经被修改、完善。例如，在系统应用之初，开具销售发票时必须针对一个客户的一个合同，而不能针对一个客户的多笔合同开具销售发票。系统运行后，销售部门提出，一个客户往往同本企业签订多笔合同，希望在开具发票时能够进行更加灵活的处理，不受单一合同的限制。为此，制定了相应的软件修改计划，进行了软件功能的修改和完善。

另外，在系统正常运行半年后，青钢集团还组织相关部门人员及相关领域的专家对已实施的管理信息系统的运行情况、技术性能、经济效益进行了分析和评价并依据评价结果对系统进行了完善和修改。

（资料来源：高学东等：《管理信息系统基础教程》，经济科学出版社 2007 年版，第 236 页）

管理信息系统在投入正常运行后，就进入了系统运行和维护阶段。信息系统运行管理的目的就是对信息系统的运行进行实时控制，记录其运行状态，进行必要的修改与扩充，加强安全管理，使信息系统始终处于良好的工作状态，延长系统的使用寿命。管理信息系统的评价结果是改进和完善管理信息系统的重要依据。

9.1 系统的运行管理

系统的运行管理

在管理信息系统投入运行后，企业要对系统的运行进行有效的管理，并不断地对该系统进行维护。而要完成信息系统的运行维护工作，就需要有相应的组织结构来保证，并将信息系统的运行纳入整个企业的日常工作。

9.1.1 系统的日常运行管理

系统的日常运行管理主要是对系统每天运行情况的记录以及系统运行的日常管理。

1. 系统运行情况的记录

系统运行情况的记录能够反映系统在大多数情况下的状态和工作效率，这是未来进行系统维护修改和系统分析评价的依据。系统的运行记录应该做到及时、准确、连续、完整。为了全面地掌握系统的情况，除了必须重视正常运行时的情况记录外，还要记录异常情况发生的时间、现象、发生时的工作环境、处理的方法、处理的结果、处理人员、善后措施、原因分析。由于系统运行情况记录比较烦琐，可以在系统中设置自动记录功能。如果是系统运行不正常或无法运行，就需用人工记录。

对系统运行情况的记录应事先制定尽可能详细的规章制度，并由运行管理人员具体负责。系统运行情况记录作为系统文档应长期保存，以备系统维护和评价时参考。

2. 系统运行的日常管理

系统运行的日常管理包括数据的日常管理以及突发事件的处理等。

数据的日常管理主要有备份、存档和整理等。每天的日常业务操作完毕后，为安全考虑，都应对更改过的或新增加的数据进行备份。数据存档是当工作数据积累到一定数量或经过一段时间间隔后转入档案数据库进行处理，作为档案存储的数据成为历史数据。数据的整理是关于数据表的索引、记录顺序的调整等，数据的整理可使数据的查询与引用更为快捷与方便，对数据的完整性与正确性也有好处。

信息系统运行中的突发事件一般是由于误操作、计算机病毒、突发停电等原因引起的。突发事件应由企业信息管理部门的专业人员处理，有时需要系统开发人员或软硬件供应商来解决。对突发事件发生时的现象、造成的损失、引起的原因及处理的方法等必须作详细记录，这将对系统的评价与改进具有重要的价值。

9.1.2 系统运行管理的组织

有效的企业组织形式对于提高管理信息系统的运行效率是至关重要的。目前，国内企业中负责管理信息系统运行的组织机构大多是信息中心、计算中心、网络中心、信息管理部等职能部门。随着管理信息系统在企业经营管理中发挥的作用越来越大以及人们对信息系统作用认识的提高，信息管理部门在企业中的地位在逐步提高。

1. 信息管理部门在企业中的地位变化

早期的信息管理机构是作为特定部门的附属部门而存在的。企业最初始的信息需求出现在那些信息处理和计算压力大的部门，如财务、统计、生产等部门，这些部门有自己独立的信息系统，部门内部设有微机室等信息管理机构，对加快这些部门的信息处理速度、提高这些部门的工作效率发挥了重要的作用。但是，部门管理的局限性制约了企业信息资源的综合应用。

信息管理机构后来演变为信息部门与其他部门并行的组织形式，信息系统的管理机构开始独立出来，与企业其他部门并行，享有同等的权利。这种方式改变了零散组织形式下各部门信息系统各自为政的情况，信息资源可以为整个企业共享，但信息部门的决策能力较弱，管理信息系统开发、运行维护中的协调和决策工作受到影响。

由于计算机软硬件的发展，以及各种自动化技术的进步，使得计算机管理信息系统、计算机过程控制、计算机辅助设计、计算机辅助工艺和制造联结为一个整体，形成计算机集成制造系统（CIMS）。同时，电子商务、供应链管理、客户关系管理等系统的发展，使信息技术应用在企业中的重要性进一步提高，信息管理部门逐渐处于企业运行中的中心地位，这时比较流行的组织形式是企业单独成立一个信息化委员会。在该结构中，信息化委员会由首席信息官（chief information officer，CIO）负责牵头召集，组织的最高领导和其他部门的负责人均为该委员会成员。在信息化委员会下面再设立与组织中其他业务部门平级的信息管理部门，这样将组织变革与信息资源开发利用紧密结合起来，将信息战略与组织的战略管理联系起来，全面负责组织的信息化工作。

2. 信息管理部门的人员构成

在管理信息系统的运行管理期间，信息管理部门主要由网络组、硬件组、软件组、业务组和行政组组成，各小组的职责如下：

（1）网络组：负责网络正常运行的维护和扩展，管理网络系统及设备的安全，具备网络问题诊断和初步解决能力。

（2）硬件组：负责计算机硬件及相关设备正常运行的维护和管理，保证计算机硬件及相关设备的安全，组织硬件设备的更新升级和日常维护，解决计算机硬件及相关设备的故障。

（3）软件组：软件组包括网络管理员、软件维护人员和数据库管理员。网络管理员负责操作系统级的服务器资源优化配置、用户授权和网络监控。软件维护人员负责保证软件系统的正常运行，更新和完善信息系统功能。数据库管理员负责制定数据备份和归档策略，确定数据备份和归档方案，发生系统灾难时负责数据恢复，确保输入数据的正确性。

（4）业务组：负责管理信息系统用户与信息管理部门的沟通和联系，及时向信息管理人员反馈信息，具有业务管理和信息使用两方面的责任。

（5）行政组：负责信息部门的日常管理工作，收集各层次用户对管理信息系统应用的意见，及时通知有关小组进行处理和改进。

企业的信息管理部门的组织结构模式并不固定，企业可以根据自己的组织规模、人员的技术水平、信息化的进程等因素灵活选择适合本企业信息管理部门的组织结构。

3. 信息主管

现在，越来越多的企业设立首席信息官（CIO）职位，CIO 是负责制定组织的信息发展战略、标准和程序，对整个组织的信息资源进行管理和控制的高级行政管理人员。

CIO 的主要任务是根据企业目标制定企业信息管理战略规划，积极参与企业的预测、决策、控制等管理活动，组织信息管理部门管理多种形式的企业内外信息，协助企业高层管理人员一起有效利用信息确定企业战略目标和实施策略，提出信息基础设施建设的基础架构，实现信息系统的引入、日常维护、决策支持和系统整合，根据商业环境的变化和新技术的动态发展调整信息技术和信息系统的应用。

为了推动信息化建设，CIO 要应对来自企业文化、管理理念、业务系统和技能等的多重挑战，CIO 需要很高的领导能力，以调用各方资源，与企业各方进行沟通来推进信息化。CIO 一般由副总经理兼任，在企业中的地位仅次于总经理。

9.2 系统维护

系统维护是为了适应管理信息系统的环境和其他因素的各种变化，保证系统正常工作而采取的一切活动，它包括功能的改进和解决系统运行期间发生的一切问题和错误。

系统维护

9.2.1 系统维护的类型

按照维护工作的目的不同，系统的维护可分为下面几种类型：

1. 正确性维护

在软件交付使用后，由于开发时测试得不彻底、不完全，必然会有一部分隐藏的错误被带到运行阶段来。为了识别和纠正软件错误、改正软件性能上的缺陷、排除实施中的错误使用，应当进行的诊断和改正错误的过程称为正确性维护。

2. 适应性维护

适应性维护是指应用系统需要适应运行环境的变化而进行的维护活动。一方面计算机技术发展十分迅速，当采用新设备、新技术可以扩大系统功能、改善系统性能时，要进行相应的适应性维护工作。另一方面是适应企业外部环境变化的维护、政府政策法规的变化、竞争对手的变化等，都会引起系统的适应性修改，如财务制度、税收制度的变化，使得财务计划的制订、税金的核算等工作都要进行相应的修改。

3. 完善性维护

在软件的使用过程中，用户往往会对软件提出新的功能与性能要求。为了满足这些要求而进行的维护活动称为完善性维护。例如，完善性维护可能是修改一个计算工资的程序，使其增加新的扣除项目；缩短系统的应答时间，使其达到特定的要求；把现有程序的终端对话方式加以改造，使其具有方便用户使用的界面；改进图形输出；增加联机求助功能；为软件的运行增加监控设施。

4. 预防性维护

预防性维护是指采取主动的预防性措施，对于一些使用寿命较长，目前尚能正常运行，但可能要发生变化的部分进行维护，以适应将来的调整或修改。例如，将专业报表功能修改成通用报表功能，以适应将来报表格式的变化。

据统计，对于一个典型的软件系统，一般正确性维护占全部维护活动的17%～21%，适应性维护占18%～25%，完善性维护占50%～66%，预防性维护占4%左右。因此，在软件系统维护工作中，完善性维护占了一半以上，是软件系统维护的重要内容。

9.2.2 系统维护的内容

系统维护的内容一般包括程序维护、数据维护、代码维护、硬件维护。

1. 程序维护

在系统维护的全部工作中，应用程序的维护工作量最大，也最经常发生。程序维护是指由于处理业务发生变化或程序出错引起的对程序的一部分或全部进行的修改。修改后的程序，必须在程序首部的序言性注释语句中进行说明，指出修改的日期、人员。同时，必须填写程序修改登记表，填写内容应包括所修改程序的所属系统名、程序名、修改理由、修改内容、修改人、批准人和修改日期等。

2. 数据维护

数据维护主要包括数据的定期备份、数据恢复、数据归档以及由于数据存放格式、要求等发生变化引起的数据内容、结构的调整等修改。通常采用专用的维护程序模块来进行上述工作。

出于安全考虑，每天操作完毕后，都要对更改过的或新增加的数据作备份，通常把数据复制两个副本，必要时，可将副本脱机保存在更安全可靠的地方。数据归档是当工作数据积累到一定数量或经过一定时间间隔后转入档案数据库的处理，即进行数据库的再组织，作为档案存储的数据成为历史数据。数据恢复是指当遇到重要数据库文件严重损坏、系统瘫痪等灾难情况发生时，将备份的数据恢复到系统中。

3. 代码维护

随着系统应用范围和环境的变化，原有的代码不能适应新的需求，必须对系统的代码体系进行变更。代码的维护包括订正、添加和删除等内容。例如在会计信息系统中，需要增加新的会计科目，或者由于下级科目个数超过了最大限度，需要增加科目编码的位数。前者应该是简单的，会计信息系统本身应该提供增加、删除、修改编码的功能；但后者是困难的，也是应该尽可能避免的事情。因为代码结构的变化也往往会引起程序的修改，所以设计时必须考虑到长远需要，尽量避免日后对编码结构的修改。由于原代码不能适应新要求而进行的代码变更的操作。

4. 硬件维护

硬件维护是指对主机和外设的维护和管理。硬件维护的目的是尽量减少硬件的故障率，当故障发生时，能在尽可能短的时间内恢复工作。硬件维护主要有三种类型：一是进行硬件的更新；二是进行硬件的故障维护；三是定期进行预防性维护，例如在每周或每月固定的时间对系统硬件进行常规性检查和保养。硬件维护应由专门的硬件维护人员负责，而且在很多情况下需要同硬件厂商合作来共同完成维护工作。

9.2.3 系统维护的过程

人们往往认为系统的维护要比系统开发容易得多，因此，维护工作不需要预先拟订方案或加以认真准备。实际情况并不是这样，在许多情况下，维护比开发更为困难，需要更多的创造性工作。因为首先维护人员必须用较多的时间理解别人编写的程序和文档，并且对系统的修改不能影响该程序的正确性和完整。其次，整个维护的工作又必须在所规定的很短的时间内完成。

图 9-1 简要说明了维护活动的全过程。从图中可以看出，在确定了某个维护目标以后，维护人员必须先理解要维护的系统，然后建立维护方案。由于程序的修改涉及面较广，某处修改很可能会影响其

他模块的程序,所以建立维护方案时要加以考虑的重要问题,是修改的影响范围和波及作用。按预定方案完成修改后,还要对程序及系统的有关部分进行重新调试,若调试发现较大问题,则要重复上述步骤。若通过,则可修改相应文档并结束本次维护过程。

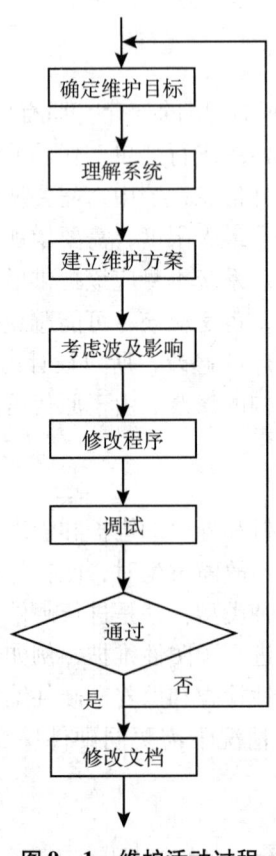

图 9-1 维护活动过程

必须强调的是,维护是对整个系统而言的。因此,除了修改程序、数据、代码等部分以外,必须同时修改涉及的所有文档。从图 9-1 可以看出,系统维护和开发有许多共同之处,所以前面介绍的开发技术和工具在这里都可以利用。

程序维护是系统维护的主要工作,为了正确和有效地修改程序,必须遵守以下原则:

(1)在进行任何改变(即使改变一行源程序)以前,必须理解程序中的全部控制逻辑。

(2)进行改变时要非常慎重。

（3）所做的改变不要比需要的改变多。

（4）不要企图共享程序中已有的变量，应建立新的局部变量。

（5）在调试时充分利用以前留下的调试用例。

（6）对改变的内容，原因和有关说明进行记录，同时应保存修改前的程序版本。

在程序维护的过程中，维护人员往往把注意力集中到改变部分，而忽视了系统中未改变部分，这就容易引起某些"连锁反应"式的错误，因此必须加以注意。此外，对于改变后的程序进行调试和确认，这也是必须要做的工作。有一些研究报告指出，一次修改的成功率是很低的，例如，若进行不超过 10 个语句的修改，一次修改的成功率是 50%，当修改约 50 个语句时，一次修改成功率就下降到 20%。这也从另外一个角度说明了维护工作的困难程度。[1]

9.3 信息系统的文档管理

信息系统的文档是信息系统的重要组成部分，是描述系统从无到有的整个发展与演变过程及各个阶段系统状态的文字资料。这些文档是系统开发的依据，也是系统运行与维护的基础。

系统文档不是一次性形成的，它是在系统开发、运行与维护过程中不断地按阶段依次推进的过程中编写、修改、完善与积累而形成的。可以说，如果没有系统文档或系统文档不规范，信息系统的开发、运行及维护会处于一种混乱状态，严重影响系统的质量，甚至导致系统开发或运行的失败。当系统开发人员发生变动时，这个问题尤为突出。因此，系统文档是信息系统的生命线，没有文档就没有信息系统。

2006 年，国家质量监督检验检疫总局和国家标准化管理委员会发布了《计算机软件文档编制规范》（GB/T 8567-2006），从软件开发与管理的角度，规定了相应的文档及规范。该规范认为，在软件的生存周期中，一般地说，应该产生以下基本文档：①可行性分析（研究）报告；②软件（或项目）开发计划；③软件需求规格说明；④接口需求规格说明；⑤系统/子系统设计（结构设计）说明；⑥软件（结构）设计说明；⑦接口设计说明；⑧数据库（顶层）设计说

---

[1] 王玉珍：《管理信息系统理论与实践》，清华大学出版社 2014 年版，第 215 页。

明；⑨（软件）用户手册；⑩操作手册；⑪测试计划；⑫测试报告；⑬软件配置管理计划；⑭软件质量保证计划；⑮开发进度月报；⑯项目开发总结报告；⑰软件产品规格说明；⑱软件版本说明等。该标准规定了在软件开发过程中文档编制的要求，这些文档从使用的角度可分为用户文档和开发文档两大类。其中，用户文档必须交给用户。用户应该得到的种类和规模由供应者与用户之间签订的合同规定。

信息系统文档除了上述各类文档外，还包括维护、修改建议。信息系统投入使用后，应对系统的运行情况、维护作详细的记录。另外，随着系统的使用，可能有修改等问题。应当对存在的问题、修改的考虑以及修改的影响估计等作详细的描述，写成维护、修改建议，提交审批。

在信息系统的整个生命周期内，参与的人员主要有四类：管理人员（包括企业高层领导）、开发人员（包括项目经理、系统分析人员和程序员等）、维护人员、用户（操作人员）。① 各类人员与文档的编制关系见表 9-1。

表 9-1　　　　　　　各类人员与文档的编制关系

人员	管理人员	开发人员	维护人员	用户（操作人员）
文档名称	可行性分析（研究）报告 项目开发计划 软件配置管理计划 软件质量保证计划 开发进度月报 项目开发总结报告 维护、修改建议	可行性分析（研究）报告 项目开发计划 软件需求规格说明 接口需求规格说明 软件（结构）设计说明 接口设计说明 数据库（顶层）设计说明 测试计划 测试报告	软件需求规格说明 接口需求规格说明 软件（结构）设计说明 测试报告	软件产品规格说明 软件版本说明 用户手册 操作手册 维护、修改建议

资料来源：《计算机软件文档编制规范》（GB/T 8567-2006），全国标准信息公共服务平台，http://c.gb688.cn/bzgk/gb/showGb?type=online&hcno=84C42B6277D2714B7176B10C6E6B1A44。

系统文档的管理工作主要包括：文档标准与规范的制定，文档编写的指导与督促，文档的收存、保管与借用手续的办理等。

---

① 全国标准信息公共服务平台，http://c.gb688.cn/bzgk/gb/showGb?type=online&hcno=84C42B6277D2714B7176B10C6E6B1A44。

9.4 系统的安全管理

在信息系统的开发过程中，企业需要投入大量的人力、资金与物力，系统的各种软件、硬件是企业的重要资产。在信息系统的运行过程中会产生和积累大量的信息，这些信息同样也是企业的重要资源，它们几乎反映了企业的过去、现在和未来的所有方面。系统软硬件的损坏或信息的泄露会给企业造成不可估量的损失，甚至危及企业的生存与发展。所以，信息系统安全管理工作已成为企业的信息系统管理中一项必不可少的重要工作。信息系统几乎被企业内部每一位管理人员接触与享用，企业与外界的信息交往日益广泛与频繁。但是由于信息的易传播性与易扩散性，使得信息系统的安全保密工作难度大大增加。

知识拓展：
黑客攻击 SWIFT
全球银行系统

9.4.1 信息系统安全的概念与内容

1. 信息系统安全的概念

信息系统安全是指信息系统资源和信息资源不受自然和人为有害因素的威胁和危害。信息系统的安全问题涉及的内容非常广泛，既包括系统（即硬件）资源，又包括信息资源。因此，信息系统安全不仅包括系统的静态安全，还包括系统运行的动态安全。因为信息系统不仅是一个技术系统，还是一个社会系统，因此，其安全不仅涉及技术问题，还涉及管理问题。事实上，大多数安全事件和安全隐患的发生，与其说是技术上的原因，倒不如说是由于管理不善而造成的。

系统的安全管理

2. 信息系统安全的内容

信息系统安全包括以下内容：

（1）实体安全。实体安全是指计算机系统设备及相关的设施运行正常，系统服务适时。实体安全包括环境安全、设备安全和存储介质安全。

（2）软件安全。系统的软件安全是指系统中所有的软件能够正常工作，包括操作系统、数据库管理系统、网络软件及应用软件等。软件安全是信息系统安全管理的重点，对软件设施而言，一旦发现其脆弱性或弱点，花费极低的成本就能够对系统实施攻击。软件安全具体包括严格遵守软件开发规程、软件安全保密测试、软件的修改与复制过程规范并保证相关资料的完整性。

(3) 数据安全：指系统拥有的和产生的数据或信息完整、有效、使用合法，不被破坏或泄露。包括输入、输出、识别用户、存取控制、加密、审计与追踪、备份与恢复等。

(4) 运行安全。运行安全是指信息系统在运行过程中必须保证安全，使之能对信息和数据进行正确的处理，正常发挥系统的作用。信息系统的运行安全包括系统风险管理、审计跟踪、备份与恢复、应急处理等内容。

9.4.2　影响信息系统安全的因素

影响信息系统安全的因素主要有环境因素、软件因素、硬件因素和人为因素等几方面。

1. 环境因素

一些自然因素例如火、电、水，静电、灰尘，有害气体，以及不可抗拒因素如地震、火灾、水灾、风暴、社会暴乱或战争等因素将直接危害信息系统实体的安全。

电磁波因素：计算机系统及其控制的信息和数据传输通道，在工作过程中都会产生电磁波辐射，在一定地理范围内用无线电接收机很容易检测并接收到，这就有可能造成信息通过电磁辐射而泄漏。另外，空间电磁波也可能对系统产生电磁干扰，影响系统正常运行。

辅助保障系统如水、电、空调中断或不正常也会影响系统运行。

2. 硬件因素

硬件设备容易被破坏或盗窃，信息或数据通过通信线路在主机间或主机与终端及网络之间传送的过程中存在被截取的风险。

3. 软件因素

软件的非法删改、复制与窃取将使系统的软件受到损失，并可能造成泄密。应用程序存在漏洞，容易被修改和破坏。计算机病毒及"黑客"也是以软件为手段侵入系统进行破坏的。

4. 人为因素

人为对系统软硬件及数据所作的破坏，例如操作人员未严格按照系统有关规程进行操作，或操作人员有意破坏系统或盗窃数据而进行的非法操作等。

9.4.3 信息系统的安全管理策略

信息系统的安全管理策略是为了保障系统的安全而制定和必须遵守的一系列准则和规定。实现信息系统的安全,不但依靠安全技术,还要依靠严格的行政管理、法律法规和技术规范的约束及安全教育。

1. 信息安全技术

(1) 操作系统与数据库安全。操作系统是连接计算机硬件与信息系统应用软件及用户的桥梁,它是所有其他软件的基础。它在解决安全上也起着基础性、关键性的作用。操作系统的安全通常包括两层含义:一是操作系统在设计时通过权限访问控制、信息加密性保护、完整性鉴定等机制实现的安全;二是操作系统在使用中,通过一系列的配置,保证操作系统尽量避免由于实现时的缺陷或是应用环境因素产生的不安全因素。只有通过这两方面的同时努力,才能最大可能地建立安全的操作环境。

数据库作为信息的聚集体,是信息系统的核心部件,往往更容易成为攻击者的目标。数据库的安全性是指保护数据库,以防止因非法使用数据库造成的数据泄露、更改或破坏。数据库的安全性可通过对用户标识和鉴定、用户存取权限控制、定义视图、备份与恢复、数据加密、审计跟踪、攻击检测、OS级安全保护等措施得到一定的保障。数据库安全保证了信息的保密性、完整性和可用性。

(2) 数据加密技术。数据加密技术是信息安全技术的基石。数据加密是指通过加密算法和加密密钥将原为明文的文件或数据转变成难以读懂的乱码型密文,在网络上公开传递的密文内容对于非法接收者来说是无意义的。而对于合法的接收者,因为掌握正确的密钥,可以通过解密算法将密文转换成明文。通过数据加密能够保护数据,使其不被非法窃取和阅读。按加密密钥和解密密钥是否相同,可将数据加密技术分为对称加密、非对称加密和混合加密。

对称加密就是加密密钥能够从解密密钥中推算出来,同时解密密钥也可以从加密密钥中推算出来,而在大多数的对称算法中,加密密钥和解密密钥是相同的。它要求发送方和接收方在安全通信之前,商定一个密钥。目前广泛使用的对称加密算法有 DES 和 IDEA 等。对称加密的优点是速度快,但是密钥分发和保管是安全管理中要考虑的问题。

与对称加密算法不同,非对称加密需要两个密钥:公开密钥(公钥)和私有密钥(私钥)。公钥与私钥是一对,如果用公钥对数据进行加密，只有用对应的私钥才能解密；如果用私钥对数据进行加密，那么只有用对应的公钥才能解密。因为加密和解密使用的是两个不同的密钥，所以称之为非对称加密。采用非对称加密要求发送方首先通过网络查询或其他方式得到接收方的公开密钥；发送方使用公开密钥对明文进行加密得到密文；接收方收到密文后，用自己的私有密钥进行解密，恢复出明文。目前，最常用的非对称加密算法是 RSA 算法。非对称加密被广泛应用于身份认证、数字签名等信息交换领域。非对称加密算法复杂，速度慢，可公开传输的密钥管理简单。

混合加密充分利用了对称加密速度快和非对称加密保密性强的特点，通信时双方先利用非对称加密技术传送本次通信所用的对称密钥，然后再用对称加密技术加密传送文件。

（3）数字签名。数字签名是笔迹签名的模拟，它是一种包括防止源点或终点否认的认证技术。主要作用一是确认数据的来源，二是保证数据在发送过程中未做任何修改或变动。数据签名技术的工作原理是用发送方的私有密钥对数字摘要进行加密，得到的数字签名与原文一起传送给接收方时，别人无法伪造，有防止抵赖的作用；接收方用发送方的公开密钥对数字签名进行解密，即接收方只有用发送方的公钥才能解密，保证信息的完整性、真实性和防止篡改性。

数字签名技术在电子商务安全保密系统中有着重要的作用，不仅保证了信息传输的完整性和发送方的身份认证，也防止了交易中发生的抵赖行为。比如，接收方能够核实发送方对报文的签名，而且这种签名不能否认；接收方也不能伪造对报名的签名。

（4）数字时间戳技术。数字时间戳技术是数字签名技术的一种变种应用，它能提供电子文件的日期和时间信息的安全保护。它采用密码方法，比如 Hash 算法加密后形成的凭证文档，为电子文件或电子交易提供准确的时间证明。这对电子商务交易和知识产权保护有着重要的作用。比如，在签名时加一个时间标记，更能验证和证明数字签名的真实性，有利于提高电子商务交易的有效性。

（5）身份识别。身份识别技术用来识别用户的合法性，常用的身份识别的方式有：

①静态密码方式：它是指以用户名和密码进行认证的方式，是最简单最常用的身份认证方法。

②动态口令认证：动态口令是应用最广的一种身份识别方式，基于动态口令认证的方式主要有动态短信密码和动态口令牌（卡）两种方式，口令一次一密。

③令牌（token）方式：令牌是一种个人持有物，是一种小型设

备，可以随身携带。它的作用类似于钥匙，用于启动电子设备，令牌上记录着用于机器识别的个人信息。目前较多使用磁卡、密钥（盘）、IC卡等令牌载体作为通行证。

④生物识别方式：指通过计算机与光学、声学、生物传感器和生物统计学等手段结合，利用人体固有的生理特性（如指纹、脸像、耳朵、虹膜等）和行为特征（如笔迹、声音、步态等）来鉴定个人身份。

⑤数字证书：数字证书是网络通信中标志通信各方身份信息的一系列数据，其作用类似于现实生活中的身份证。它是一个经证书授权中心数字签名的包含公开密钥拥有者信息以及公开密钥的文件，其应用范围涉及需要身份认证及数据安全的各个行业。

（6）防火墙技术。防火墙是一个由计算机硬件和软件组成的系统，部署于网络边界，是内部网络和外部网络之前的连接桥梁，它对两个或多个网络之间传输的数据包和链接方式按照一定的安全策略进行检查，来决定网络之间的通信是否被允许。防火墙能有效地控制内部网络和外部网络之间的访问及数据传送，从而达到保护内部网络资源不受外部非授权用户的访问和过滤不良信息的目的。通俗地说，防火墙是在Internet和企业内部网络之间构筑的一道安全屏障，通过防火墙，来决定哪些内部服务可以被外界访问，以及哪些外部服务可以被内部人员访问。

（7）恶意软件防护。恶意软件（malware）是指包括计算机病毒、间谍软件和广告软件在内的一类软件。恶意软件对信息系统的威胁非常大，轻则会使计算机系统的启动和运行变慢，重则会导致用户信息泄露，损坏计算机系统，甚至使整个系统瘫痪。因此，需采用以下措施进行防护：①在计算机上安装反病毒和反间谍软件的程序；②安装反恶意软件程序并经常扫描计算机，当检测到恶意软件代码时，使用反恶意软件将其删除；③经常升级反恶意软件程序；④只打开知道来源的电子邮件的附件，因为大约有90%的病毒是通过电子邮件传播的；⑤及时安装来自合法来源的软件升级包，即要及时安装操作系统和应用程序的补丁程序；⑥只浏览声誉良好的网站，在浏览恶意网站时有可能只打开了一个网页就已被安装了恶意软件。

（8）访问控制。访问控制指系统对用户身份及其所属的预先定义的策略组限制其使用数据资源能力的手段。通常用于系统管理员控制用户对服务器、目录、文件等网络资源的访问。其主要功能包括：保证合法用户按授权范围访问受保护的数据资源，防止非法的主体进入受保护的数据资源，或防止合法用户对受保护的数据资源进行非授权的访问。访问控制首先需要对用户身份的合法性进行验证，同时利用控制策略进行选用和管理工作。当用户身份和访问权限验证之后，还需要对越权操作进行监控。

（9）实体安全技术。实体安全技术是为了保护信息系统实体安全而采取的技术措施，是信息系统安全运行的基本要求。例如，要做好计算机机房的基本环境建设，其选址要避免受自然灾害的影响，要有完整的防雷电设施，且有严格的防电磁干扰设施；机房内要做好防水、防火和防盗的预防工作；对主机房电源要有完整的双回路备份机制；通信线路要安全可靠等。

2. 行政管理

信息系统的安全不仅仅是技术上的问题，准确地说是"三分靠技术，七分靠管理"，严格的行政管理对信息安全至关重要。信息系统安全方面的行政管理是依据系统的实践活动，为维护系统安全而建立和制定的规章制度和职能机构。从组织控制的角度看，为了使信息系统正常运营，除了需要部分手工系统中已有的工作岗位继续存在外，还需要根据信息技术的特征增设系统管理员、系统操作员、系统维护人员、审核人员等岗位，以保证在组织上对信息系统的风险控制进行有效的配合，并分离出不相容的岗位。比如，为使权责分配与不相容职务分离，需要对信息系统与企业的岗位职责、责任中心控制、预算控制、企业财产管理控制、业绩评价等职务进行分离或不相容，才能从组织控制上保障企业的资产安全和信息的真实。岗位安全管理制度主要有保密制度、人事管理制度、环境安全制度、出入管理制度、操作与维护制度、日志管理及交接班制度和计算机病毒防治制度等。

3. 信息系统安全法律法规和技术规范

信息系统安全需要强有力的法律保障，法律法规划定了信息系统安全必须遵循的底线，包括个人权利义务的法律约束，计算机和网络信息安全的法规，信息内容、信息安全技术与产品的管理办法，违法犯罪的处罚处理等法律依据。技术规范包括各种技术标准和规程，如计算机安全标准、网络安全标准、操作系统安全标准、数据和信息安全标准等，这些标准是保证信息系统安全的依据和主要保障。

4. 安全教育

安全保密意识和一些相关技术的培训教育是一个企业安全管理的重要环节，通过培训教育可以提高员工对安全管理体系的认识，增强他们的信息安全意识、法制观念和技术防范水平，使所有人员自觉遵守信息系统安全管理制度。对在信息系统中从事重要工作的人员，像终端操作人员、系统管理员和系统设计人员等，更应重视教育，挑选素质高、品质可靠的人员担任，从而确保信息系统的安全运行。

9.5 系统评价

管理信息系统运行一段时间后，需要对其运行效果和效益进行评价。评价的目的是检查系统是否达到预期的目标，技术性能是否达到设计要求，资源利用是否充分，经济效益是否理想，找出系统的优点与缺陷，为以后的改进与扩展提出意见。系统评价应定期进行。第一次评价一般安排在投运一段时间后，评价结论通常作为系统验收的最主要的依据。此后应定期或当系统有较大改进后进行。

系统评价

信息系统涉及许多方面，对它的评价属于多目标评价问题，需采用定性与定量相结合的方法，先提出信息系统的若干评价指标，然后对各指标评出表示系统优劣程度的值，最后用加权等方法将各指标组合成一个综合指标。对信息系统的评价主要从技术性能和经济效益两方面进行评价。

9.5.1 技术性能评价

信息系统技术性能的评价内容主要包括以下方面：

（1）信息系统的总体水平。例如系统的总体结构、地域与网络的规模、所采用技术的先进性等。

（2）系统功能的范围与层次。例如功能的多少与难易程度或对应管理层次的高低等。

（3）信息资源开发与利用的范围和深度。例如企业内部与外部信息的比例、外部信息的利用率等。

（4）系统的质量。即系统的可使用性、正确性、可维护性、可扩展性和通用性等。

（5）系统的安全和保密性。

（6）系统文档的完备性。

9.5.2 经济效益评价

使用信息系统后产生的经济效益是评价信息系统的一个决定性因

素。信息系统的经济效益主要指信息系统的运行结果所产生的直接经济效益和间接经济效益。

1. 直接经济效益

信息系统的直接效益是指可以用货币或数量计算和表示的经济效益，通常可通过以下指标来反映：

（1）一次性投资，包括系统软硬件购置与安装费，应用系统开发或购置费。

（2）运行费用：运行费用是使新系统得以正常运行的基本费用，包括计算机及其外部设备的运行费用、人工费用、管理费和设备、配件的折旧费用。

（3）系统运行所带来的新增效益。由于信息系统及时、准确地提供对决策有重要影响的信息，从而提高了决策的科学性，避免了不必要的开支。这主要反映在对提高组织工作效率、均衡生产过程、降低成本、提高质量、缩短生产周期方面的贡献，对库存控制、加快资金周转、缩减人力资本、增加利润方面的贡献等。

（4）投资回收期。投资回收期亦称投资回收年限，是指信息系统投入运行后获得的收益总额达到该系统投入的投资总额所需要的时间（年限）。它是反映信息系统经济效益情况的重要指标。投资回收期可以自系统开发开始年算起，也可以自系统投入运行年开始算起，但应予注明。

2. 间接经济效益

信息系统的间接经济效益主要表现在企业管理水平和管理效率的提高程度上，这是综合性的效益，可以通过许多方面体现，但很难用具体的统计数字进行计算，只能作定性分析。但是间接经济效益对企业的生存和发展所起的作用往往要超过直接经济效益。信息系统的间接经济效益主要体现在以下几个方面：

（1）提高管理效率。用信息系统代替人工处理信息，减轻了各部门工作人员的劳动强度，提高了信息处理的时效性和准确性；由于各类数据集中处理，使综合平衡容易实现；由于采用计算机网络、数据库等技术手段，实现了企业信息共享，加强了各部门之间的联系，提高了管理效率。

（2）提高管理水平。由于信息处理的效率提高，从而使事后管理变为实时管理；使管理工作逐步走向定量化。

（3）提高企业对市场的适应能力。由于信息系统可以提供辅助决策方案，当市场情况变化时，企业可及时进行相应决策以便于适应和快速响应市场。

（4）提高了管理的科学化和合理化。信息系统的应用，常使组织的管理体制、管理方法及管理流程随之发生改变，向着管理科学化、合理化的方向发展，劳动人员的素质也得到相应的提高。

信息系统的间接经济效益评价，可以采用专家评估或者直接调查的方式来进行，常用方法包括个人判断法、专家会议法、头脑风暴法、德尔菲法等。其中，个人判断法是指依靠个别专家对信息系统未来发展趋势及状况做出专家个人的判断；专家会议法是依靠一些专家进行集体研讨的形式，对信息系统未来发展趋势及状况做出判断；头脑风暴法是指通过专家间的相互交流，引起"思维共振"，产生组合效应，进行创造性思维的评价方法。

9.5.3 信息系统评价报告

系统评价结束后应形成正式书面文件即系统评价报告。系统评价报告既是对新系统开发工作的评定和总结，也是今后进行系统维护工作的依据。因此，必须认真、客观地编写。系统评价报告通常由以下主要内容组成：与系统有关的文件资料等；系统技术性能评价；直接经济效益评价；间接经济效益评价；综合性评价；评价结论及建议。

本 章 小 结

1. 管理信息系统在投入正常运行后，就进入了系统运行和维护阶段。信息系统运行管理的目的就是对信息系统的运行进行实时控制，记录其运行状态，进行必要的修改与扩充，加强安全管理，使信息系统始终处于良好的工作状态，延长系统的使用寿命。管理信息系统的评价结果是改进和完善管理信息系统的重要依据。

2. 系统的运行管理包括系统的日常运行管理和系统运行管理的组织。系统的日常运行管理主要是对系统每天运行情况的记录以及系统运行的日常管理。企业的信息管理部门的组织结构模式并不固定，企业可以根据自己的组织规模、人员的技术水平、信息化的进程等因素灵活选择适合本企业信息管理部门的组织结构。

3. 系统维护是为了适应管理信息系统的环境和其他因素的各种变化，保证系统正常工作而采取的一切活动，它包括功能的改进和解决系统运行期间发生的一切问题和错误。按照维护工作的目的不同，系统的维护可分为正确性维护、适应性维护、完善性维护、预防性维护。系统维护的内容一般包括程序维护、数据维护、代码维护、硬件维护。

4. 信息系统的文档是信息系统的重要组成部分，是描述系统从无到有的整个发展与演变过程及各个阶段系统状态的文字资料。系统文档是系统开发的依据，也是系统运行与维护的基础。系统文档是在系统开发、运行与维护过程中不断地按阶段依次推进的过程中编写、修改、完善与积累而形成的。

5. 信息系统安全是指信息系统资源和信息资源不受自然和人为有害因素的威胁和危害。信息系统安全包括以下内容：实体安全、软件安全、数据安全、运行安全。影响信息系统安全的因素主要有环境因素、软件因素、硬件因素和人为因素等几方面。

6. 信息系统的安全管理策略是为了保障系统的安全而制定和必须遵守的一系列准则和规定。实现信息系统的安全，不但依靠安全技术，还要依靠严格的行政管理、法律法规和技术规范的约束和安全教育。

7. 管理信息系统运行一段时间后，需要对其运行效果和效益进行评价。评价的目的是检查系统是否达到预期的目标，技术性能是否达到设计要求，资源利用是否充分，经济效益是否理想，找出系统的优点与缺陷，为以后的改进与扩展提出意见。对信息系统的评价主要从技术性能和经济效益两方面进行评价。

延伸阅读

复习思考题

1. 系统的日常运行管理主要包括哪些内容？
2. 系统维护的类型有哪些？
3. 简述系统维护的内容与过程。
4. 在软件的生存周期中，一般应该产生哪些基本文档？
5. 什么是信息系统安全？它包括哪些内容？影响信息系统安全的因素主要有哪些？
6. 信息系统的安全管理策略包括哪些内容？
7. 系统评价的目的是什么？对信息系统的评价应主要从哪些方面进行评价？

第 10 章
管理信息系统项目管理

> **本章要点**
>
> ◆ 项目管理的概念与特点、MIS 项目管理的特点
> ◆ 项目管理过程
> ◆ 项目计划的内容与编制步骤
> ◆ 管理信息系统项目的进度控制、成本管理、质量管理和风险管理
> ◆ 项目收尾的内容

引导案例

山东中烟 ERP 实施中的项目管理

1. 山东中烟 ERP 项目简介

山东中烟 ERP 项目 2006 年底酝酿，2007 年 1 月立项，2007 年 4 月启动，2008 年 1 月 1 日上线。该项目的组织范围包括：山东中烟工业公司（以下简称"山东中烟"）本部及济南卷烟厂等 4 家卷烟厂；业务范围包括：物料管理（MM）、销售与分销管理（SD）、生产计划与执行管理（PP）等七大方面，实现了山东中烟生产、财务、采购、销售、品牌等的统一管理，并实现 ERP 系统与 MES 等相关系统的集成。该项目历经项目准备、业务流程蓝图设计、系统实现、上线准备及上线等五大阶段，历时 8 个多月。

该项目是山东中烟重组以来实施范围最大、业务范围最广的一个重大信息化项目。作为公司管理工程的重大项目，ERP 项目借助信息技术在管理思想、管理模式、管理方法、管理手段上进行了系统变革。无论在人力、物力和资金的投入上，还是在管理水平、管理效率

的提升上,都是前所未有的,具有重要的战略意义。

2. 山东中烟 ERP 项目的管理措施

(1) 项目总体规划。该项目总体规划严谨科学,组织架构合理有效。为确保进度计划切实可行,我们制定计划时留有余地,以应付一些突发事件。俗话说,"计划没有变化快",项目组织者时刻关注大环境变化和资源可用性,做好计划调整。我们制定了项目上线的期成目标与必成目标,即为一些未知的可能会影响进度的事件留出充足的处理时间。最终,我们在项目的必成目标日期成功上线。

(2) 项目范围确定。该项目的实施组织范围限于山东中烟工业公司本部及下属济南卷烟厂、青岛卷烟厂、青州卷烟厂、滕州卷烟厂,业务范围包括物料管理(MM)、销售与分销管理(SD)、生产计划与执行管理(PP)、财务会计(FI)、管理会计(CO)、全面预算管理(IP/FM)、及时供应,实现山东中烟生产、财务、采购、销售、品牌等的统一管理目标。

(3) 项目实施方法。本项目利用 ASAP 的方法进行 SAP 软件的实施工作。其中,持续性的业务流程优化和知识转移将作为项目实施的实施策略。ASAP 提倡根据企业的实际业务需求和现状,以开始时求简单为原则,在保证本项目实施质量的前提下,侧重提高实施效率、成功率和加速本项目实施速度,减少企业运营费用。

(4) 项目资源配置。在项目实施中,项目组一直注重充分利用企业现有的软、硬件资源。在保证项目整体先进、合理的前提下,尽量利用企业现有的软、硬件资源,提供接口与企业的其他系统集成,以避免重复劳动、不必要的支出,节约项目成本。其中,ERP 系统的服务器,充分利用青岛卷烟厂 ERP 系统服务器,在其基础上进行升级与扩展。各卷烟厂通过专线连到青岛卷烟厂机房的 ERP 系统服务器。项目设施配置节俭,主要资源如下:项目实施地点、培训地点以及会议室;培训服务器;计算机终端;打印机;网络;电话;会议设施等。

(5) 项目组织建设。ERP 项目实施的成功与否,人的因素占很大比重。因为实施 ERP,不仅是单纯掌握如何使用一套软件,而是要设计科学实用的最佳业务流程,实现以计算机为工具的人机交互的管理系统。项目组管理者从实施组织机构组建、人员配备、团队建设等各方面精心筹划,尽力做到"选择合适的人在合适的时间做合适的事情"。参与项目实施的是一个拥有 100 多人的优秀团队,其中包括技术咨询顾问团队、企业专业脱产人员、IT 专职人员等。

(6) 项目汇报机制。①所有项目组成员向项目经理汇报。②项目经理向技术中心领导，项目指挥部成员进行不定期汇报，一般以周为单位。③定期召开项目高层协调会议（由项目组三方的主要公司领导组成指导委员会），一般以月为单位在项目进行的重要阶段，例如里程碑的汇报等等。④原则上项目问题尽可能在项目组和项目指挥部层次内解决，如果非常必须时才不定期向项目指导委员会进行传递。

2007年8月1日至3日，ERP项目组各模块陆续向企业高层相关领导进行了业务蓝图汇报，对目前存在的关键问题进行了充分讨论，形成了一致意见。

（7）项目宣传机制。①每月至少出版一期项目简报，简报内容包括项目进度介绍、项目小知识等内容。②随机对项目关键结点进行报道。

（8）项目质量控制。项目中各种文档严格按照项目组标准模板进行书写，由文档书写负责人签字，并由主管人员审核并签字。确认后文档的更改必须经过相关变更程序。在项目各阶段结束时，对阶段文档进行归集整理；在项目的固定节点，聘请质量顾问进行质量检测。

（9）项目进度控制。对项目进度进行严格的控制，制定了ERP项目进度计划；每周制定各业务小组的到具体日期的滚动周计划，每日的日例会对周计划进行跟进，做到按计划日清日结；对实施过程中的未清问题跟进、实行责任人负责制；为确保实施进度，将整个系统实施过程中头绪最多、工作量最大、耗时最长、涉及面最广、最容易犯错误且错误代价极大的主数据准备工作提前至业务蓝图设计阶段，与其他业务并行进行。主数据准备是项目成功的重要基础。按SAP对项目实施任务量的评估，数据准备的工作量在上线前要占项目实施工作量的30%到40%，在上线后主数据维护更是一个持续不断的工作。

3. 山东中烟ERP项目实施的几点经验

ERP项目建设充分验证了"信息化项目是一把手工程"。ERP系统的实施是一项投入大、风险大、实施难度大的系统工程，是企业管理模式、管理思想、管理方式的一场变革，没有企业决策者对这一巨大工程的认识、支持与直接参与就没有成功的可能。山东中烟ERP一期项目得到了公司各级领导的高度重视和全力支持，是整个项目的顺利实施、成功上线的关键。

ERP项目建设充分体现了高质量、高效率。项目高质量体现在软件选型上。我们实施的是世界上先进的ERP系统——SAP的ERP

系统，这是世界五百强企业80%以上都在使用的一个优秀管理软件，它不仅仅是一套软件，更是包含着优秀的管理方法和管理理念。

在长达8个月的项目实施中，ERP项目组发挥了非常关键的作用。ERP项目组是一个拥有100多人的优秀团队，其中包括顾问10多人、全职关键用户34人、兼职关键用户60多人。在ERP项目指挥部的统一指挥调度下，这个大团队充分发扬自我加压、敬业奉献、持续作战、团结协作的精神风貌，忘我奉献、拼搏进取、认真负责，和相关部门、单位共同奋战，解决了一个又一个难题。在项目实施中，相关业务部门起到了非常重要的业务主导作用。

（资料来源：王丽：《烟草企业ERP实施中的项目管理》，载于《中国高新技术企业》2008年第17期，第55、62页。文字略有改动）

管理信息系统的开发是一项涉及面广、技术难度大的综合性系统工程，需要投入大量的人力、物力、财力和时间等资源，对整个企业组织的改革与发展会产生巨大的影响。但是由于企业的管理需求存在许多不确定的因素，因而管理信息系统的开发难度往往要大于其他技术系统的开发。因此，只有对企业管理信息系统的整个开发过程按照系统的观点使用现代工程项目管理的科学理念和方法进行管理与控制，才能够在有限资源及时间等约束条件下，经济高效地开发好信息系统。

10.1　项目管理概述

10.1.1　项目管理的概念

1. 项目的概念

美国项目管理协会（Project Management Institute，PMI）将项目（project）定义为"创造独特的产品、服务或成果而进行的临时性工作"。项目的"临时性"是指项目有明确的起点和终点。"临时性"并不一定意味着项目的持续时间短。当项目目标达成时，或项目因不会或不能达到目标而中止，抑或项目需求不复存在，则项目便已结束。

信息系统项目主要有开发新的信息系统、改善现有的信息系统、

项目管理概述

升级或更新公司的信息技术基础构架等。

2. 项目管理的概念

项目管理是指在一定资源如时间、资金、人力、设备、材料、能源、动力等约束条件下，为了高效率地实现项目的既定目标（即到项目竣工时计划达到的质量、投资、进度），按照项目的内在规律和程序，对项目的全过程进行有效的计划、组织、协调、领导和控制的系统管理活动。

3. 项目管理的特点

（1）系统工程思想贯穿项目管理的全过程。项目是由相互关联的要素组成的，管理项目必须从系统整体出发，研究系统内部各个子系统之间的关系、各要素之间的关系，以及系统与环境之间的关系。

（2）项目管理的组织是临时的、具有柔性的。柔性组织结构打破了传统的固定建制的组织形式，围绕项目来组织资源，以保证项目总目标的实现。项目管理的团队组织是项目成功的关键因素。

（3）项目管理的要点是创造和保持一个使项目顺利进行的环境。冲突管理、风险管理、变更管理是确保项目顺利实施的主要手段。

（4）项目管理的方法、工具和技术手段具有先进性。如采用网络图编制项目进度计划，采用目标管理、全面质量管理、价值工程、技术经济等理论和方法控制项目总目标等。

4. 管理信息系统项目管理的特点

管理信息系统项目与一般工程项目有许多类似的地方，例如都有时间与资源的约束以及生命周期等，但由于信息系统项目与信息技术密切关联，因此又具有区别于一般工程项目的特殊性，表现在以下方面：

（1）目标的不精确性。管理信息系统项目的目标往往是不精确的，任务边界比较模糊。在许多情况下，用户在项目刚开始时只有一些初步想法，提不出确切的功能需求，管理信息系统建设的具体内容很大程度上取决于项目团队所做的系统规划和需求分析与设计。由于用户对信息技术的各种性能指标并不熟悉，所以，信息系统项目应达到的质量要求和技术指标也更多地由项目组定义，用户方做得更多的是审核。该特点使信息系统建设项目带有一定的灰度，需要在开发过程中由开发人员不断地去补充与完善管理业务流程的描述和目标系统的需求。

（2）执行的不稳定性。在管理信息系统建设之初，尽管已经做好了系统规划、可行性研究等工作，签订了较明确的技术合同，然而在信息系统建设过程中，由于用户企业的管理范围、管理环境会不断变化，用户的需求会不断发生变化，导致程序、界面以及相关文档需要经常修改。而且在修改后又有可能产生新的问题，这些问题很可能要经过很长时间才会被发现，这使得项目计划的执行受到影响。因此需要项目管理人员不断监控和调整项目的计划执行情况，增加了信息系统项目管理的难度。

（3）管理信息系统项目是智力密集型和劳动密集型项目，受人力资源影响很大。管理信息系统是现代信息技术与管理理论相结合的产物，它涉及计算机技术、通信与网络技术、数据库技术、人工智能技术、各种现代管理技术和决策方法等。管理信息系统的建设需要大量高强度的脑力活动，尽管近年来信息系统辅助开发工具的应用越来越多，但是项目各阶段还是需要大量的手工劳动。这些劳动十分细致、复杂和容易出错，因此 MIS 项目既是一个智力密集型项目，又是劳动密集型项目。管理信息系统项目受人力资源影响很大，如果项目实施过程中发生人员流动，会对项目开发工作造成很大的影响。另外，项目成员的结构、责任心、能力和稳定性对管理信息系统项目的质量以及成功与否起着决定性的影响。信息系统的开发特别是软件开发渗透了人的因素，带有较明显的个人风格，为高质量地完成项目，必须充分挖掘项目成员的智力和才能，激发他们具有良好的心理素质和创造精神，不仅要求他们具有一定的技术水平和工作经验，而且要求他们具有良好的心理素质和责任心。

以上特点说明了管理信息系统项目在开发时会面临不同于其他项目的困难，因此必须通过专业的信息系统项目管理，组织一个协调、高效的开发团队，充分发挥项目成员的智力才能，开发一个能满足用户需要、高效并有力支持管理决策目标的、具有先进技术的管理信息系统。

10.1.2 项目过程及工作阶段的划分

1. 项目过程

现代项目管理理论认为，项目是由一系列的项目阶段构成的一个完整过程（或称全过程），而各个项目阶段又是由一系列具体活动所构成的具体工作过程。这里所谓的过程是指能够生成具体结果（或称可度量结果）的一系列活动的组合。一般来讲，项目都是由两个过程构成：一是项目的实现过程，二是项目的管理过程。

项目的实现过程是指人们为创造项目的产出物而开展的各种业务活动所构成的整个过程，一般也将此简称为项目过程。一般用项目生命周期来说明和描述它们的活动和内容。不同专业领域的项目的实现过程是不同的。

项目管理过程是指在项目实现过程中，人们所开展项目的计划、决策、组织、协调、沟通、激励和控制等方面的活动所构成的过程。

在大多数情况下，不同项目的实现过程需要有不同的项目管理过程。在一个项目的过程中，项目管理过程和项目实现过程从时间上是相互交叉和重叠的，从作用上是相互制约和相互影响的。例如，如果对一个项目本身界定得不是很清楚，项目的计划工作和控制活动就很难开展；如果项目的计划工作很差，那么项目成功实现的可能性就很小了。

2. 一般项目工作阶段的划分

项目生命周期是指项目从启动到完成所经历的一系列阶段。对于一般意义上的项目，项目生命周期包括4个主要的工作阶段。

（1）项目的定义与决策阶段。在这一阶段中，首先提出一个项目的提案，并对项目提案进行必要的机遇与需求分析和识别，然后提出具体的项目建议书。在项目建议书或项目提案获得通过以后，需要进一步开展不同详细程度的项目可行性分析，最终做出项目方案的抉择和项目的决策。

（2）项目的计划和设计阶段。在这一阶段中，首先要为已经决策要实施的项目编制各种各样的计划（针对整个项目的工期计划、成本计划、质量计划、资源计划和集成计划等）。同时，还需要进行必要的项目设计工作，以全面设计和界定项目，以及项目各阶段所需要开展的工作，提出有关项目产出物的全面要求和规定。

（3）项目的实施与控制阶段。在完成项目计划和设计工作以后，就可以开始项目的实施。在项目实施的同时，要开展各种各样的控制工作，以保证项目实施的结果与项目设计、计划的要求和目标相一致。

（4）项目的完工与交付阶段。在项目的完工与交付阶段，要对照项目定义和决策阶段提出的项目目标和项目计划与设计阶段所提出的各种项目要求，首先由项目团队全面检验项目的整个工作和项目的产出物，然后由项目团队向项目的业主或用户进行验收和移交工作，直至项目的业主或用户最终接受了项目的整个工作和工作结果，项目才算最终结束。

管理信息系统项目具有项目的一般特征和生命周期，但它与一般项目的生命周期存在一定差异。MIS项目在系统规划、系统分析阶段完成项目的定义与决策；在系统分析阶段的后期和系统设计阶段的总体设计阶段完成项目的计划与设计；在系统设计阶段的详细设计阶段和系统实施阶段完成项目的实施与控制；系统的运行、转换、维护和评价类似于项目的完工与交付。MIS 阶段划分要复杂得多，这与开发方式有关。

10.1.3 项目管理过程

项目的实现过程是由一系列的项目阶段或项目工作过程构成的（工作过程是指构成一个完整过程的子过程），任何项目都可以划分为多个不同的项目阶段或项目工作过程。但是，对于一个项目的全过程或者一个项目的工作过程而言，它们都需要有一个相对应的项目管理过程。这种项目管理过程一般是由五种不同的项目管理具体过程构成。这五种项目管理具体过程构成了一个项目管理过程组。[①]

（1）起始过程。起始过程由一系列决策性的项目管理工作与活动构成，包括定义一个项目阶段的工作与活动、决定一个项目或项目阶段启动与否，或决定是否将一个项目或项目阶段继续进行下去等。

（2）计划过程。计划过程由一系列计划性的项目管理工作与活动构成，包括拟定、编制和修订一个项目或项目阶段的工作目标、工作计划方案、资源供应计划、成本预算、计划应急措施等。

（3）实施过程。实施过程由一系列组织性的项目管理工作与活动构成，包括组织和协调人力资源及其他资源，组织和协调各项任务与工作，激励项目团队完成既定的工作计划，生成项目产出物等。

（4）控制过程。控制过程由一系列控制性的项目管理工作与活动构成，包括制定标准、监督和测量项目工作的实际情况、分析差异和问题、采取纠偏措施等管理工作和活动。这些都是保障项目目标得以实现，防止偏差积累而造成项目失败的管理工作与活动。

（5）结束过程。结束过程由一系列文档化和移交性的项目管理工作与活动构成，包括制定一个项目或项目阶段的移交与接受条件，并完成项目或项目阶段成果的移交，从而使项目顺利结束。

图 10-1 是项目管理具体过程之间相互联系的示例。项目管理的这些具体过程之间的关系，首先是一种前后衔接的关系。项目管理具体过程的输入和输出是它们相互之间的关联要素。一个项目管理具体过程的结果或输出可以是另一个项目管理具体过程的输入，所以各个项目管理具体过程之间都有文件和信息的传递。当然，这种输入与输

---

① 蒋景楠：《项目管理理论与实务》，华东理工大学出版社 2012 年版，第 12 页。

出的关系有时是单向的,有时是双向的。例如,在图 10-1 中,"计划过程"首先要为"实施过程"提供项目计划文件,然后又从"实施过程"获得各种新的情况和更新资料。①

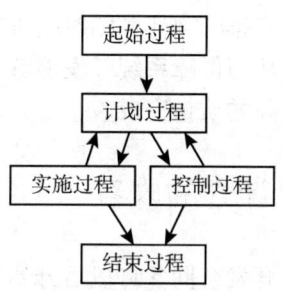

图 10-1 项目管理各具体过程之间的相互关系

10.1.4 项目管理知识体系

1987 年,美国项目管理协会(PMI)首先提出了项目管理知识体系(project management body of knowledge,PMBOK),对项目管理所需的知识、技能和工具进行了概括性描述。此后,PMBOK 又经历了多次修订,以反映当下项目管理的良好做法与发展,PMBOK 在全世界范围内得到了广泛认可。在 2017 年 PMI 所出版的最新版《项目管理知识体系指南(PMBOK)》(第 6 版)中,确定了大多数情况下大部分项目通常使用的 10 个知识领域,即:项目整合管理、项目范围管理、项目进度管理、项目成本管理、项目质量管理、项目资源管理、项目沟通管理、项目风险管理、项目采购管理、项目相关方管理。

成立于 1965 年、总部设在瑞士洛桑的国际项目管理协会(international project management association,IPMA)在项目管理知识体系方面也做出了卓有成效的工作。

10.2 项目计划

在项目的可行性分析报告获得通过,项目开始启动之后,项目就

---

① 常晋义:《管理信息系统:原理、方法与应用》(第 3 版),高等教育出版社 2016 年版,第 122~123 页。

进入了计划与设计阶段。该阶段的主要任务就是编制项目计划。项目计划是项目管理的基础。

项目计划

项目计划是根据管理信息系统的目标,对系统开发过程中进行的各项活动做出周密安排。项目计划系统地确定系统开发中所包含的工作任务的数量,合理地安排各项任务的时间进度,制定完成任务所需的资源和费用计划等,从而保障系统开发能够在合理的时间内,用尽可能低的成本和尽可能高的质量完成。

10.2.1 项目计划的内容

通常来说,在软件开发合同签订以后开始制定项目计划,项目计划的制定需要满足项目给定的工作范围、进度、资源等方面的要求。项目计划通常包括以下内容。

(1) 制定一个综合计划,清晰地定义信息系统建设的目标和内容、执行项目的人员及责任分工、完成项目的时间和完成项目的方式与手段等。

(2) 工作范围规划。内容包括确认或建立项目范围共识,明确项目有关假定和约束条件,评价项目范围变化的可能原因、频率和幅度,将可能的变更纳入项目范围计划。

(3) 进度计划。进度计划是表达项目中各项工作的开展顺序、开始和完成时间以及相互衔接关系的计划。通过进度计划的编制,使项目实施形成一个有机整体。进度计划是进度控制和管理的依据。按照进度计划所包含内容的不同,可以将其分为总体进度计划、分项进度计划等。这些不同的进度计划构成了项目的进度计划系统。

(4) 成本计划。确定每个工作需要的资源及每种资源的用量,以估算成本。项目成本是指项目消耗和占用资源的数量和价格之积的总和,对项目成本的管理控制是公司降低成本的关键。

(5) 质量计划。质量计划针对具体特定的项目,安排质量监控人员及相关资源,规定使用哪些制度、规范、程序和标准。项目质量计划应当包括与保证、控制项目质量有关的所有活动。

(6) 资源计划。资源计划决定在项目的每一项工作中使用什么样的资源(人、材料、设备、信息等),在各个阶段使用多少资源。

(7) 沟通计划。沟通计划就是制定项目过程中项目相关人员之间的信息交流的内容、人员范围、沟通方式、沟通时间频率等沟通要求的约定。

(8) 风险对策计划。确定风险识别、风险分析、风险减缓策略及风险管理的职责，为项目的风险管理提供完整的行动方案。

（9）采购计划。采购计划过程就是识别项目的哪些需要可以通过从项目实施组织外部采购产品和设备来得到满足，采购计划应该考虑合同和分包商。

（10）变更控制计划。变更控制计划主要是规定处理变更的步骤、程序，确定变更行动的准则。

10.2.2 项目计划的编制

项目计划编制就是提供一个框架，使得管理者能够对资源、成本、风险及进度进行合理的估算、分析和调度，为管理信息系统的开发提供管理依据。管理信息系统项目计划编制一般按照以下步骤进行。

1. 工作分解

在编制工作计划之初首先要做的就是工作分解，即把整个信息系统的建设工作定义为一组活动的集合，这组活动又可以进一步划分成若干个子活动，进而形成具有层次结构的活动清单，使任务责任到人，落实到位，运行高效。在进行工作分解过程中应特别注意以下两点：

一是划分活动的数量不宜过多，但也不能过少。过多会引起项目管理的复杂性与系统集成的难度；过少会对项目组成员，特别是任务负责人有较高的要求，而影响整个开发。因此，应该注意工作分解的恰当性。

二是在工作分解后应该对活动负责人赋予一定的职权，明确责任人的任务、界限，对其他任务的依赖程度，确定约束机制和管理规则。

2. 活动估算

活动估算是根据项目范围、资源情况及其他有关信息对项目中已经确定的各个活动可能的持续时间进行估计的过程。只有在准确地估算出项目活动的时间后，才能够对项目各方面的工作有比较全面地理解和有效地计划，才能实施有效的项目管理。

在进行活动估算时，应当由项目团队中最熟悉具体活动的个人或小组来提供活动持续时间估算所需的各种输入，综合考虑突发事件、项目成员的开发能力差异、合理的资源需求等因素，以期计算出一个与实际情况比较接近的估计值。

3. 活动排序

在工作分解和活动估算的基础上,找出活动之间的逻辑关系,以便能在时间上安排先后开发顺序。除了首位和末位两项活动以外,每项活动和每个里程碑都至少有一项紧前活动和一项紧后活动。为了使项目进度计划现实、可行,可能需要在活动之间加入时间提前量或滞后量。活动排序可使用项目管理软件,也可通过手工或自动化技术来实现。

4. 制定工作计划

依据工作分解、活动排序和活动工期估算即可制定出整个项目的开发计划,并产生任务时间计划表。制定管理信息系统开发工作计划及进行进度控制时,常采用的工具有甘特图、关键路径法和计划评审技术。

(1) 甘特图。甘特图(gantt chart)是一种对各项活动进行计划调度与控制的图表。在甘特图中,一般以横轴表示时间,以纵轴表示各个子工作项目,水平条代表项目工作进行的周期。水平条的起点与终点分别代表工作预定的开始时间、结束时间,其长度表示完成该项目所需的时间。图 10-2 是某信息系统项目实施的甘特图。

工作项目	工作时长（周）	2015年（月份）												2016年	
		1	2	3	4	5	6	7	8	9	10	11	12	1	2
系统分析	16w														
系统设计	18w														
系统接口设置	26w														
系统购置	22w														
系统实施	18w														
系统运营	8w														

图 10-2　用甘特图编制管理信息系统开发工作计划

在甘特图中,不同任务在时间上可能存在重叠。每一项任务的完成以交付该任务应交付的文档或通过评审为标志。甘特图的特点是简单直观,能够清楚地表明各任务的计划进度和当前进度,但是一旦改变进度安排,就需要重新绘制甘特图。

(2) 关键路径法。关键路径法(critical path method, CPM)用寻找关键路径及其时间长度来确定项目的完成日期与总工期的方法。关键路径法首先将项目分解成为多个独立的活动并确定每个活动的工期,然后根据活动之间的逻辑关系将其连接起来形成网络图,并找出项目的关键路径。一个项目的关键路径是指一系列决定项目最早完时间的活动。它是项目网络图中最长的路径，并且有最少的浮动时间或时差。在关键路径法的活动上加载资源后，还能够对项目的资源需求和分配进行分析。在制定项目计划时间表时，应该寻找关键路径，争取在最短的时间内完成各项任务。

（3）计划评审技术。计划评审技术（program evaluation and review technique，PERT）最早是由美国海军在计划和控制北极星导弹的研制时发展起来的。PERT 用网络图、表格或者矩阵来表示各项具体工作的先后顺序和相互关系，以时间为中心，找出从开工到完工所需要时间的最长路线，并围绕关键路线对系统进行统筹规划，合理安排以及对各项工作的完成进度进行严密的控制，以达到用最少的时间和资源消耗来完成系统预定目标的一种计划与控制方法。PERT 被广泛用于项目工作计划编制，它是一种非常重要的现代化管理手段和方法。

信息系统开发项目的工作计划一般应分两个层次，第一层次按开发阶段安排，以作总体进度的控制，该层次宜采用甘特图；第二层次按各开发阶段或子项目的工作步骤安排，以便能在细节上安排人力，对项目进度进行控制，这一层次宜采用关键路径法或计划评审技术。①

10.3　项目实施与控制

在项目计划制定完毕并得到利益相关者的认可后，接下来的工作就是项目团队要结合项目管理的知识体系，依据项目计划书，开展计划中的各项工作。要依照责任矩阵分配人员、依照甘特图安排进度、依照网络图调配资源，按部就班地推进项目实施和控制。

管理信息系统的开发工作作为一个工程项目，应从进度、成本、质量和风险等方面进行开发管理。

项目实施与控制

10.3.1　进度控制

由于管理信息系统开发项目具有目标不精确性和执行的不稳定性等特点，因此，在实际开发中几乎没有一个管理信息系统开发项目能

---

① 张新：《管理信息系统》，机械工业出版社 2016 年版，第 221~223 页。

够按照计划进度完成，开发进度的拖延会造成巨大的损失。因此，管理信息系统开发项目的进度控制显得尤为重要。进度控制主要是在已制订的工作计划的基础上，根据项目的执行情况，对项目实施过程进行有效控制，及时发现和纠正偏差、错误，使项目维持在预定的目标与时间约束内。

影响项目进度变化的因素，除了有与其他工程项目同样存在的环境变化、资金不到位、人员变动等原因外，还有一些特殊的原因，主要是：①各项开发活动的工作量是凭经验估计的，实际工作量与预计数有较大的差别；②开发过程中产生不少事先未估计到的活动，使工作量增加；③由于需求或其他情况发生变化，使已完成的成果要做局部修改，造成返工。

针对不同的原因，可采取的解决措施有：①对于开发中的不确定性问题，可以事先在工作计划中留有一定的宽裕度。例如，工作步骤的工作量取上限，预设机动时间等。②开发过程中经常与用户交换意见，随时掌握企业的发展动向，及时明确遗留的不确定问题，以减少返工现象。③当关键路线上的活动延误时，要调配现有开发人员，或者加班加点，或者集中人力予以重点解决。④增加开发人员，充实薄弱环节。但是需要注意的是，开发人员并不能与时间成正比地对换，即开发人员的增加对延误问题的解决能力是有限的。⑤在这些措施难以有效地解决延误问题时，应该对原定计划进行调整。①

10.3.2 成本管理

在项目实施过程中，如何合理分配实施费用，结合项目进度和时间安排，将项目成本费用控制在计划之内，是每一个建设信息系统的企业需要认真对待的问题。如果最终系统建设完成，但是花费却远远超出了预算，客观上也容易造成项目的不成功。因此，成本费用管理是信息系统开发项目管理的关键因素。

信息系统项目成本管理包括对成本进行估算、预算和控制的各过程，从而确保信息系统项目在批准的预算内完工。在开始进行成本管理的以上3个过程之前，项目管理团队需先行规划，形成一份成本管理计划，从而为规划、组织、估算、预算和控制项目成本统一格式，建立准则。

---

① 常晋义：《管理信息系统：原理、方法与应用》（第3版），高等教育出版社2016年版，第135页。

1. 成本估算

成本估算是对完成项目工作所需要的资金进行估计和计划。在估算成本时，需要识别和分析各种成本方案以及这些方案的可行性。在项目进行过程中，应该根据新近得到的更详细的信息，对成本估算进行优化。在项目生命周期中，项目估算的准确性将随着项目的进展而逐步提高。因此，成本估算需要在各阶段反复进行。

2. 成本预算

成本预算是指把估算的项目总成本分配到各项活动和各部分工作中，进而建立成本基准计划以便度量项目实际绩效的过程。成本估算的输出结果是成本预算的基础和依据。在某些项目（特别是范围较小的项目）中，成本估算和成本预算之间的联系非常紧密，以至于可视为一个过程。

3. 成本控制

成本控制是指在整个项目的实施过程中，定期收集项目的实际成本数据，与成本的计划值进行对比分析，并进行成本预测，发现并及时纠正偏差，以使项目的成本目标尽可能好地实现。在成本控制中，应重点分析项目资金支出与相应完成的实体工作之间的关系。有效成本控制的关键在于，对经批准的成本绩效基准及其变更进行管理。此外，在项目成本控制中，要设法弄清引起正面和负面偏差的原因。

10.3.3 质量管理

时间、成本与质量是项目管理的三大核心要素，项目开发的速度再快，所花成本再低，但如果质量不能满足要求，所完成的项目也没有意义。因此，质量管理在项目管理中具有非常重要的地位。信息系统项目质量管理的目的是通过执行项目质量管理过程和使用一些基本项目管理工具及技术来有力保证信息系统的质量。

信息系统供应商提供给客户的除了信息系统产品外，还包括配套的服务，两者是一个整体，只要有一个方面不符合质量要求，都会给客户带来损失。

质量管理贯穿信息系统生命周期的全过程，是在项目管理中对质量的动态管理。美国 IBM 公司曾对造成信息系统质量问题的各种错误的发生情况进行过统计，其结果为：编程错误占 25%；系统分析和设计错误占 45%；程序修改错误占 20%；文档错误占 7%；其他占 3%。从质量管理的角度看，错误发现得越早，就越容易修改，所花代价就越小[①]。在系统设计、实现和使用阶段出现的质量问题进行修正时所花费的成本之比一般是 1∶3∶8。因此，在一开始就应十分重视项目质量管理。

信息系统项目质量管理一般包括规划质量管理、管理质量和控制质量这三个过程。

1. 规划质量管理

规划质量是识别项目及其产品的质量要求或标准，并用文字描述项目将如何达到这些要求或标准的过程。质量规划应与其他项目规划过程并行开展。

信息系统的质量评价指标包括两方面：一是产品质量指标，除了应具有一般产品的衡量指标外，还有功能性、适用性、稳定性、可靠性、安全性、可维护性、经济性等指标；二是客户服务质量指标，包括服务时间、服务能力和服务态度等。信息系统的质量，既要通过检查和审核等管理手段来保证，还需要通过测试等技术手段来验证。

2. 管理质量

管理质量是把组织的质量政策用于项目，并将质量管理计划转化为可执行的质量活动的过程。管理质量有时被称为"质量保证"。

在明确了信息系统项目的质量标准和质量目标之后，需要根据该项目的实际情况，例如用户需求、技术细节等，严格地按照流程和规范实施，来保证项目达到此前所设定的质量标准，并为质量检查、改进和提高提供具体的度量手段，为质量保证和质量控制提供依据。

质量保证的目的是不断地改进质量，并通过使用控制质量过程的数据和结果向客户等相关方展示项目的总体质量状态，帮助他们对项目树立信心。质量保证要在整个项目期间开展。

质量保证可以分为内部质量保证和外部质量保证，前者由项目经理、项目团队，以及执行组织的管理层实施，后者由客户和其他未实际参与项目工作的人员去实施。质量保证被认为是所有人的共同职责，所有人在管理项目质量方面都扮演一定的角色。

质量改进常采用的一种技术是基准化分析法。基准化分析法（bench marking）就是将本项目实践或产品特性与组织内部或外部的其他项目或产品中的最佳者进行比较，从而提出行动方法，以弥补自

[①] 陈广宇：《管理信息系统》，清华大学出版社 2010 年版，第 368 页。

身的不足。实施质量保证的一个主要工具和技术是质量审计。[①]

3. 控制质量

控制质量是指监测并记录执行质量活动的结果,从而评估绩效并建议做必要变更的过程。信息系统项目一般采用软件测试和配置管理等质量控制手段来有效控制信息系统产品质量。质量控制工作贯穿项目的始终。质量标准既包括项目过程的质量标准,也包括项目产品的质量标准。项目成果既包括可交付成果,也包括项目管理成果,如成本与进度绩效。质量控制通常由组织中的质量控制部门或具有相似职能的部门来实施。通过质量控制活动,可以识别造成过程低效或产品质量低劣的原因,采取针对措施来消除这些原因。[②]

10.3.4 风险管理

1. 规划风险管理

规划风险管理是风险管理的开始环节,也是风险管理的关键环节。后面的风险识别、风险分析、风险应对等都需要建立在风险管理计划的基础上。认真、明确地进行风险管理规划,可以提高其他风险管理过程的成功率。在风险管理计划中需要定义风险管理活动、风险级别、类型等内容。规划风险管理过程在项目构思阶段就应开始,并在项目早期完成。

2. 识别风险

识别风险是识别单个项目风险以及整体项目风险的来源,并记录风险特征的过程。风险识别活动的参与者主要有:项目团队成员、风险管理团队成员、最终用户及其他相关方。通过识别风险,确认项目中潜在的风险,并制订风险防范策略。在整个项目生命周期中,单个项目风险可能随项目进展而不断出现,整体项目风险的级别也会发生变化。因此,识别风险是一个迭代的过程。迭代的频率和每次迭代所需的参与程度因情况而异,应在风险管理计划中做出相应规定。

信息系统项目实施的风险通常来自项目实施的技术风险、项目管理的风险和组织变革的风险这三个方面。

(1) 信息系统项目实施的技术风险主要有项目规模、项目涉及

---

① 希赛教育软考学院:《信息系统项目管理师考试辅导教程》(第4版),电子工业出版社2018年版,第336~341页。

② 范并思、许鑫:《管理信息系统》(第二版),华东师范大学出版社2017年版,第271页。

业务的结构化程度,以及有关项目的技术经验。项目规模越大、所涉及业务的结构化程度越低、技术经验越低,项目风险就越大,反之则小。

(2) 信息系统项目管理过程中的风险,主要来自项目组人员的组织、项目时间和进度控制、成本控制以及质量控制和结果评价等。

(3) 组织变革风险。

3. 实施定性风险分析

实施定性风险分析是通过评估单个项目风险发生的概率和影响以及其他特征,对风险进行优先级排序,从而为后续分析或行动提供基础的过程。组织可通过关注高优先级的风险来提升项目绩效。在整个项目生命周期中要定期开展实施定性风险分析过程。

4. 实施定量风险分析

相对于定性分析,风险定量分析更难操作。通过定量分析,分析风险对项目负面或正面的影响,制订相应的策略。定量分析着重于对项目整体的风险情况而不是单个风险。

5. 规划风险应对

规划风险应对是为处理整体项目风险敞口,以及应对单个项目风险,而制定可选方案、选择应对策略并商定应对行动的过程。在规划风险应对计划中,包括应对每一个风险的措施、风险责任人等内容。项目经理可以将风险应对措施和责任人添加到项目进度表中,并进行跟踪和监控。规划风险应对过程需要在整个项目期间开展。

6. 实施风险应对

实施风险应对是执行风险应对计划的过程。通过按计划执行风险应对措施来管理整体项目风险敞口,使单个项目的威胁降到最低并为其增加机会。实施风险应对需要在整个项目期间开展。

7. 监督风险

监督风险是在整个项目期间,监督商定的风险应对计划的实施、跟踪已识别风险并对其进行更深入地分析、继续识别项目中新出现的风险,以及评估风险管理有效性。通过监督风险,使项目决策都基于关于整体项目风险敞口和单个项目风险的当前信息。[1][2]

---

① Project Management Institute:《项目管理知识体系指南(PMBOK 指南)》(第 6 版),Project Management Institute, Inc. 2017 年版,第 395~453 页。

② 希赛教育软考学院:《信息系统项目管理师考试辅导教程》(第 4 版),电子工业出版社 2018 年版,第 402~413 页。

10.4 项目收尾与项目后评价

项目的目标已经实现，或者项目的目标不可能实现时，项目就进入了收尾阶段，进行项目收尾和项目后评价工作。

10.4.1 项目收尾

项目的收尾是指结束项目的所有活动，将完成的成果交予用户的过程。项目的收尾过程是实施项目管理计划中的项目结尾部分，这一过程不仅包括结束所有与项目管理有关的活动，还需要建立某种程序，用以协调合适项目可交付成果的各项活动并形成文件，协调用户对项目成果进行验收。项目收尾包括项目验收、合同收尾和行政收尾（或管理收尾）。

1. 项目验收

项目结束或项目阶段结束时，项目团队将其成果交付给使用者之前，项目接收方会同项目团队、项目监理等有关方面对已经完成的工作成果或项目活动结果进行审查，核查项目计划规定范围内的各项工作或活动是否已经完成，可交付成果是否令人满意。若检查合格，项目成果由项目接收方及时接收，实现投资转入生产或使用。如果项目没有全部完成而提前结束，则应该查明有哪些工作已经完成，完成到了什么程度；哪些工作没有完成并将核查结果记录在案，形成文件。参加范围核实的项目团队人员和接收方面的负责人应在有关文件上签字，表示对项目已完成范围的认可和验收。

2. 合同收尾

合同收尾就是了结合同并结清账目，包括解决所有尚未了结的事项。合同没有全部履行而提前终止是一种特殊的合同收尾。合同收尾的依据和前提是合同文件，至少应该包括合同本身及所有有关的表和清单等、经过批准的合同变更、由承包商提出的技术文件、承包商的进度报告、单据和付款记录等财务文件以及所有与合同有关的检查结果。

合同收尾需要项目团队提供一系列可交付成果，可交付成果是指一套经过整理、编码后的完整合同记录，收尾时应该把它连同项目记录一起存档，并向承包商发出本合同已经履行完毕的正式书面通知。

3. 行政收尾

项目在交付最终成果或因故终止时，必须做好行政收尾工作。行政收尾（或管理收尾）工作就是编制、收集和发布有关信息、资料和文件，正式宣布项目或项目阶段的结束。

行政收尾的依据和前提是所有记录和分析项目进展而编写的文件，包括说明测量项目实施状况主要步骤的规划文件。此外，还包括对项目产品进行说明的文件，如图纸、技术要求说明书、技术文件、计算机文件等也必须在收尾工作期间准备好，以便有关人员随时查阅。项目的行政收尾阶段，项目委托人正式写出验收文件，并分发给各方，宣布项目或项目阶段的正式结束。

行政收尾活动不是等到项目结束才进行，项目的每个阶段都要进行适当的收尾，才能保证重要的有价值的信息不致流失。

项目的收尾工作常常是零碎、烦琐、费时、费力的，容易被忽略。因此，项目收尾的重要性应当特别强调，否则会给项目以后的运行和维护管理带来隐患。[①]

10.4.2　项目后评价

项目后评价是指对已经完成的项目或规划的目的、执行过程、效益、作用和影响所进行的系统的客观的分析。通过对项目活动实践的检查总结，确定项目预期的目标是否达到，项目或规划是否合理有效，项目的主要效益指标是否实现。通过分析评价找出成败的原因，总结经验教训，并通过及时有效的信息反馈，为未来新项目的决策和提高完善投资决策管理水平提出建议，同时也为所评价项目实施运营中出现的问题提出改进建议，从而达到提高投资效益的目的。

管理信息系统的评价应主要从技术性能和经济效益两方面进行评价。具体内容请详见第9.5节。

本 章 小 结

1. 项目是为创造独特的产品、服务或成果而进行的临时性工作。项目管理是指在一定资源如时间、资金、人力、设备、材料、能源、动力等约束条件下，为了高效率地实现项目的既定目标（即到项目竣工时计划达到的质量、投资、进度），按照项目的内在规律和程

[①] 范并思、许鑫：《管理信息系统》（第二版），华东师范大学出版社2017年版，第277~278页。

序，对项目的全过程进行有效的计划、组织、协调、领导和控制的系统管理活动。

2. 项目管理的特点有：系统工程思想贯穿项目管理的全过程；项目管理的组织是临时的、具有柔性的；项目管理的要点是创造和保持一个使项目顺利进行的环境；项目管理的方法、工具和技术手段具有先进性。管理信息系统项目既具有一般项目的特点，又具有特殊性，表现在以下方面：目标的不精确性；执行的不稳定性；管理信息系统项目是智力密集型和劳动密集型项目，受人力资源影响很大。

3. 一般来讲，项目都是由两个过程构成：一是项目的实现过程，二是项目的管理过程。在大多数情况下，不同项目的实现过程需要有不同的项目管理过程。在一个项目的过程中，项目管理过程和项目实现过程从时间上是相互交叉和重叠的，从作用上是相互制约和相互影响的。

4. 项目管理过程一般是由起始过程、计划过程、实施过程、控制过程、结束过程这五种不同的项目管理具体过程构成，这五种项目管理具体过程构成了一个项目管理过程组。

5. 项目计划是根据管理信息系统的目标，对系统开发过程中进行的各项活动做出周密安排。管理信息系统项目计划编制一般按照以下步骤进行：工作分解、活动估算、活动排序、制定工作计划。

6. 管理信息系统的开发工作作为一个工程项目，应从进度、成本、质量和风险等方面进行开发管理。

7. 项目的收尾是指结束项目的所有活动，将完成的成果交予用户的过程。项目收尾包括项目验收、合同收尾和行政收尾（或管理收尾）。

复习思考题

1. 简述项目管理的概念与特点。
2. 项目由哪两个过程构成？试述之。
3. 项目生命周期包括哪几个工作阶段？
4. 项目管理过程一般是由哪几个项目管理具体过程构成？
5. 试述项目计划的内容与编制步骤。
6. 管理信息系统的开发工作作为一个工程项目，应从哪些方面进行开发管理？
7. 简述项目收尾的内容。

延伸阅读

主要参考文献

［1］David M. Kroenke 著，王道平等译：《管理信息系统精要》，电子工业出版社 2015 年版。

［2］Project Management Institute：《项目管理知识体系指南（PMBOK 指南）》（第 6 版），电子工业出版社 2018 年版。

［3］常晋义：《管理信息系统：原理、方法与应用》（第 3 版），高等教育出版社 2016 年版。

［4］陈广宇：《管理信息系统》，清华大学出版社 2010 年版。

［5］戴维·M·克伦克等著，赵苹等译：《管理信息系统概论：流程、系统与信息》，中国人民大学出版社 2016 年版。

［6］范并思、许鑫：《管理信息系统》（第二版），华东师范大学出版社 2017 年版。

［7］高宝俊：《管理信息系统》，武汉大学出版社 2017 年版。

［8］高学东等：《管理信息系统基础教程》，经济科学出版社 2007 年版。

［9］郭军、崔乐忠：《会计电算化信息系统》，黄河出版社 2000 年版。

［10］黄梯云、李一军：《管理信息系统》（第七版），高等教育出版社 2019 年版。

［11］蒋景楠：《项目管理理论与实务》，华东理工大学出版社 2012 年版。

［12］肯尼斯·C. 劳顿（美）、简·P. 劳顿著，黄丽华、俞东慧译：管理信息系统（原书第 15 版），机械工业出版社 2018 年版。

［13］马静、罗正军：《管理信息系统》，科学出版社 2018 年版。

［14］戚桂杰：《管理信息系统》，经济科学出版社 2011 年版。

［15］商务部电子商务和信息化司：《2019 年中国电子商务报告》，2020 年 7 月 1 日，https://dzswgf.mofcom.gov.cn/news/5/2020/7/1593583107899.html。

［16］斯蒂芬·哈格等著，颜志军等译：《信息时代的管理信息系统》（原书第 9 版），机械工业出版社 2017 年版。

［17］孙建军：《信息资源管理概论》（第2版），东南大学出版社2008年版。

［18］王伟军、刘蕊：《电子商务概论》（第二版），华中师范大学出版社2015年版。

［19］王晓敏、邝孔武：《信息系统分析与设计》，清华大学出版社2013年版。

［20］王玉珍：《管理信息系统理论与实践》，清华大学出版社2014年版。

［21］希赛教育软考学院：《信息系统项目管理师考试辅导教程》（第4版），电子工业出版社2018年版。

［22］薛华成：《管理信息系统》（第6版），清华大学出版社2012年版。

［23］杨波、陈禹、王明明：《信息管理与信息系统概论》，中国人民大学出版社2019年版。

［24］杨桃红、王飞舟：《管理信息系统》，内蒙古大学出版社2006年版。

［25］于本海：《管理信息系统》，高等教育出版社2009年版。

［26］张新：《管理信息系统》，机械工业出版社2016年版。

［27］赵天唯等：《管理信息系统教程》，清华大学出版社2018年版。

［28］仲秋雁、刘友德：《管理信息系统》，大连理工大学出版社1998年版。